붓다와의 대화

BANNIN NI KATARIKAKERU BUDDHA 「SUTTANIPĀTA」 WO YUMU
by KUMOI Shozen

万人に語りかけるブッダ ―「スッタニパタ」をよむ
雲井昭善

Copyright ⓒ 2003 by KUMOI Shozen
All rights reserved.
Original published in Japan by Japan Broadcast Publishing Co., Ltd., Tokyo
Korean translation rights arranged with Japan Broadcast Publishing Co., Ltd.
through BESTUN KOREA AGENCY.
Korean translation rights ⓒ 2005 SIMSAN-MUNHWA PUBLISHING CO.

이 책의 한국어판 저작권은 베스툰 코리아 에이전시를 통해 일본 저작권자와 독점 계약한 심산출판사에 있습니다. 저작권법에 의해 한국 내에서 보호를 받는 저작물이므로 무단전재나 복제, 광전자 매체 수록 등을 금합니다.

붓다와의 대화
초기불경 숫타니파타를 읽다

초판 1쇄 인쇄 2005년 4월 10일
초판 1쇄 발행 2005년 4월 20일

지은이 | 구모이 쇼젠
옮긴이 | 이필원
펴낸이 | 최원필
펴낸곳 | 심산출판사
주 소 | 서울시 마포구 연남동 567-39 301호
전 화 | 02-324-6280~1
팩시밀리 | 02-324-6412
E-mail | simsan@korea.com
등 록 | 제1-2114호(1996년 11월 28일)

ISBN 89-89721-38-5 03220

* 책값은 뒤표지에 표시되어 있습니다.

붓다와의 대화

초기불경 숫타니파타를 읽다

구모이 쇼젠 지음 | 이필원 옮김

심산

책머리에

불교가 세계 3대 종교 가운데 하나라는 점은 잘 알려져 있습니다. 그런데 정작 불교는 무엇을 말하는 종교냐고 묻는다면 아마도 여러 가지 답변이 나올 것입니다. 왜일까요?

기원전 5~6세기 무렵 인도에서 석존＝고따마 붓다에 의해 열린 불교는 현재 세계적으로 널리 퍼져 있습니다. 인도와 중국, 한국, 일본은 물론 스리랑카, 태국, 미얀마(버마), 캄보디아, 나아가 미국과 유럽 나라들에서도 불교 신행 단체들이 활동하고 있지요.

그러면 불교의 발상지 인도에서 가까운 스리랑카(실론)의 불교는 어떨까요? 스리랑카의 불교는 철저한 출가주의를 바탕으로 엄격한 계율을 지키는 스님들을 불(佛)·법(法)·승(僧) 삼보에 귀의하는 불교신자들이 후원하는 형태입니다. 불교국가답게 다양한 불교 행사를 비롯해서 불교가 민중생활에 깊이 뿌리내려 있지요. 그런 모습은 태국도 마찬가지여서 스님들과 일반인 사이에는 신뢰와 존경의 마음이 대단합니다. 똑같이 부처님의 가르침을 계승하면서도 그 지역의 고유문화와 교류해 가면서 나름의 특색 있는 불교를 형성해서 오늘에 이르고 있는 것이죠.

다시 불교는 무엇을 말하는 종교인가 하는 기본 질문으로 돌아와서, 이에 대해 어떻게 대답하면 좋을까요?

우선은 석존에 의해서 열린 불교에는 인도-서역-중국-한국-일본의 경로로 전승된 불교(북방불교)와, 인도-스리랑카-미얀마-캄보디아의 경로로 전승된 불교(남방불교)의 두 계통이 있음을 무시할 수 없습니다. 이러한 역사적 사실에 근거해서 북방전승의 흐름을 이은 일본불교에서는 각 종조의 종교적 체험이 어떻게 배양되었고, 또 그것이 부처님의 가르침에 어떻게 회귀될 수 있는지를 확인함으로써 거꾸로 일본불교의 원류로 거슬러 올라갈 수 있을 겁니다. 마찬가지로 남방전승을 이어가는 스리랑카 등의 불교가 부처님의 가르침을 가장 충실히 계승하고 있다고 한다면, 부처님의 가르침이 현재 어떻게 기능하고 있는지에 대한 분석과 대답을 찾을 수 있을 것이고요.

이런 면에서 저는 석존의 불교를 재확인하고 불교의 원류로 돌아가는 것이야말로 불교라는 종교를 정확히 받아들이는 데 필요한 수순이 아닐까 하고 평소 생각해 왔습니다. 그런 경우에는 무엇을 석존불교의 기본적 자세로 이해할 것인가 하는 물음과 필연적으로 마주하게 됩니다. 학문적으로는 원시불교라고 하는 학문분야와 만나게 되는 셈이지만요.

그런데 원시불교학이라는 연구 장르는 일본에서는 전부터 문헌학적 연구가 주류를 이루어 왔습니다. 거기에서는 원시불전을 형성하는 빠알리어 성전(남방전승의 텍스트)과, 산스끄리뜨어나 쁘라끄리뜨어(속어)에서 한역된 이른바 한역문헌이 제공되지요. 그러한 문헌자료 중에서 가장 고층(古層)의 자료라고 생각되는 문헌을 통해서야 비로소 석존불교의 진면목을 읽어낼 수 있지 않을까 확신하게 되었는데, 그 자료가 바로 『숫타니파타(경집)』입니다.

『숫타니파타』라는 명칭의 경전이 있다는 것은 불교학을 배우는 사람들에게는 잘 알려져 있지만, 일반인에게는 아무래도 생소한 경전일지도 모르겠습니다. 일본에서는 『붓다의 말씀』이라는 타이틀로 번역된 이래 많은 사람의 주목을 받았지만, 널리 알려져 있는 『반야심경』이나 『법화경』, 『아미타경』과 같은 독송되는 경전에 비하면 역시 덜 친숙한 경전임은 분명합니다. 왜일까요? 이유는 하나, 『숫타니파타』가 일부분을 제외하고는 한역되지 않아 결국 북방전승의 틀 안에 들어가지 못했기 때문입니다.

하지만 남방불교를 대표하는 스리랑카에서는 이 경전이 일상생활에 매우 밀착되어 있음을 잊어서는 안 됩니다. 스리랑카에서는 결혼식 전날, 두 젊은이가 새로운 인생을 시작함에 즈음하여 『숫타니파타』의 한 절(예를 들면 「대길상경」)을 스님이 독송하면서 그에 얽힌 설화를 들려주는 풍습이 있습니다.

이 책에서 저는 두 가지의 목적의식을 가지고 『숫타니파타』를 대하고 싶었습니다. 하나는 이 최고의 성전의 내적 배경을 살펴서 불교의 원점을 만나보는 것입니다. 그리고 불교는 현대사회가 안고 있는 과제에 대해서 어떻게 응답하고 있는가를 짚어보는 것이 또 하나입니다. 물론 석존불교가 자라난 고대 인도의 시대배경은 오늘날과는 사뭇 동떨어집니다. 그렇지만 인간이 '태어남'을 받고 '죽음'을 맞이한다고 하는 엄연한 사실은 시공을 초월해서 우리에게

다가오죠. 이 '생사'라는 인간의 문제를 석존불교의 내면에 비추어 봄으로써, 현대를 사는 우리에게는 어떤 물음이 제기되는지를 알아차릴 수 있을 걸로 생각합니다.

이 책은 그러한 질문에 대한 저의 불교관이자 인생관을 토로하는 장이기도 합니다.

차례

책머리에 · 5

제1장 원시불전에 대해서 · 15
　　불교의 탄생 | 바라문교의 시대 | 새로운 종교의 대두 | 여섯 명의 사상가(육사) | 원시불전의 성립 | 교단의 분열과 경전 편찬 | 한역 4아함경 | 남전의 5부 = 5니까야 | 빠알리전 소부와 한역 제5의 아함 · 잡장 | 경전사와 『숫타니파타』 | 구분교와 그 전승 | 경 · 율 · 논 삼장 | 원시불전과 다른 경전과의 비교

제2장 『숫타니파타』 - 그 내용과 특색 · 37
　　『경집』이라고 불리는 명칭 | 『숫타니파타』의 구성과 내용 | 각 품(장)의 내용 | 맨 고층으로 일컬어지는 제4 · 5장 | 『숫타니파타』의 성립을 둘러싸고 | 『숫타니파타』의 편찬 | 붓다의 육성을 반영한 성전 | 귀 있는 자는 들어라

제3장 자기를 바라본다 · 61

자기란? | 인생의 목적이란? | 자제의 기본은 오계에 있다 | 자기야말로 자신의 주인 | 욕망과 마주보는 인간 | 무소의 뿔처럼 | '자등명 법등명' 과 '자신을 섬으로 삼고, 법을 섬으로 삼는다' | '사념처관' 이라는 관찰법 | 마음의 밭을 갈다

제4장 도를 구하는 것 · 83

거센 물살을 건너다 | 계 · 정 · 혜 삼학 | 출가와 재가 | 재가자의 생활방식 | 낡은 가죽옷 | 현실을 직시하다 | 불교교단을 지탱한 사람들

제5장 꽂힌 화살 · 105

삼독 | 욕망이라는 이름의 화살 | 윤회의 홍수 | 「화살경」을 중심으로 | 몸과 마음 | 화살을 뽑은 평온함

제6장 모든 인간은 평등하다 · 127

인간세계와 명칭 | 카스트 사회와 붓다 | 신구 종교의 대립 | 바라문의 주장과 붓다의 입장 | 바라문에게 어울리는 것 | 바셋타경을 중심으로 | 태생보다 행위를 묻다 | 모든 사람은 불성을 갖추고 있다

제7장 공존 · 149

생명 | 자비심 | '믿음'과 신뢰 | 원한과 보복을 초월하기 위해 |
'인욕'이란 관용의 마음

제8장 고따마 붓다의 생애 · 173

불전과 불전자료로서의 『숫타니파타』 | 사대사(四大事) — 생애를 장식하는 네 가지 주요 사건 | 출가는 위대한 포기와 결단 | 출가 후의 여정과 구도 | 욕망을 버리는 마음 | 악마와의 대화 | 범천과의 대화와 전도 결의

제9장 '생'을 통해 '죽음'을 본다 · 199

생사는 인생 최대의 과제 | 불교에서 '삶'이란 무엇인가 | 일상 습관에 관계되는 중유 사상 | 인간의 생명을 유지하는 '명근' | 인연에 의해 생이 있다 | 인간이란 집착하는 존재 | 해탈하지 않는 한 생사윤회는 끝이 없다 | 늙음·병듦·죽음에 대한 고따마 붓다의 회상 | 생과 사는 단풍잎의 양면 | 붓다의 생사관 | 열반이란 영원한 평온 | 열반을 죽음이라고 한 배경

제10장 불교의 근본을 바라보며 · 225

삼법인 | 네 가지 고귀한 진리 | 원시불교 사상을 대표하는 연기설 ― 십이지와 십지 | 십이지연기 = 십이인연 | 십지연기 | 두 가지 관찰법의 실천 | 두 극단을 떠난 중도 = 팔정도 | 다른 생명을 대하는 사무량심 | 사람을 끌어들여 구하는 네 가지 덕

제11장 인생을 살다 · 249
　　행복한 인생이란 무엇인가 | 생명의 존엄 | 사람으로 태어나기 어렵다 | 맹구부목의 비유 | 부처의 출현과 가르침을 듣다 | 참고 견뎌야 하는 사바세계 | 인간의 행위는 사회와 관계된다 | 마음이 인연을 따라 '은혜'를 알고 느낀다 | 네 가지 은혜

제12장 모두에게 말을 거는 붓다의 말씀 · 269
　　파멸을 향한 문 | 잘 설해진 것을 실천하라 | 진리는 하나 | 집착과 무집착 | 죽기 전에 | 남은 생을 살다 | 부처님을 만나다 | 인도의 '정중동'· '동중정' | 여백의 미 ― 인생을 살아가자면

글을 마치며 · 291
옮긴이의 말 · 293

일러두기 – 약호 및 표기

1. 아래는 본문에 자주 등장하는 문헌의 약호이다. 빈도수가 낮은 것은 굳이 약호로 표기하지 않으며, 약호 표기는 *Critical Pali Dictionary*의 표기를 따른다.

AN	『증지부(增支部)』,	Aṅguttara-Nikāya
Bṛh-Up	『브리하다란야까 우빠니샤드』,	Bṛhadāraṇyka Upaniṣad
Dhp	『담마빠다』,『법구경』,	Dhammpada
Dhp-a	『담마빠다주』,	Dhammapad́-aṭṭhakathā
DN	『장부(長部)』,	Digha-Nikāya
Ja	『자따까』,	Jātaka
KN	『소부(小部)』,	Khuddaka-Nikāya
MN	『중부(中部)』,	Majjhima-Nikāya
Mp	『증지부주(增支部註)』,	Manorathapūraṇī
Pj	『빠라맛타죠띠까』,	Paramatthajotikā
SN	『상응부(相應部)』,	Saṃyutta-Nikāya
Sn	『숫타니파타』,	Suttanipāta
Spk	『상응부주(相應部註)』,	Sārattha(p)pakāsinī
Sv	『장부주(長部註)』,	Sumaṅgalavilāsinī
Th	『테라가타』,『장로게』,	Theragāthā
Th-a	『테라가타주』,『장로게주』,	Theragāthā-aṭṭhakathā
Thī	『테리가타』,『장로니게』,	Therīgathā
Ud	『우다나』,	Udāna
Vin	『율장』,『비나야』	Vinaya
「남전」	「南傳大藏經」	
「대정장」	「大正新脩大藏經」	

2. 인명·지명·경명은 기본적으로 한글로 표기하되, 현재 한국에서 통용되는 범어 혹은 빨리어 표기법을 따른다(현재 표기법이 통일되어 있지 않아, 그 중의 한 가지를 따름).
3. 두 개의 원어가 병기되어 있는 경우에는 빨리어, 산스끄리뜨어 순으로 표기한다.

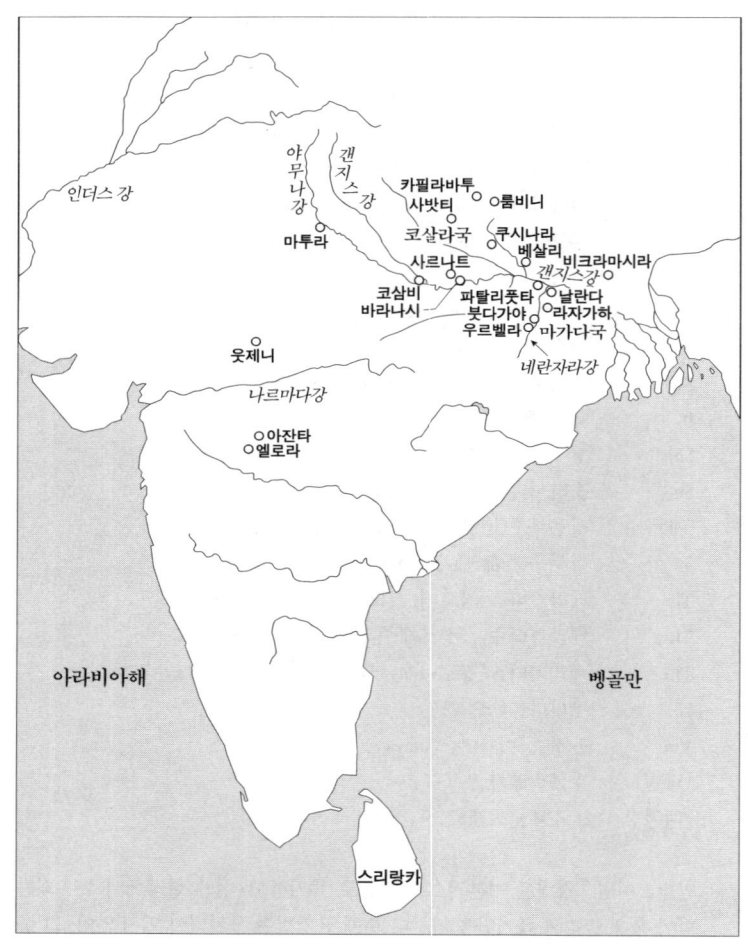

〈고대 인도 지도〉

제1장 원시불전에 대해서

불교의 탄생

원시불전을 말하기에 앞서, 먼저 불교가 육성된 시대배경에 대해 잠시 언급해 두고 싶습니다.

불교는 기원전 5~6세기경 인도에서 석존＝고따마 붓다(기원전 463~383년. 남방상좌부 전승에 따르면 기원전 566~486년)라는 사상가가 창시한 종교입니다. 어느 종교나 마찬가지겠지만, 하나의 종교가 탄생하기 위해서는 그 '종(가르침)'을 개창한 인물의 위대함, 그리고 종교가 발생하기에 알맞은 토양이 있었다는 사실을 잊어서는 안 됩니다.

대개는 그 시대 사람들이 무엇을 바라고 있는지, 그 시대의식이나 감각을 민감하게 읽어낸 사상가에 의해 새로운 종교가 탄생한다고 말할 수 있겠지요. 불교의 탄생도 바로 그런 조건을 두루 갖춘 역사적 현상으로서 이해할 수 있습니다. 그러면 먼저 불교가 태어난 배경은 어떠했는지, 그리고 석존이 당시의 시대의식을 어떻게 받아들였는지에 대해 생각해 보고자 합니다.

석존이 생존했던 시대를 서구의 인도 역사가는 '붓다 시대' 라고 부릅니다. 하지만 저는 『불교흥기 시대의 사상 연구』(1969)라는 책을 내고부터는 줄곧 '불교흥기 시대' 라고 부르고 있습니다. 이 불교흥기 시대는 인도 고대사 중에서도 특기할 만한 시대로, 새로운 사회기구의 변동과 함께 종교·사상 면에서 일대 변혁이 이루어진 시기입니다. 오늘날 석존의 가르침이나 불교의 원점을 제대로 살펴보기 위해서는 이 시대의 움직임을 다시금 이해해 두려는 노력이 필요하지요.

바라문교의 시대

석존재세 시대의 인도에서는 바라문교라는 전통종교가 시대를 이끌고 있었습니다. 이 바라문교는 인도 사회의 뿌리깊은 사성(四姓) 제도와 밀착된 종교입니다. 사성이란 브라흐만(바라문婆羅門 = 제사장), 끄샤뜨리야(찰제리刹帝利 = 왕족), 바이샤(복사吠舍·비사毘舍 = 서민), 수드라(수다라首陀羅 = 천민)의 네 계급(기원전 800년경 성립)으로, 바라문이 최상위라는 제도입니다. 이 제도를 근거로 바라문은 자신들을 '인간 신' 이라고 일컬었지요.

> 두 종류의 신이 있다. [이른바] 신들은 신이고, 또 하나의 신은 학식이 있어 베다에 정통한 바라문도 신이다. 이는 인간으로서의 신이다.
> (『샤타빠타브라흐마나』 2.2, 2, 6)

라는 종교형태의 틀을 설정하고, 나아가서

> 세상 사람들은 이 바라문에 대해 존경과 보시와 안전과 살해해서는 안 된다는 네 가지 의무를 진다. (『샤타빠타브라흐마나』 11.5, 7, 1)

라고 말하고 있습니다. 이 두 가지 문헌자료(기원전 7~8세기경)를 통해서 우리는 바라문교라는 종교의 내면을 엿볼 수 있지요.

이 바라문교는 석존재세 무렵부터 이미 쇠퇴의 조짐을 보였는데, 그래도 인도의 중원과 서북지방에서는 종교로서의 기반을 여전히 유지하고 있었습니다. 이 종교의 담당자는 바라문으로, 내용은 제사장을 중심으로 하는 제사 만능의 종교라고 이해해도 좋겠지요. 그 특색은 자연현상을 주관한다고 여겨지는 신들의 존재를 인정하고(대표적으로 33신) 그 신들에게 기도하는 데 있는데, 이 점이 제사 중심의 종교라고 하는 이유입니다.

불교는 만물의 창조신이라거나 절대자와 같은 존재를 인정하지 않는 입장입니다. 특히 바라문이 주장하는 카스트 제도, 즉 바라문 우위의 사성제도에 맞서 인간의 평등을 부르짖었던 석존의 목소리를 우리는 다시금 확인해야 할 것입니다. 『숫타니파타(경집)』 제3장 「커다란 장」(대품)의 제9경 「바셋타경」에서 볼 수 있는 몇몇 게송(운문)은 바라문이 우월하다는 데 대한 비판이기도 하지요. 이 점에 대해서는 제6장에서 상세히 언급하겠습니다.

새로운 종교의 대두

그런데 바라문교라는 종교처럼 위에서 억압을 강요하는 종교는 당시 사람들의 눈에는 과연 어떻게 비쳤을까요? 그에 대해서는 동부 인도의 마가다 지방을 중심으로 새로이 등장한 많은 사상가(六師)들을 통해 엿볼 수 있습니다. 저는 이들을 자유사상가라고 부릅니다만, 이 외에도 62종의 자유로운 의견(62見)이 활발히 일어났다고 전하고 있습니다.

원시불전 중에는 이들 자유사상가의 면면과 그 사고방식을 상세히 전하는 경전(『長部』 제2경 「沙門果經」)이 있는데, 물론 역사적 사실이라 여겨도 좋겠지요. 불교경전에는 이들 사상가를 '육사외도(六師外道)'라고 일컫습니다. '외도'의 원어는 '띠르타까라(tīrthakara)'로, '영지(靈地), 나루터를 만드는 사람'이라는 의미에서 어떤 학파의 조사나 교조를 가리키는 말이 되었지요. 여기서는 불교 이외의 여섯 명의 사상가라는 정도의 의미입니다. 그러면 이 사람들은 도대체 무엇을 주장하며 대중에게 호소하려 했던 것일까요?

그에 앞서 먼저 당시 육사외도가 활약했던 동부 마가다 지방에 대해 잠시 살펴보도록 하겠습니다. 왜냐하면 석존이 29세(일설에는 19세)에 출가해서 바로 이 동부 마가다 지방을 목표로 삼았고, 또 석존이 전도를 통해 교세를 확장하던 곳도 바로 이 동부 마가다국을 거점으로 해서 서북 코살라국에 이르는 지역이었으니까요. 더 정확히 말씀드리면, 마가다국의 당시 수도인 라자가하(Rājagaha, 王舍

城: 현재의 비하르주 라지기르)와 코살라국의 수도인 사밧티(Sāvat-thī, 舍衛城: 현재의 마헤트 유적으로 추정)를 잇는 지역입니다. 석존과 마가다 지방은 무척 밀접한 관계에 있었던 것이죠.

여섯 명의 사상가(육사)

석존재세 시대에 마가다에서 활약했던 여섯 명의 사상가, 그 가운데 주요 인물을 통해서 그들의 주장을 간단히 살펴보겠습니다.

● 아지따 께싸깜발라(Ajita Kesakambala, 또는 아지따 께싸깜발린 Ajita Kesakambalin)
(1) 보시에는 아무런 효력도 없다. 제사를 드리거나 희생물을 바쳐도 아무런 효력이 없다. 선·악의 행위에 대한 과보도 없다.
(2) 인간은 흙·물·불·바람의 요소라는 사대(四大: 네 가지 물질)로 이루어져 있기 때문에, 시신이 불에 타버리면 백골만 남고, 공물(供物)도 재가 되어버린다. 사후의 존재를 설하는 것은 어떠한 근거도 없다.

이 사람의 주장은 현세만을 긍정하는 현실주의, 즉 '로까야따(lokāyata)'라고 하며, 불교 경전에서는 '순세외도(順世外道)'라고 일컫습니다.

● 뿌라나 깟싸빠(Pūraṇa Kassapa)
(1) 무슨 일을 해도, 다른 사람을 시켜도, 남의 집에 침입하거나, 약탈하거나, 남의 아내와 정을 통하거나, 거짓말을 했어도, 조금도 악행을 저지른 것이 아니다.
(2) 사람이 사람을 죽이거나 괴롭혀도, 그것으로 나쁜 결과가 초래된다고 정해져 있지는 않다. 사람이 보시나 제사를 행했다고 해서 공덕이 있다고 정해져 있지는 않다.

이러한 주장은 바라문교라는 종교의 제사를 부정하는 것만이 아니라, 선악과보의 인과론을 부정하는 것입니다. 불교가 사회도덕을 회복하기 위해 오계(五戒, 제4장 참조)를 제정한 배경에는 당시의 혼란했던 사회규범을 다시 세울 필요가 있었기 때문이죠.

● 막칼리 고쌀라(Makkhali Gosāla)
(1) 인간이 번뇌에 물들어 있거나 청정하거나 간에, 거기에는 아무런 인(因, 직접적 원인)도 연(緣, 간접적 원인)도 없다.
(2) 어리석은 사람이든 현명한 사람이든, 모두가 윤회를 통해 언젠가는 고통에서 벗어나는바, 던져진 실타래가 실이 끝날 때까지 풀려가는 것과 같다.

이처럼 그의 주장은 인간의 노력이나 정진을 부정하며 모든 것을 자연의 이치라고 보는 자연론, 운명결정론입니다. 그의 견해를 '아지비까(Ājīvika)'라고 부르며, 불교에서는 '사명외도(邪命外道)'라고 일컫습니다.

● 니간타 나따뿟따(Nigaṇṭha Nātaputta)
(1) 네 가지의 계율을 제정한다. 즉, 불살생(不殺生), 불투도(不偸盜), 불망어(不妄語), 무소유(無所有)라는 계율을 정한다.
(2) 모든 생물에게는 생명·영혼이 있다고 인정하고, 철저한 불해사상(不害思想, 다치게 하거나 죽이지 않음)=아힘사를 주장한다. 수행은 고행주의의 입장을 취한다.

그는 불교와 동시대에 인도에서 탄생한 자이나교의 교조로, 그의 가르침도 불교와 관련이 많은 것은 당연하다 하겠습니다. 또한 이들 외에도 인간은 일곱 가지 요소(地·水·火·風·樂·苦·靈魂)로 되어 있다고 주장한 빠꾸다 깟짜야나(Pakuddha Kaccayāna)와, 선·악의 행위의 과보가 있을지 없을지에 대해서 결정적인 판단을 내릴 수 없다고 하는 판단중지를 주장한 산자야 벨랏티뿟따(Sañaya Belaṭṭhiputta)가 활약하고 있었고요. 자세한 것은 앞에 나온 「사문과경(沙門果經)」(「남전」 제6권, 73쪽 이하)을 보시기 바랍니다.

이상에서 서술이 조금 번쇄하기는 했지만, 당시의 혼란스러웠던 사회상을 어느 정도 읽을 수 있었을 것입니다. 정리해 보면, 우선 신흥사상계는 전통종교인 바라문교를 비판하면서 반(反)바라문 태도를 보였다는 것, 그리고 당시 사회구조가 촌락 중심의 바라문 사회에서 물질 중심의 도시국가로 변모하는 가운데 일반 대중이 무엇을 원하고, 무엇을 마음의 의지처로 삼으려 했는지, 그 혼란상도 잘 알 수 있었습니다.

이러한 시대배경 속에서, 석존은 바라문교나 자유사상가들을 어떤 입장에서 대하고자 했을까요? 석존은 샤카족의 태자로서 다감한 청춘시대를 보내면서도 인생에 대한 자기 해결과 대중의 공허한 마음을 채우기 위해서 출가의 길을 선택했습니다. 이후 한 사람의 사상가로서 특유의 뛰어난 통찰력과 예지로 증명한 답변을 우리는 원시불전인 오부(五部, 니까야)와 사아함(四阿含, 아함경)에서 살펴볼 수 있습니다.

원시불전의 성립

원시불전은 남방에 전해진 상좌부계(스리랑카와 태국, 미얀마에 전승된 불교로서 '남전불교'라고 부름)의 5부, 학술용어로 5니까야(Nikāya, 尼柯耶 = 部)와, 인도에서 서역—중국—한국—일본으로 전승된 북방전승('북전불교'라고 부름)의 현존 4아함이 있습니다. 전자는 스리랑카 등에서 사용되고 있는 빠알리어 성전이고, 후자는 한역 4아함으로서 「대정신수대장경(大正新脩大藏經)」의 제1, 2권의 아함부 상·하에 수록되어 있습니다. 그런데 이 5부·4아함은 언제쯤 성립된 것일까요?

여기에서 우리는 적어도 불교의 전승에는 남전과 북전이라는 두 가지 형태가 있음을 확인할 수 있습니다. 그 중에서 남전과 북전에 공통되는 역사적 사실로서 석존 입멸[佛滅] 후 바로 왕사성 밖에서 제1차 '결집'이 열렸다는 것을 들 수 있지요. 오늘날 스리랑카에 전하는 역사서를 읽어 보면 꾸씨나라에서 석존께서 열반에 드셨을 때, 장로 마하 깟싸빠(Mahā kassapa, 대가섭)는 많은 비구(수행승) 무리의 상좌가 되었다. 장로는 정법(正法)이 오래도록 머물기를 원하고, 비구들의 바람으로 합송(合誦, 상기띠)을 행하기 위해서 아난다(Ānanda, 阿難)를 선출했다.

마하 깟싸빠 장로는 스스로 계율을 묻고, 우빨리(Upāli, 優波利)가 마하 깟싸빠에게 대답했다. 계율에 통달한 제일인자의 대답 순서에 따라서 장로들이 그것을 함께 외웠다. 또 다문제일(多聞第一) 아난다는 마하 깟싸빠에 대해서 법을 남김없이 대답했다. 그 순서에 따라서 사람들은 법을 함께 외웠다.*

라고 전하고 있습니다. 스리랑카에 전승된 불멸 후의 승단 사정을 통해서 우리는 다음과 같은 사실을 유추해 볼 수 있습니다.

우선 첫째는 붓다가 재세시에 말씀하신 법(가르침)과 승단 내의 기본적인 계율을 합송하고자 했다는 점입니다. 둘째는 제1차 결집 회의에서 불교라는 종교가 비로소 탄생의 첫발을 내디뎠다는 점입니다. 그러나 이 결집은 일종의 편집회의라는 형식을 통한 문장화 작업이 아니라, 어디까지나 기억하고 있는 내용을 서로 확인한 정도였을 겁니다. 그 경우 기억하기 용이한 형식은 긴 문장(산문)이 아니라, 시 형식(운문)의 짧은 문장이었을 테죠. 그러면 이른바 경전 형식의 특징으로 알고 있는 '여시아문(如是我聞, 이와 같이 나는 들었습니다)'으로 시작하는 형식은 도대체 언제쯤 성립된 것일까요?

---

* *Mahāvaṃsa* 제3장. 「남전」 제60권, 163-166쪽.

적어도 원시불전이라고 일컬어지는 경전의 원류는 제1결집에서 아난다 등이 합송한 시기까지 거슬러 올라갈 수 있겠지요. 하지만 그것은 합송이지 책의 형태를 지닌 경전은 아닙니다. 그렇다 해도 이 시점에서 ①붓다의 설법이 대강 법으로서 정리되었던 것은 확실합니다. 결집 이후 ②어떤 것은 한데 모아져서 '경(經)'이 되고, 또 그때에 빠졌던 것도 어느 시기엔가 덧붙여졌다는 것은 충분히 짐작할 수 있습니다. 다음으로 ③이들 별개의 단경(單經)을 긴 것, 중간 정도의 것, 짧은 것으로 정리하는 작업이 행해졌을 겁니다. 그러한 정리방법으로서 이른바 '여시아문(如是我聞)', '아문여시(我聞如是)', '문여시(聞如是)'라는 형식을 갖추게 되었다고 봅니다. 이런 흐름 속에서 불교 교단은 교단 분열이라는 결정적인 사태를 맞이하게 됩니다.

교단의 분열과 경전 편찬

불멸 후 100~110년경, 교단 내에는 계율의 적용을 둘러싸고 장로파와 진보파가 대립하면서 불교 교단은 테라바다(상좌부)와 마하상기카(대중부)라는 두 파로 근본분열을 하게 됩니다. 그 후, 100년이 지나 이 두 파는 더욱 분열하여 18 혹은 20부파로서 교단사를 장식하게 되죠. 그리고 각각의 부파는 테라바다의 5부와 4아함의 북전불교라는 형태를 취했던 것입니다.

이같은 역사를 돌이켜 보면, 교단이 분열한 불멸 후 100~110년경까지 4아함과, (나중에 다루겠지만) 제5의 아함으로서 잡장(雜藏)이 어떤 형태를 갖추고 있었는지를 상상할 수 있습니다. 왜냐하면 상좌부와 대중부는 각각 5부, 4아함을 채택하고 있었으니까요. 이는 근본분열이 이루어진 무렵에 이미 4아함이 나름의 형태를 정비하고 있었던 게 아닐까 하는 추론을 가능하게 합니다. 그러면 원시불교 성전이라고 일컬어지는 5부와 4아함의 내용은 어떤 것이었을까요? 그리고 『숫타니파타』는 원시불전 가운데 어떤 위치를 가지고 있는지에 대해서 함께 생각해 보겠습니다.

한역 4아함경

우선, 우리에게 친숙한 한역 4아함에 대해서 말씀드리지요. 불교의 경전 중에서 가장 오래된 것이 「아함경」인데, 아함경이라고 해도 이 역시 단일한 경전이 아니라 네 개의 아함을 총칭해서 부르는 것입니다. 바로 「장아함(長阿含)」, 「중아함(中阿含)」, 「잡아함(雜阿含)」, 「증일아함(增一阿含)」의 네 가지입니다. 원래 아함이라는 호칭은 아가마(āgama) 즉 '전승된 것·가르침'이라는 의미인데, 그럼 무엇을 기준으로 네 가지 아함으로 분류한 것일까요? 현존하는 4아함에서 그 내용을 분류해 보면,

(1) 경전이 긴 것, 중간 정도의 것, 짧은 것으로 분류하는 방법,

(2) 짧은 것을 내용과 불교의 법수(法數)로 나누는 방법

이 있습니다. 이 방법을 현존하는 4아함에 적용해서 각각의 특색과 소속부파를 알아봅시다.

『장아함경』 — 긴 경전을 모은 것으로, 전22권 30경. 법장부계(法

藏部系) 소속.

　　제자들이나 다른 사상가들에게 석존의 입장과 설법을 구체적으로 설한다. 석존 재세시대의 다른 종교를 소개한 「법망62견경(法網六十二見經)·범동경(梵動經)」, 「사문과경」과 석존 최후의 여행을 전하는 「유행경(遊行經)·대반열반경(大般涅槃經)」 등을 포함하고 있다.

『중아함경』— 중간 정도 길이의 경전을 모은 것으로, 전60권 222경. 설일체유부계(說一切有部系) 소속.

　　붓다의 가르침에 대해서 사성제·팔정도·십이연기·업·번뇌·열반·선정 등 교리적인 것을 많이 포함하고 있다.

『잡아함경』— 전50권 1,362경. 설일체유부계 소속.

　　불교 교리가 주제. 예를 들면 연기·무상·고·무아 등을 테마별로 분류. 주로 원시불전의 중요한 가르침을 담고 있다.

『증일아함경』— 전52권 473경. 대중부계(大衆部系) 소속.

　　불교의 교리를 법수로 분류해서 집성. 1법부터 11법으로 되어 있다.

　　여기에서 주의할 점은 4아함의 소속부파가 다르다는 것입니다. 이는 곧 현존하는 4아함은 원래 각 부파별로 있었던 4아함이 소실되고 남은 결과임을 보여줍니다.

　　그런데 이상은 주로 산스끄리뜨어나 그 속어(쁘라끄리뜨)로 씌어진 원전에서 한역된 4아함, 즉 북방전승입니다. 또 다른 하나는 남방상좌부에 전승된 5부=5니까야의 자료가 있지요. 그럼, 5부와

4아함의 관계를 소개하면서 5부의 내용을 말씀드리겠습니다.

남전의 5부 = 5니까야

5부는 빠알리어로 씌어진 성전입니다. 빠알리어라는 것은 성전어로서, 붓다가 사용한 마가다 지방의 속어 중 하나입니다. 5부의 부는 '니까야'로, 이 5부의 내용은 「남전대장경」으로 일역되어 있어 독자 여러분께서 참고할 수 있도록 그 권수를 같이 표시해 두겠습니다.

『장부(長部)』= 디가 니까야(한역 『장아함경』). 전3권(빠알리성전협회출판본). 「남전」 제6~8권.

『중부(中部)』= 맛지마 니까야(한역 『중아함경』). 전3권(同). 「남전」 제9~11권 상·하.

『상응부(相應部)』= 상윳다 니까야(한역 『잡아함경』). 전5권(同). 「남전」 제12~16권 상·하.

『증지부(增支部)』= 앙굿타라 니까야(한역 『증일아함경』). 전5권(同). 「남전」 제17~22권 상·하.

이상이 4부·4아함인데, 빠알리어 성전은 제5부로서,

『소부(小部)』= 쿠다까 니까야. 전15경. 「남전」 제23권~44권.

이 있습니다. 본 책에서 다루는 『숫타니파타』는 이 소부 가운데 편입되어 있는 것이지요. 요컨대, 숫타니파타 전문에 해당하는 한역은 없다는 말입니다. 그러면 전연 없는 것일까요?

빠알리전 소부와 한역 제5의 아함·잡장

여기서는 이 질문에 대해서 우선 빠알리 경전의 소부 15경을 열거하고 한역의 유·무를 짚어보겠습니다.

① 『담마빠다』(法句). 해당 한역으로는 『법구경』 상·하 2권. 『법구비유경(法句譬喩經)』 4권. 북전 가운데 동일한 유형의 경으로서는 범문 『우다나바르가』가 있고, 한역 『법집요송경(法集要頌經)』 4권. 『출요경(出曜經)』 30권이 여기에 해당.

② 『우다나』(自說經, 感興語). 한역 없음.

③ 『이티붓타까』(如是語). 한역 『본사경(本事經)』 7권이 해당.

④ 『숫타니파타』(經集). 한역 『의족경(義足經)』 2권은 경집의 제4품에 해당.

⑤ 『테라가타』(長老偈). 한역 없음.

⑥ 『테리가타』(長老尼偈). 한역 없음.

⑦ 『자따까』(本生經). 동일한 유형의 한역으로서 『생경(生經)』 5권.

⑧ 『위마나밧시』(天宮事). 한역 없음.

⑨ 『뻬타밧시』(餓鬼事). 한역 없음.

⑩ 『닛데사』(義釋). 한역 없음.

⑪ 『빠디삼비다맛가』(無碍解道). 한역 없음.

⑫ 『붓다밤사』(佛種姓). 한역 없음.

⑬ 『아빠다나』(譬喩). 한역 없음.

⑭ 『챠리야삐따까』(所行藏). 한역 없음.
⑮ 『쿠다까빠따(Kuddhakapāṭha)』(小誦). 한역 없음.

이들 문헌 가운데 주된 것은 ①~⑦인데, 특히 ①·④·⑤·⑥은 4아함보다도 전에 성립된 것으로, 원시불전의 고층(古層)에 속한 자료로서 중요시되는 경전입니다. 그렇다면 남방상좌부에 전승된 소부는 다른 부파에 전승되지 않았을까요? 다른 부파는 제5의 아함이라고도 불리는 잡장을 갖고 있었습니다.

상좌부에서 분리된 일파인 화지부(化地部)의 『오분율(五分律)』 권30(「대정장」 제22권, 191쪽 상)에 4아함 이외의 "그 밖의 잡설은 이제 모아서 한 부(部)로 하여 이름 붙이기를 잡장이라고 한다"고 기술되어 있습니다. 따라서 화지부의 경장에는 4아함 외에 잡장이 포함되어 있었던 것이죠. 또 법장부와 대중부도 분명히 잡장을 소유하고 있었음을 알 수 있습니다.

이상의 설명에서 원시불전이라 불리는 현존 아함경 자체는 어느 특정 부파에 속한 경전이 아님을 아셨을 겁니다. 그러나 적어도 최초기의 교단분열 때까지는 어떤 통일된 4아함이 공통으로 전승되었을 가능성이 있습니다. 그러다가 시대와 장소를 달리하는 과정에서 교단이 분열됨에 따라 저마다의 특색을 지니게 되었다고 생각됩니다. 그 점에서 빠알리 성전으로 전하는 남방상좌부의 5니까야야 말로 독특한 특징을 지니고 있다 하겠습니다.

경전사와 『숫타니파타』

흔히 불교에는 8만 4천의 법문(法門)이 있다고 하는데, 도대체 경전은 어떻게 해서 만들어진 것일까요? 그리고 석존의 가르침에 가장 가깝다고 하는 아함경이 불교의 가장 오랜 경전이라고 하는데, 여기서는 그 점에 대해서 말씀드리고자 합니다.

적어도 아함경이 석존께서 직접 지은 것이 아니라는 것만은 분명합니다. 석존은 각지에서 많은 사람들을 상대로 설법을 하셨는데, 그것을 들은 제자들은 아마도 그 내용을 기억하고 있었을 겁니다. 오늘날로 말하면 메모 같은 것이지요. 메모라고 해도 종이에 쓴 메모는 아닙니다. 한역불전의 첫머리를 장식하는 '여시아문(如是我聞)'이나 '아문여시(我聞如是)', 그리고 빠알리 성전의 '에밤 메 숫땀(evaṃ me suttaṃ)'과 산스끄리뜨어의 '에밤 마야 쉬르땀(evaṃ mayā śurtaṃ)'이라는 표현이 저간의 사정을 잘 나타내고 있다 하겠습니다. 그러나 시간이 흐르면서 서로 기억하고 있는 내용을 확인하고 또 검토해서 모두의 동의를 구해 어떤 형태를 갖추어야만 했지요. 다시 말하면, 문장화 작업이 이루어지게 됩니다.

앞에서도 조금 언급했지만, 원래 기억의 형식에서는 긴 문장, 즉 경전의 산문에 해당하는 부분[長行]을 가능한 한 피하려 합니다. 대신에 될 수 있으면 외우기 쉬운 시게(詩偈, gātā)를 채택하는 것이죠. 예를 들어 빠알리 성전 가운데 4니까야와 비교해 보면 『소부』(쿳다카 니까야)에 있는 『숫타니파타』는 그 대부분이 시나 게송으로 이루어진 경입니다. 그 밖의 『담마빠다(법구경)』나 『테라가타

(장로게)』 그리고 『테리가타(장로니게)』도 모두 시게로 되어 있지요. 또 『상응부』의 제1권 「유게품(有偈品, Sagāta-vagga)」도 역시 앞의 경전들처럼 고층자료로 인정되는 이유도 여기에 있는 것입니다.

후대의 대승경전을 보면, 예컨대 『법화경』 등에는 긴 문장(산문·장행)과 짧은 게송이 있습니다. 게송은 이른바 산문의 내용을 기억하기 쉽도록 한 것이죠. 어쨌거나 일단은 기억하기 쉬운 것이 중요하기 때문에 시 형식으로 붓다의 가르침이 전해진 것입니다.

구분교와 그 전승

여기서 경전사를 언급하면서 빼놓을 수 없는 것이 구분교(九分教)입니다. 스리랑카의 역사서인 『도사(島事, Dīpavaṃsa)』에 의하면

그들 [오백의] 장로는 붓다께서 말씀하신 법과 율의 전체를 듣고 직접 받아 지녔다. 그들은 모두 지법자, 지율자로서 아함에 정통하고, 스승과 같이 존경할 만한 사람들이었다.

그들은 칠엽굴(왕사성 밖)에서 스승의 구분교를 분류하였다. 그것은 숫따(sutta), 게야(geyya), 베야까라나(veyyākaraṇa), 가타(gathā), 우다나(udāna), 이티붓따까(itivuttaka), 자따까(jātaka), 압부후따담마(abbhutadhamma), 베달라(vedalla)이다.

장로들은 이 불멸의 정법을 품, 집, 상응이라고 이름 붙여 모두 분류하고, 숫타(경)라고 인정된 아함장을 편집하였다.*

이 전승에 따르면 아함이나 니까야가 성립되기 이전에 구분교가 성립되어 있었음을 알 수 있지요. 다만 이 양자의 전후관계에 대해서는 여러 학설이 있어서 딱히 단정할 수는 없지만, 일반적으로 구분교가 더 오래되었다는 견해가 대세를 이루고 있습니다.

그런데 이와 같은 자료를 둘러싼 성립사의 문제는 본격적인 원시불교학의 연구분야에 들어가기 때문에 더 이상 자세한 검토는 하지 않겠습니다. 다만 확인해 두고 싶은 점은 최초기에는 외우기 쉬운 시게(시의 형태)와 가능한 한 짧은 산문으로 전승되었다는 것이지요. 그것이 석존 입멸 후 얼마 지나지 않아 마하 가섭 장로가 열었던 제1차 결집회의의 사정이었습니다.

여기에서 일단 간략히 정리하고 넘어가겠습니다. 빠알리 5부(五部)는 앞에서 말씀드린 것처럼 빠알리어(성전어)로 전해진 것이고, 「대정신수대장경」에 수록된 한역 4아함은 빠알리어와는 다른 언어, 예컨대 산스끄리뜨어나 쁘라끄리뜨어(속어/방언)로 씌어진 원전에서 한역된 것입니다. 따라서 이 둘은 다른 계통인 것이죠. 이는 또한 불멸 후의 교단에 커다란 변동이 있었음을 의미합니다. 그것이 곧 상좌부와 대중부로 갈라진 근본분열이고, 나아가 이후 18 혹은 20부파로 더욱 세분화되는 지말분열이지요. 이렇게 해서 인도불교사는 원시불교에서 부파불교로 이동하게 됩니다.

---

* *Dv.* p.31. 「남전」 제60권, 26쪽.

경·율·논 삼장

부파불교의 특색으로는 경장과 율장에 논장이 추가되어 이른바 삼장이 성립된 것을 들 수 있습니다. 불교에 정통한 법사를 삼장법사라고 일컫는 것은 삼장에 정통한 스승이라는 뜻이죠. 이 삼장 가운데 '경'과 '율'은 제1차 결집 때 장로들이 합송한 것입니다. 하지만 '논'은 경의 의미를 주석한 것이므로, 경과 율에 비해 비교적 후대에 성립된 것이지요. 그 시기는 적어도 부파시대까지 거슬러 올라가는데, 이때 처음으로 삼장이라는 형식이 갖추어지게 됩니다. 또한 이로써 불교라는 '종(宗, 가르침)'이 다른 종교에 제시할 수 있는 기본적 자세가 확립되었고, 따라서 삼장의 성립은 문자 그대로 '불교의 탄생'인 셈이지요.

원시불전과 다른 경전과의 비교

일본의 학계에서는 인도불교를 원시불교, 부파불교, 그리고 대승불교로 시대구분을 하는 것이 일반적입니다. 다만 대승불교 이전의 불교, 특히 부파불교를 소승불교라고 부르는 사람도 있지요. 여기서는 원시불교가 다른 대승경전과 비교해서 어떤 특징을 지니고 있는지 잠시 설명하도록 하겠습니다.

단어가 지닌 원래의 의미를 떠나서, 우리는 일상생활에서 '그 생각은 소승적이다'라든가 '대승적 견지에서 말하면'과 같은 말을 듣습니다.

그 경우 우리는 무엇을 소승이라 하고 대승이라 하는지 명확한 개념규정을 하지 않습니다. 하지만 소승을 '좁은 생각', 대승을 '두루 포용하는 원만한 입장' 정도로 자연스럽게 구별하는 경향이 있는데, 대개는 암묵적으로 대승을 좀 더 '훌륭한 것'으로 여기고 있는 게 아닐까요? 과연 불교에서 소승, 대승은 어떤 모습일까요? 이 점을 원시불전과의 관계에서 말씀드려 보겠습니다.

불교경전에서는 대개 소승을 자리행(자신만을 위한 행위)이라 하고, 대승은 자리행과 함께 이타행(다른 사람을 위한 행위)을 구비한 보살의 길을 말하는 것으로 이해하고 있지요. 따라서 소승은 성문(聲聞, 석존의 음성을 직접 들은 직제자)이나 연각(緣覺, 스승 없이 연기의 이치를 홀로 깨달은 자로, 독각이라고도 함)의 가르침이고, 대승은 보살을 중심으로 한 가르침이라고 해석하고 있습니다.

그런데 소승과 대승의 어원은 히나야나(Hīnayāna, 소승)와 마하야나(Mahāyāna, 대승)로, '작은 수레(탈 것)', '큰 수레(탈 것)'라는 의미입니다. 이 수레는 바로 불교에서 설하는 깨달음에 이르기 위한 도구이지요. '히나'는 어원상으로 '버려진'이라는 뜻인데, 그것이 '열등한'이라는 의미로 이해되어 온 것입니다. 그러나 소승이든 대승이든 같은 불교이기 때문에, 자신이 신봉하는 가르침을 '버려진' 혹은 '열등한' 가르침이라고 했을 리가 없습니다. 무슨 이유로 그렇게 된 것일까요?

기원 전후에 초기 대승경전이 나타나기 시작하면서, 일반적으로 소승경전이란 그 이전의 모든 경전이나 논서를 가리킵니다. 그러면 대승불교 흥기 이전의 아함 경전과 빠알리 경전 등을 과연 소승경전으로 불러도 좋을까요?

잘 아시겠지만, 대승경전에는 '○○라는 대승경'이라고 일컫는 경우가 있습니다. 하지만 그 이전의 경전에 '△△라는 소승경'이라는 따위의 명칭은 보이지 않아요. 그렇다면 소승이라는 것은 대승 쪽에서 얕잡아 부르는 말이라 하지 않을 수 없습니다.

원시불전에서 석존은 '나와 너가 함께'라는 입장에서 널리 대중의 마음을 어루만졌다고 전하고 있습니다. 자리(自利)만을 설했다고 말할 수 없는 것이 그 전체적인 모습이지요. 원시불전은 실로 그 내용이 소박하면서도 진리를 구하는 수행자들의 진지한 자세, 그리고 그에 대한 붓다의 교화와 가르침이 생동감 있게 묘사되어 있습니다. 특히 붓다가 널리 대중을 위해 살아가는 길을 보이며 '나와 너가 함께'를 표방한 전도 자세에 큰 감동을 받게 되지요. 붓다가 생로병사의 문제를 해결하기 위해서 위대한 결단을 하고, 참된 지혜와 자비를 갖고 임한 자세를 우리는 아함과 니까야에서 볼 수 있습니다.

애초에 사상사의 측면에서 볼 때 아함과 니까야에 나타난 사상은 대승경전의 사상과는 그 전개가 다릅니다. 그러나 원시불교의 사상이 대승불교에서 더욱 성숙했다는 것은 틀림없습니다.

확실히 대승경전은 아함경전에 비해 사상이 깊고 넓음을 느낄 수 있습니다. 하지만 대승경전은 붓다의 언행록이라고 할 수 없기 때문에, 대승비불설(대승은 부처님의 말씀이 아니다 ― 옮긴이)이라는 논의가 일찍부터 있었어요. 여기에서 다루지는 않겠지만, 어쨌든 다 같은 불교경전이기에 불설이다 아니다 하며 우열을 가리는 식의 논의는 피하고자 합니다.

이상에서 말씀드린 내용을 다시 한 번 정리해 보겠습니다.

본 테마의 도입부로서 우선 불교의 개조인 석존=고따마 붓다가 어떠한 사회상황 속에서 태어났고, 바라문교와 자유사상이 소용돌이치는 시대의 흐름을 어떻게 받아들여서 출가의 길을 걷게 되었는지, 또 불교가 '종(宗)'으로서 탄생하기까지의 발자취를 추적해 보았습니다. 그리고 최고(最古)라고 일컬어지는 원시불전이란 무엇이고, 어떻게 성립됐는지를 살펴봄으로써 『숫타니파타』의 위치를 확인했습니다. 나아가 그것을 바탕으로 후대의 대승경전과 비교하면서 원시불전의 내면도 잠시 살펴보았고요. 다음 장에서는 『숫타니파타』에 대해 알아보겠습니다.

제2장 『숫타니파타』 - 그 내용과 특색

『경집』이라고 불리는 명칭

『숫타니파타』라는 제명은 '숫타(sutta)'와 '니파타(nipāta)'의 합성어로서 숫타란 '날실', '경(經)'을, 니파타는 '집성(集成)'을 뜻합니다. 따라서 어의상으로는 경의 집성, 즉 '경집'을 말하는 것이지요. 「남전대장경」 제24권에 『경집』이라는 이름으로 수록되어 있습니다(미즈노 고겐[水野弘元] 역). 또한 『붓다의 말씀』이라는 제목으로 번역하여 주석과 해설을 붙여 출판한 것이 있고요(나카무라 하지메[中村元] 역, 이와나미문고[岩波文庫], 1984년 개역). 이렇게 이름을 붙인 배경에는 이 책이 '불교의 많은 성전 중에서도 가장 오랜 것이고, 역사적 인물로서 고따마 붓다(석존)의 말씀에 가장 가까운 시구를 집성한 성전이다'(이와나미본, 433쪽)라는 확신이 있었기 때문입니다. 어쨌든 『숫타니파타』는 앞 장에서도 다루었듯이, 빠알리 성전인 5니까야 가운데 『소부』= 쿠다까니까야(Khudakanikāya)에 포함된 성전으로, 그 전체에 걸친 한역이 없기 때문에 (겨우 제4품 「의품(義品)」이 『의족경』으로서 한역됨), 북전불교권인 중국과 한국, 일본불교에는 거의 알려져 있지 않습니다.

그런데 빠알리 삼장 중에는 수천의 경이 있는데, 왜 경의 명칭을 붙이지 않고 이 책을 『경집』이라고 부른 것일까요? 이 점에 대해 주석서의 서게(序偈)는 아래와 같이 기록하고 있습니다.

"'수백의 가타(게송)로 가득하고, 게야(응송)와 해설(vayakarana)로 장식된 이 「시편」이, 왜 『숫타니파타』라고 불리게 되었는가' 라고 만약 [묻는다면],

①잘 설해졌기 때문에 ②모든 의미를 보이기 때문에 ③좋은 피난처가 되기 때문에 ④[모든 이익을] 만들기 때문에 ⑤[의미를 – 옮긴이] 잘 짜내기 때문에, 경이라고 말해진다.

그처럼 모든 경을 모아서, 그 후 때때로 이 [게송은] 합송되었다. 그 까닭에 이러한 명칭이 되었다.

게다가 모든 경도 권위 있는 것으로, 그와 같은 분(= 부처님)의 말씀이다. 이것은 그 집성(nipāta)이고 집편이기에 다른 명칭으로 불릴 만한 특징이 없어서 『숫타니파타』라는 명칭만을 얻은 것이다" 라고. (『빠라맛타죠띠까』 II, 1쪽)

이렇게 후대의 주석가 붓다고샤(buddhagoṣa, 佛音: 5세기 전반에 활약한 빠알리 불교의 대주석가)는 말하고 있습니다. 즉, 다른 경의 집성에는 각각 특정한 이름을 붙일 만한 특징이 있지만, 이 본집에는 그러한 특징이 없어서 그대로 『경집』이라고 부르게 되었다는 것이죠.

본집은 이와 같이 잡다한 경을 한데 모은 것이지만, 『경집』이라는 이름은 다른 부파의 전승에는 보이지 않는 남방상좌부 특유의 것이라는 점에서 의미가 크다 하겠습니다. 그래서 스리랑카에서는 본서의 제1품 제8경의 「자경(慈經, Mettasutta)」과 제2품 제1경의 「보경(寶經, Ratnasutta)」, 혹은 제2품 제4경의 「대길상경(大吉祥經, Mahāmaṅgalasutta)」 등의 한 절(節)이 결혼식 전날의 의식에서 독송되고, 스님의 설교가 행해진다고 합니다. 요컨대, 『숫타니파타』는 스리랑카의 생활 속에 생생히 살아 전해져 오고 있는 것이죠. 그럼, 본집은 어떠한 내용으로 구성되어 있고, 또 언제 성립된 것일까요?

『숫타니파타』의 구성과 내용

본집은 5품(5장) 70경 1,149게송으로 이루어져 있는데, 제5품의 서게와 결어를 더하면 전부 72경이 됩니다. 그 구성은 전체적으로 시게(게송)가 중심이지만, 다른 게송집인 『담마빠다』(법구), 『테라가타』(장로게) 그리고 『테리가타』(장로니게)처럼 게송만 있는 것이 아니고 제1품 중 4경, 제2품 중 5경, 제3품 중 8경의 합계 17경에는 게송 외에 산문(장행)을 포함하고 있습니다. 또한 이 경들은 처음에 '여시아문'(이와 같이 들었습니다)으로 시작한다는 점에서 큰 차이를 보이지요. 그 밖의 53(55)경은 모두 게송만으로 이루어져 있습니다. 여기에서 5품(5장)의 내용을 알아보겠습니다.

【전5품(5장) 1,149게송】

- 제1품(장) 사품(뱀의 장, Uraga-Vagga) — 전12경. 제1~221게송. 이 중에서 제4경「밭을 가는 바라드와자(Kasībhāradvājasutta)」, 제6경「파멸(Parābhavasutta)」, 제7경「비천한 사람(Vasalasutta)」, 제10경「알라바까라는 신(Āḷavakasutta)」의 4경은 산문 '여시아문'의 형식.

- 제2품(장) 소품(작은 장, Cūla-Vagga) — 전14경. 제222~404게송. 이 중에서 제4경「더없는 행복(Mahāmaṅgalasutta)」, 제5경「수찔로마(Sūcilomasutta)」, 제7경「바라문에게 어울리는 것(Brahmaṇadhammikasutta)」, 제12경「방기싸(Vaṅgīsasutta)」, 제14경「담미까(Dhammikasutta)」의 5경은 산문 '여시아문'의 형식.

- 제3품(장) 대품(커다란 장, Mahā-Vagga) — 전12경. 제405~765게송. 이 중에서 제3경「잘 설해진 것(Subhāsitasutta)」, 제4경「순다리까바라드와자(Sundarikabhāradvājasutta)」, 제5경「마가(Māghasutta)」, 제6경「사비야(Sabhiyasutta)」, 제7경「세라(Selasutta)」, 제9경「바셋타(Vāseṭṭhasutta)」, 제10경「꼬까리야(Kokāliyasutta)」, 제12경「두 가지 관찰(Dvayatānupassanāsutta)」의 8경은 산문 '여시아문'의 형식.

- 제4품(장) 의품・팔게품(여덟 가지의 시구의 장, Aṭṭhaka-Vagga) — 전16경. 제766~975게송.

- 제5품(장) 피안도품(피안에 이르는 길의 장, Pārāyana-Vagga) — 전18절(경). 제976~1149게송.

각 품(장)의 내용

이에 따르면, 산문형식 없이 게송만으로 되어 있는 것은 제4장과 제5장뿐이라는 것을 알 수 있지요. 이 두 장은 『숫타니파타』 중에서도 자료로서 특히 중요합니다. 그러면 각 장의 내용과 특징 있는 경을 선별해서 설명하겠습니다.

● 제1장 뱀의 장

제1경 「사경(Uragasutta)」은 "비구 = 수행승은 뱀이 낡은 허물을 벗고 가듯이, 이 세상 저 세상을 함께 버리고 간다"고 하는 문구를 가진 게송(제1~17게송)을 모은 것입니다.

인간은 좀처럼 낡은 허물을 벗어버리지 못하고 과거에 얽매이는 존재입니다. 수행자는 뱀의 독이 몸에 퍼지는 것을 약초로 치료하듯이, 차안(此岸)과 피안(彼岸)을 버리고 수행에 전념한다는 것이 이 경전의 뜻이죠. 비단 수행자뿐만 아니라 낡은 허물을 벗어버리는 것은 의미 있는, 그리고 필요한 삶의 한 방식임을 보여주고 있습니다.

제3경 「무소뿔경(Khaggavisānasutta)」(제35~75경)은 제44~45게송을 제외하고 모두 "무소(코뿔소)의 뿔과 같이 홀로 가라"로 끝나는 경전입니다. 이 경명 '무소의 뿔'의 비유는 벽지불(辟支佛)을 비유한 것으로 스승 없이 홀로 깨달음을 얻은 사람, 즉 독각을 말합니다. 이 경 전체 게송의 내용은 욕망이 일어나는 대상을 떠나서 재가의 속박을 끊고, 홀로 앉아 명상하며 번뇌를 벗어나 무소의 뿔처럼 홀로 구도에 전념하라는 것으로, 진행방식은 틀림없는 독각의 모습이라 하겠습니다.

제8경 「자경(Mettasutta)」(제143~152게송)은 『소송경(小誦經)』(Kuddhakapāṭha) 제9경에도 보이는 것으로, 주석*은 이 경을 자호주(慈護呪, Mettaparitta)라고 부릅니다. 스리랑카의 결혼식에서 이 경이 독송되는 것도 호주(護呪)로서의 의미를 갖고 있기 때문일 겁니다.

● 제2장 작은 장

비교적 짧은 경전들의 집성.

제1경 「보경(Ratanasutta)」(제222~238게송)은 『소송경』 제6경에도 보이는데, 제224~235게송의 제4구는 모두 "이 진리에 의해 행복하소서"로 맺고 있습니다. 또한 "뛰어나고 훌륭한 보석이 부처님 안에 있으니, 부처님과 법과 상가에 예배합니다. 행복하소서"(제236~238게송)라고 노래하고 있습니다. 주석**은 이 경을 보호주(寶護呪, ratnaparitta)라고 하는데, 스리랑카에서 「빠릿타」(護呪)로서 전하고 있는 것도 자연스럽다 하겠습니다.

제4경 「대길상경(Mahāmaṅgalasutta)」 = 이와나미본 「더없는 행복」(제258~269게송)은 앞의 경과 마찬가지로 『소송경』의 제5경에 「길상경」이라는 이름으로 보이며, 그 외에 한역 『법구경』 권하 「길상품」(「대정장」 제4권, 575쪽 상), 『법구비유경』 권4 「길상품」(「대

---

* *Mp* II, p.341.
** Manorathapūraṇī 2, p.342

정장」제4권, 609쪽 상) 등과 상당 부분 일치하고 있습니다. 스리랑카 불교계에서 망갈라숫따로 애송되는 경전이지요.

● 제3장 커다란 장

제1경 「출가경(出家經, Pabbajjāsutta)」(제405~424게송)과 제2경 「정근경(精勤經, Padhānasutta)」= 이와나미본 「정진노력하는 것」(제425~449게송) 그리고 제11경 「나라까경(Nālakasutta)」(제679~723게송)의 세 경전은 붓다 전기(불전)에 관한 가장 오랜 자료로 일컬어지는 것들입니다.

그 중에서 「출가경」과 「정근경」은 매우 중요한 자료로 인정받고 있지요. 「출가경」은 석존이 사문 고따마로서 출가의 길을 나서, 마가다국의 빈비사라왕을 만났을 때 '출가 동기'를 말하는 경입니다. 또 「정근경」은 성도 이전의 6년에 걸친 고행중에 체험했다고 하는 악마와의 싸움을 기술하고 있지요. 이들의 내용(제8장 참조)은 후대의 불전자료, 예컨대 『마하바스뚜(Mahāvastu)』나 『불본행집경』 등의 원천이 됩니다.

또 「나라까경」은 석존이 까삘라성에서 탄생하셨을 때 아시따(Asita) 선인이 예언한 전승이 있어서 그 내용을 기록한 것입니다. 본경은 서게(제679~698게송)와 본문으로 구성되어 있지요. 그 중 서게에 해당하는 이야기는 다른 불전 자료에도 보이지만, 본경과 유사한 게송은 보이지 않습니다. 그러나 본문에 해당하는 모든 게송(제699~723게송)은 앞의 두 경과 같이 『마하바스뚜』나 『불본행집경』 등의 원천 자료가 되지요.

제8경「화살경(Sallasutta)」(제574~593게송)은 아들을 잃은 어떤 재가거사가 너무나 슬픈 나머지 7일간이나 음식을 먹지 않고 있는 모습을 보신 세존(부처님)께서 이 경전을 설하셨다고 주석서는 기술하고 있습니다. "태어난 자는, 죽음을 벗어날 길이 없네"(제575게송), "젊은 사람도 나이든 사람도, 어리석은 자도 현명한 자도, 모두 죽음에 굴복하고 마네"(제578게송), "슬퍼하는 것을 그만두지 않으면, 고뇌는 더욱 더 깊어진다네"(제586게송)라는 내용으로, 우리들 마음에 강하게 울려오는 느낌을 받습니다.

제9경「바셋타경(Vāseṭṭhasutta)」= 이와나미본「바셋타」(제594~656게송)는 사성계급의 평등에 대한 기본적 이념을 설한 것으로, 본경은 빠알리 성전『중부』제98경에 그대로 전하고 있습니다. 석존이 당시의 카스트 제도에 대해 어떤 근거와 이유에서 비판했고, 참바라문이 무엇인지를 추구한 것과 관련하여 그 자세를 엿볼 수 있는 아주 귀중한 자료입니다. 이 점에 대해서는 제6장에서 자세히 다루겠습니다.

참고로 말씀드리자면, 빠알리 성전협회에서 출판한『중부』에는 이 경에 대해서 경전의 명칭만 있을 뿐 경문은 생략되어 있고, 남전대장경 또한 생략되어 있습니다. 아마도 본경과 중복되는 것을 피하려고 했던 것 같아요.

마지막으로, 제12경「두 종의 관찰경(Dvayatānupassanāsutta)」= 이와나미본「두 종의 관찰」(제724~765게송)은 원시불교사상의 근간을 이루는 사성제와 십이인연, 그리고 연기설의 이념을 소박한 형식으로 기술하고 있는 경전입니다.

맨 고층으로 일컬어지는 제4・5장

앞에서도 잠시 언급했듯이 제1~3장은 게송과 함께 '여시아문' 형식의 산문으로 이루어져 있지만, 제4장과 제5장은 전적으로 시의 형식으로만 되어 있습니다. 그 점에서 『숫타니파타』 중에서도 특히 고층에 위치한다고 여겨지고 있지요. 여기서는 우선 제4장부터 말씀드리겠습니다.

● 제4장 의품 또는 팔게품(여덟 가지의 시구의 장)

이 장에 대해서는 「의품」(「남전」, 미즈노 역), 또는 「여덟 가지의 시구의 장」(이와나미본, 나카무라 역)으로 번역하는 두 가지 설이 있습니다. 전자는 여러 한역문헌에 공통되는 명칭을 따른 것이고, 후자는 본장의 제2경에서 제5경까지의 네 경전이 여덟 개의 게송으로 이루어져 있고 또 장(품)명의 앗타까박가(Aṭṭhaka-Vagga)의 앗타까는 8을 의미한다는 것입니다. 그러나 제2~5경의 네 경전을 제외한 나머지 열두 경전은 여덟 게송으로 이루어져 있지 않기 때문에, 전체를 팔게품으로 보는 데는 이견이 있을 수 있겠지요.

그건 그렇고, 전16경 합계 210(제766~975게송)의 게송으로 이루어진 이 장은 제5장과 함께 『숫타니파타』 중에서도 성립이 가장 이른 것으로 보고 있습니다. 이 장이 예로부터 독립된 경전으로 널리 받들어지며 독송되었음이 원시불전에 기록되어 있지요. 게다가 이 장에 대한 독립된 주석서인 『마하닛데싸(Mahāniddesa)』(大義釋)가 있음도 이 장이 시대상으로 오랜 것임을 입증해 주는 한 예라 하겠습니다.

그리고 제4장 중에 제1경 「욕망경(Kāmasutta)」(제766~771게송), 제6경 「늙음의 경(Jarāsutta)」(제804~813게송)에 대해서는 제5장과 제9장에서 자세히 다룰 예정입니다. 또 제11경 「쟁투경(Kalahavivādasutta)」(제862~877게송)에 대해서는 제7장에서 다루겠습니다.

원래 경전이 설해진 데는 각각의 인연이 있습니다. 그 형식은 "세존(부처님)께서 어떤 때에, 어느 장소에 계실 때, 이러한 인연으로 다음과 같이 말씀하셨다"라고 말하는 것으로, 이른바 '여시아문' 형식을 취하는 것입니다. 그러나 이 제4, 5장은 그런 형식이 아닙니다. 다만 그 주석서 『빠라맛타죠띠까』에서는 이 경이 설해진 인연을 덧붙여 기술하고 있지요.

그런데 이 제4장에 대한 독립된 주석서인 『마하닛데싸』가 있다는 것은 앞에서도 말씀드렸습니다. 그 내용은 모든 경전의 문구를 글자 그대로[逐字的] 주석한 것으로, 매우 귀중한 자료 가운데 하나입니다. 그리고 역시 제5장에 대해서도 독립된 주석서인 『츌라닛데싸(Cullaniddesa)』(小義釋)가 있습니다. 더구나 이 『대의석』과 『소의석』이라는 두 책이 빠알리 성전의 소부(Khuddakanikāya) 경전에 수록되어 있는 것은 도대체 무슨 의미일까요?

원래 경전의 문구를 글자 그대로 해석하는 작업이 행해지게 되면, 순서상 『숫타니파타』의 제1장부터 시작하는 것이 보통이라 하겠습니다. 그런데 제4, 5장에만 의석(義釋, niddesa)이 있다는 것은 이 두 장이 『숫타니파타』 중에서도 독립적이고 보다 오랜 경전임을 말해주는 셈이죠. 이 점에 대해서는 나중에 다시 한 번 말씀드리겠습니다.

아무튼 제4장의 제1경 「욕망경」과 제6경 「늙음의 경」, 그리고 제11경 「쟁투경」은 인간의 타고난 성품으로서 인간사회를 영위하는 데 반드시 따라다니는 성질의 것들을 담고 있습니다. 그것은 멀리 붓다가 사셨던 2,500년 전의 고대부터 현대에 이르기까지 언제 어디서나 볼 수 있는 인간사회의 테마이지요. 그러면 이 주제에 대해서 석존은 어떻게 통찰하고 대응했는지, 경전을 통해 차분히 음미해 보겠습니다.

● 제5장 피안에 이르는 길의 장

마지막 제5장은 『숫타니파타』 중에서도 약간 느낌이 다릅니다. 이 장은 16인의 학생이 붓다에게 질문을 하면 붓다가 이에 답하는 문답 형식의 16경과, 후대에 덧붙여진 것으로 생각되는 서게(제976~1031게송)와 결어(제1124~1149게송)를 더해서 합계 18경*으로 구성되어 있습니다.

16인의 학생이란 박학다식한 바라문인 바바리의 제자인 아지따, 띳싸 멧떼이야, 뿐나까, 멧따구, 도따까, 우빠씨바, 난다, 헤마까, 또데이야, 깝빠, 자뚜깐닌, 바드라붓다, 우다야, 뽀쌀라, 모가라자, 삥기야인데, 이들이 각기 붓다에게 질문을 던지고 이에 붓다가 대답

---

* Pj II를 보면, 서게는 vatthugāthā(서게)로만 표기되어 있지만, 이후 16인의 학생이 던지는 질문의 마지막에는 Ajitasutta(아지따경)와 같이 ~sutta로 표기하고 있다. 마지막 결어 부분에는 해당하는 명칭이 보이지 않는다. 그러나 편의상 서게와 결어 부분을 각각 경으로 보고, 전체 18경으로 해도 무리는 없을 것이다. — 옮긴이

하는 형식을 취하고 있습니다. 이들 열여섯 학생이 던진 질문의 결말로서,

> 스승(붓다)께서는 마가다국의 빠싸나까 영지(靈地)에 머물고 계셨을 때 이상의 것을 설하시고, [바바리의] 제자인 16인의 바라문이 질문했을 때, 질문에 대해 답을 하셨다. 만약 이 질문 하나하나의 의미를 알고, 이법(理法)을 알고, 이법에 따라 실천한다면, 늙음과 죽음의 건너 피안에 도달할 것이다. 이 가르침은 피안에 이르게 하는 것이므로, 이 법문을 '피안에 이르는 길'이라고 이름한다. (『붓다의 말씀』, 이와나미문고, 237쪽)

고 제5장의 결론을 말하고, 이하에서는 제1124~1149게송의 내용을 정리하고 있지요.

이상으로 『숫타니파타』 전반에 걸쳐 그 내용을 살펴보고, 특색 있는 경전 몇 가지를 소개하면서 설명했습니다. 아래에서는 이 경전의 성립 연대에 대해 살펴보겠습니다.

『숫타니파타』의 성립을 둘러싸고

『숫타니파타』의 성립 시기는 언제일까요? 이에 대해서는 나카무라 박사(이와나미본, 433쪽 이하)와 미즈노 박사(「남전대장경」, 1~5쪽)의 상세한 해설이 있습니다. 두 분의 해설을 참조하면서 여기서는 또 다른 각도에서 본집이 원시불전 가운데 가장 오랜 경전임을

말씀드려 보겠습니다.

우선 첫째로, 석존께서 사용하셨다는 마가다어 형태의 속어가 현

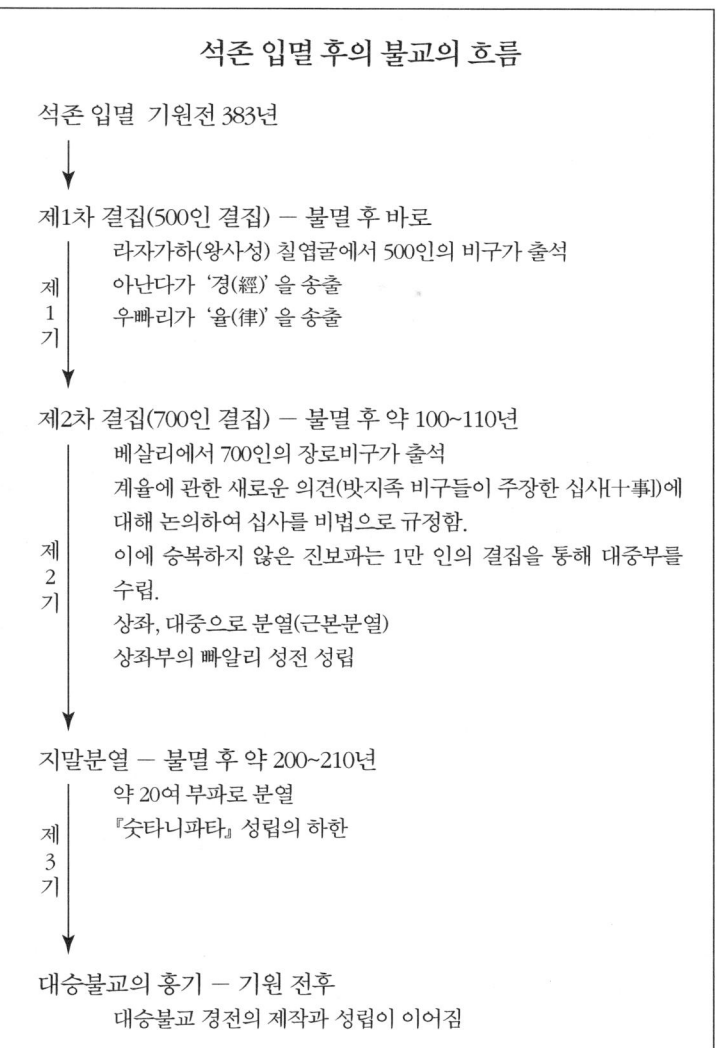

석존 입멸 후의 불교의 흐름

석존 입멸 기원전 383년

제1기
제1차 결집(500인 결집) — 불멸 후 바로
라자가하(왕사성) 칠엽굴에서 500인의 비구가 출석
아난다가 '경(經)'을 송출
우빠리가 '율(律)'을 송출

제2기
제2차 결집(700인 결집) — 불멸 후 약 100~110년
베살리에서 700인의 장로비구가 출석
계율에 관한 새로운 의견(밧지족 비구들이 주장한 십사[十事])에 대해 논의하여 십사를 비법으로 규정함.
이에 승복하지 않은 진보파는 1만 인의 결집을 통해 대중부를 수립.
상좌, 대중으로 분열(근본분열)
상좌부의 빠알리 성전 성립

제3기
지말분열 — 불멸 후 약 200~210년
약 20여 부파로 분열
『숫타니파타』 성립의 하한

대승불교의 흥기 — 기원 전후
대승불교 경전의 제작과 성립이 이어짐

재 전하는 빠알리 성전으로 형태를 정비해 가는 과정에서 빠알리어 문법에 맞지 않는 문법이 본집에 보입니다.

  둘째로, 원시불교의 사상을 대표하는 사성제, 팔정도, 그리고 십이연기의 가르침에 대해 대부분의 경전은 동일한 형식으로 전하고 있는데, 본집에서는 그처럼 체계화된 형식이 보이지 않습니다. 즉, '여시아문'이라는 형식으로 차례대로 이야기한 다른 경전과는 달리, 소박하면서도 생생한 표현이 본집을 장식하고 있다는 것이지요.

  셋째로, 후대에 발전한 사상이나 교단사를 기준 삼아 그 성립과정을 거슬러 추적해 보더라도 본집에는 그런 자취가 보이지 않습니다. 예를 들어 수행체계인 37도품이나, 불교교단을 형성한 사부대중의 한 축인 비구니는 본집 어디에도 등장하지 않아요. 어쩌면 불교를 지탱해 준 불탑숭배에 관해 언급하고 있지 않은 점도 좋은 증거라 하겠습니다.

  넷째로, 본집의 시게(詩偈)가 다른 문헌에 많이 전하고 있다는 사실입니다. 그렇다면 본집의 성립 시기는 언제일까요? 이것을 풀 열쇠는 제1장에서 언급한 불멸 후의 교단사에 있습니다.

  석존의 연대론에 대해 남방불교권과 북방불교권 사이에는 거의 100년의 차이가 있습니다. 일본에서는 북전 자료에 근거하여 기원전 463~383년설이 학계에서 인정받고 있습니다. 요컨대, 불멸 연대는 기원전 383년이라는 것이죠. 그리고 불멸 후 바로 제1차 결집이 이루어지고 100년에서 110년 뒤에는 제2차 결집이 이루어져서 교단이 두 개의 부파로 분열했고, 이후 100년 동안 더 많은 부파로 갈라졌다는 것이 불멸 후의 교단사입니다.

이 교단사를 통해 생각해 보면, 상좌부와 대중부로 분열한 기원전 270년경, 즉 기원전 3세기경에는 남방상좌부의 빠알리 성전이 이미 성립되어 있었다는 결론이 됩니다. 따라서 『숫타니파타』는 적어도 이 시기에 기원을 갖고 있는 것이지요.

그러나 『숫타니파타』를 가장 오랜 성전으로 보는 설을 취하면, 불멸 후 제1차 결집에서 '경'과 '율'이 합송되었다는 전승을 존중해서 본집의 원형도 그 시기까지 거슬러 올라갈 수 있을 겁니다. 더욱이 본집을 붓다의 언행록으로 생각한다면, 붓다 재세시로까지 그 기원을 올려잡아야겠지요. 하지만 그에 대한 명확한 증거는 없고, 자연히 연대를 어떻게 추정하면 좋을까 하는 문제가 제기됩니다. 그래서 저는 본집 전체의 체재와 구성 그리고 지금까지의 연구성과를 근거로 해서 그 성립 연대를 추적해 보고자 합니다.

『숫타니파타』의 편찬

석존은 인도 동부의 마가다 지방 언어인 고대 마가다어나 그 영향을 받은 속어(쁘라끄리뜨)로 제자들에게 말씀하셨을 것으로 짐작됩니다. 그리고 석존 입멸 후에 스승의 가르침을 오래도록 보존하기 위해 곧바로 장로들이 모여 서로 합송하는 회의를 개최한 것이고요. 그래서 앞에서도 언급했듯이, 기억하고 있던 것을 누구나 암송하기 쉽도록 시게나 운문의 형식으로 가르침의 내용을 확인했던 겁니다. 물론 간결한 문구도 덧붙여졌겠지요. 아마도 고대 마가다어나 그에 가까운 속어로 암송되었으리라 추측됩니다. 이것이 제1기로서 『숫타니파타』의 가장 오랜 부분인데, 그 속에 빠알리어 문법과는 다른 종류의 고대어가 삽입된 문구도 포함되어 있습니다.

다음으로 운문과 산문, 혹은 운문 형식의 것을 산문으로 설명하는 형식입니다. 불멸 후 100~110년이 지나서 교단은 계율을 둘러싸고 상좌와 대중의 두 파로 분열되는데, 그 시기는 아쇼카왕(아육왕)의 치세(기원전 268 혹은 267~232년)와 거의 같은 무렵이지요. 남방 상좌부의 빠알리 성전은 빠알리어라는 성전어로 되어 있기 때문에, 이 빠알리어는 석존께서 사용하신 언어와 가장 가깝다고 생각됩니다. 따라서 남방상좌부에만 전승된 경집은 대단히 중요한 위치를 지니게 되는데, 이것이 제2기입니다.

다시 100년이 지나 상좌·대중의 두 파에서 여러 부파로 더욱 분열하여 각각의 부파에서 경전으로 정리된 것을 갖게 되는데, 이것이 제3기입니다. 경·율·논 삼장으로 정리된 것은 그 후의 일이고요.

이렇게 연대를 추적해 보면, 현재 우리들이 보고 있는 『숫타니파타』는 부파 분열기(제3기)를 하한으로 해서 성립되었다고 할 수 있습니다. 그렇지만 본집에 수록된 많은 시게가 다른 부파에도 전하고 있음을 고려하면 제3기 이전에는 부파별로 성립되어 있었다고 볼 수 있겠지요. 이는 본집 자체에 신고층(新古層)의 두 요소가 공존하고 있음을 보여주는 것입니다. 그러면 결말로서 『숫타니파타』의 구성 내용을 다시 한 번 확인해 두겠습니다.

앞에서도 언급했지만, 전5장 중에서 제4, 5장이 특히 고층에 속하는 이유로서 ①시게뿐이라는 것과 ②이 두 장에 대해 닛데싸(의석)가 있음을 말씀드렸습니다. 어의석(語義釋)이 소부경전에 수록되어 있는 것은 곧 제4, 5장이 독립된 경전으로 이미 성립되어 있었다는 증거입니다.

이와 달리 제1~3장은 그 속에 '여시아문' 형식의 경을 포함한 것과 그렇지 않은 것이 있어요. 만약 운문과 시게만을 고층의 것, 산문과 장행을 신층의 것이라고 한다면, 제1~3장 중에도 신층과 고층의 차이가 있게 될 겁니다. 고층과 신층을 판단하는 기준은 그 내용에 달려 있지만, 여기서는 그런 전문적인 부분은 더 이상 다루지 않겠습니다. 독자들께서는 우선 이 본집의 의미를 음미해 가면서 붓다의 말씀에 귀를 기울여 주시기 바랍니다.

붓다의 육성을 반영한 성전

무엇보다도 『숫타니파타』는 붓다의 육성에 가장 가까운 경전입니다. 불전을 주제로 한 서사시 『붓다짜리따』(불소행찬[佛所行讚]. 마명[馬鳴] 작. 1~2세기)와 같은 후대의 불전 작품에서 붓다를 찬탄하기 위해 초인격화, 신격화한 것과는 달리, 『숫타니파타』는 붓다의 살아 있는 모습을 보여주는 성전입니다.

『숫타니파타』에서 노래하고 있는 시게 하나하나는 우리에게 인생을 사는 길을 제시해 줍니다. 그 가르침은 다른 많은 원시불전에 보이는 것과 같은 전형적인 것이 아니라, 우리의 일상생활과 밀접한 것들로 가득하지요. 석존께서 제자들에게 구도의 지침으로 가르치신 것이 많은데, 그것은 단순히 출가자만을 위한 것이 아니라 일상을 살아가는 우리에게도 귀중한 지표가 되는 내용들입니다.

둘째로 아함경전을 종종 붓다의 언행록이라고 일컫는 경우도 있는데, 『숫타니파타』야말로 바로 그런 표현에 걸맞은 성전입니다. 붓다의 부드럽고 사려 깊은 말씀은 읽는 이의 마음에 깊은 감동을 선사하지요. 결코 어려운 가르침을 말하고 있지 않습니다. 흔히들 불교경전이라고 하면 대개는 이해하기 어려운 불교술어에 한문경전이라는 인상을 갖게 됩니다. 세상에는 『반야심경』이나 『법화경』과 같이 독송되는 경전도 있지만, 의미를 하나하나 음미해 가며 읽는 경전도 있는 것이죠. 본집은 후자에 해당하는 경전이라 하겠습니다.

저는 나카무라 박사가 『숫타니파타』를 『붓다의 말씀』이라고 번

석존 입멸 후 제자들이 제1차 결집을 가졌던 라자가하의 칠엽굴.

역한 심경을 새삼 헤아려 봅니다. 『붓다의 말씀』이라고 하면 불교 성전 가운데 적어도 아함경전을 그렇게 불러도 좋겠지만, 누구도 아함의 모든 경전을 붓다의 말씀이라고는 여기지 않습니다. 그러나 『숫타니파타』만은 역시 붓다의 육성에 가장 가까운 성전이라는 확신을 갖게 되지요.

원시불전 가운데 "연기를 보는 자는 법을 본다", "법을 보는 자는 여래를 본다"고 하는 대목이 나옵니다. 불교의 가르침은 바로 자기 자신이 법(진리)에 다가가 법을 구체화해서 느끼고 붓다를 만나는 체험에 있지 않을까 생각합니다. 석존은 이미 2,500년 전에 입멸하셨기 때문에 만난다는 것은 애당초 불가능하겠지요. 물론 붓다의 음성을 직접 들을 수도 없습니다. 그렇다면 붓다와의 만남은 영원히 불가능한 것일까요? 아닙니다. 붓다의 말씀은 시간과 공간을 초월해서 지금 모든 사람의 마음에 메아리치고 있습니다. 그 붓다의 말씀을 어떻게 들어서 취할까 하는 물음이야말로 곧 어떻게 하면 붓다의 가르침에 근거해서 살아가는 것일까를 의미한다고 하겠습니다.

우리는 경전을 읽거나 혹은 그 의미를 깊이 되새겨서 무엇을 설하고 있는지를 이해하려고 합니다. 그 경우, 경전이나 경전의 말씀을 대상으로 삼고 있지는 않습니까? 경전이나 경전의 말씀에서는 붓다의 육성이 들리지 않습니다. 우리가 그 말씀을 스스로 되묻고 받아들일 때에야 비로소 경전과 경전의 말씀을 만날 수 있지 않을까요?

신란(親鸞, 1173~1262)*의 법어 『탄니쇼(歎異抄)』에,

성인께서 늘 말씀하신 가르침에는 '미타(彌陀)의 오겁사유(五劫思惟)의 원(願)을 잘 헤아린다면, 오로지 신란 한 사람을 위한 것이로다.' ……**

라는 대목이 있는데, 이는 바로 아미타 부처님의 본원과의 만남을 고백한 체험이 아닐까 생각됩니다.

불교의 가르침은 관념이나 철학이 아닌, 어디까지나 지금의 자기 자신에게 계속 질문을 던지는 것이며, 그렇게 해서 불교와 만나는 것입니다. 부처님을 본다, 법을 본다, 부처님을 관한다고 하는 견불(見佛), 견법(見法), 관불(觀佛)이라는 말이 경전사에 나옵니다. 『법화경』에 "일심욕견불 부자석신명(一心欲見佛 不自惜身命)"(「여래수량품」자아게)***이라는 게송이 있는데, 불교의 원점은 이 하나의 시구로 충분하다고 해도 과언이 아닐 겁니다.

그럼, 『숫타니파타』는 무엇을 말하고 있는 것일까요? 저는 지금까지 다섯 장의 개략적인 내용을 독자 여러분께 설명했습니다. 자료적 측면에서 조금 번잡한 고증과 일부 중복되는 서술이 있었는데, 아래에서는 그것을 정리하고 제3장 이하와의 관계에 대해 간단하게 말씀드리겠습니다.

---

* 가마쿠라 초기의 승려. 호넨(法然)의 제자로서 정토진종의 개조. − 옮긴이
** 『眞宗聖典』, 東本願寺出版部, 640쪽.
*** 일심으로 부처를 보고자 하는 자는 자신의 목숨을 아깝게 여기지 않는다. − 옮긴이

귀 있는 자는 들어라

저는 제1장에서 불교가 탄생한 배경에서 원시불전이 성립되어 온 과정을 말씀드렸습니다. 그것을 근거로 제2장에서는 원시불전 가운데 남방상좌부에서만 전승되어 온 『숫타니파타』가 빠알리 성전에만 있고 일부를 제외하고는 상응되는 한역이 없음을 밝혔고요. 따라서 스리랑카 불교에는 잘 알려져 있어도 중국과 한국, 일본의 불교에는 거의 알려지지 않은 성전이며, 그 전체 텍스트에도 고층과 그렇지 않은 것이 혼재되어 있음을 지적했습니다. 그렇다고 해도, 원시불전 중에서 가장 오랜 성전이며, 더욱이 제4, 5장의 두 장은 그 중에서도 가장 오랜 자료적 가치를 지니고 있음도 확인했습니다.

불교는 본질적으로 자기 자신에게 끊임없이 질문을 던지는 종교입니다. 도겐(道元, 1200~1253) 선사는 다음과 같이 말하고 있습니다.

> 불교를 배운다는 것은 자신을 배우는 것이다. 자신을 배운다는 것은 자기를 잊는 것이다. 자기를 잊는다는 것은 만법(= 환경세계)을 깨닫는(= 실증) 것이다. 만법을 깨닫는다는 것은 자신의 몸과 마음, 혹은 다른 이의 몸과 마음을 방하착[脫落]하는 것이다.****

**** 「現性公案」, 『正法眼藏(一)』, 岩波文庫, 54쪽. 도겐의 '탈락(脫落)'은 도겐 사상의 핵심을 나타내는 말 가운데 하나이다. 이것은 '심신탈락(心身脫落)'의 형식으로 말해지고 있는데, 해탈이나 방하착(放下着), 도방하(都放下) 등의 의미를 갖고 있다. 본문에서는 방하착이라는 선가의 용어를 써서 번역했다. - 옮긴이

석존이 자신의 고뇌를 해결하고자 출가, 구도해서 35세에 정각을 성취했다는 것은 남·북전이 모두 일치합니다. 그런 석존=붓다가 80세로 대반열반(大般涅槃)*을 맞이하기까지 45년간에 걸쳐 전도, 교화의 생애를 보낸 것도 분명한 사실이지요. 그리고 항상 '나와 너가 함께' 라는 전도의 방침을 내걸고는 "감로의 법문은 열렸다. 귀 있는 자는 들어라"**고 선언하고 몸소 실천하며 다른 사람을 교화하는 부처의 길을 걸었다는 것은 너무도 잘 알려져 있습니다. '귀 있는 자는 들어라' — 이 문장은 성서(신약)에도 보이는데, 우리가 붓다의 음성을 듣는 것이야말로 정말로 중요한 일이라 하겠습니다. 석존은 전도 선언에서,

　　비구들이여! 유행(遊行)하라. 많은 사람들의 이익을 위해서, 많은 사람들의 안락을 위해서, 세상 사람들의 연민을 위해서, 사람과 하늘의 의리·이익·안락을 위해서.
　　두 사람이 한 길로 가지 말라.***

고 말씀하시고 있습니다. 즉, 자신을 먼저 확립한 뒤에 세상의 모든 사람들을 위해서라는 연민의 마음이 잘 나타나 있음을 알 수 있지요.

---

* 대반열반이라는 말은 크고 완전한 열반이라는 뜻으로, 부처님에게만 쓰는 용어이다. 부처님의 제자에게는 이 말 대신에 보통 열반만을 쓰는데, 간혹 반열반이라는 말을 쓰기도 한다.
** Vn I, p.7; SN I, p.138 등.
*** Vin I, p.21. 「남전」 제3권, 37쪽; SN I, p.105. 「남전」 제12권, 180쪽 등.

이러한 붓다의 전도 정신이 『숫타니파타』의 각 게송에는 어떻게 반영되어 있을까요? 붓다의 말씀을 듣는다는 본 테마는 바로 이에 답하는 것입니다.

저는 이하의 각 장에서 붓다의 말씀을 여러 각도에서 살펴보고자 합니다. 이 책의 전반부는 주로 자기 자신을 추구하는 이른바 자리(自利)의 측면을 다루고, 후반부에서는 타리(他利)와 관련되는 측면을 다룰 것입니다. 독자 여러분이 '귀 있는 자는 들어라' 하는 말씀을 받아들여, 붓다의 말씀을 여러분 자신에게 투영시켜 마음으로 받아들이는 계기가 되었으면 합니다.

제3장 자기를 바라본다

자기란?

 욕구에 사로잡혀 생존의 쾌락에 탐닉하고 있는 사람들은 해탈하기 어렵다. 다른 사람이 해탈시켜 주는 것이 아니기 때문이다. 그들은 미래와 과거를 생각하면서, 이러한 [눈앞의] 욕망이나 과거의 욕망을 탐한다. (『숫타니파타』 제773게송)

 이는 『숫타니파타』 제4장 제2경 「동굴에 대한 여덟 게송의 경(Guhaṭṭhakasutta)」의 한 시구입니다. 우리는 이 세상에 태어나 삶을 마칠 때까지 자기 자신과 마주하며 살아갈 수밖에 없습니다. 태어나면서부터 저마다 신체 구조도 다르고, 건강한 사람이 있는가 하면 그렇지 못한 사람도 있습니다. 또한 삶을 영위하는 환경도 제각기 다르고요. 그러나 자신의 몸을 소중히 여기며 각자의 환경 속에서 자신과 끊임없이 마주하고 있는 점에서는 차이가 없습니다. 사람에게는 누가 뭐래도 자기 목숨만큼 소중한 것은 없겠지요. 그래서 누구나 자신의 목숨을 아끼고 소중히 여깁니다. 또한 최선을 다해 인생의 여로를 성공적으로 마치고자 하는 것도 지극히 당연하다 하겠습니다.

정말 그렇다고 생각합니다. 하지만 인간의 삶의 방식을 차분히 짚어보면 인간세계는 그렇게 단순하지 않음을 알게 됩니다. 사람이라면 누구나 자신에게 단 한 번 주어진 인생을 의미 있게 그리고 후회 없이 보내려고 하지요. 그러나 우리는 주변의 수많은 유혹과 시시각각 변하는 사회 속에 묻혀서 자신을 잃어버린 채, 시류에 떠밀려 가는 경우를 종종 보곤 합니다. 도대체 자기란 무엇일까요? 그리고 자기 자신을 어떻게 바라보아야 스스로 납득할 수 있는 인생을 살아갈 수 있을까요? 성공적으로 인생을 마친다고까지는 말할 수 없어도, 적어도 거기에 근접하는 것은 가능할까요?

인생의 목적이란?

인간은 태어난 이상 반드시 언젠가는 죽음을 맞이하게 됩니다. 고령화 시대인 오늘날, 100세를 훌쩍 넘기고도 건강한 사람을 볼 수 있지만, 남성의 평균수명은 73~78세, 여성은 82~85세라고 합니다. 이와 같이 정해진 인생을 어떻게 살아가야 할지, 이것이야말로 인간에게 주어진 명제가 아닐까요? 불교의 가르침도 실은 이 점에 있다고 말할 수 있습니다. 『법구경』에서는

> 최상의 진리를 보지 않고 백년을 사는 것보다, 최상의 진리를 보고 하루를 사는 편이 더 낫다. (『담마빠다』 제115게송)

라고 가르치고 있습니다. 중국의 공자 말씀에 "아침에 도를 들으면 저녁에 죽어도 좋다"는 말이 있지만, 적어도 취생몽사*의 일생은 보내고 싶지 않은 겁니다.

정말 이 두 말씀을 대하면 누구나 그렇다고 수긍하면서 자신도 그렇게 되고 싶다고 다짐할 것입니다. 하지만 그렇게 단순하게 잘라 말할 수 없는 것이 이 사바세계입니다. 왜일까요?

우리 인간은 욕망이라고 하는 정체 모를 악마의 포로입니다. 사람은 자신이 원하는 것을 점점 더 갖고 싶어하는 존재입니다. 물건만 해도, 조금이라도 편리한 것을 갖고 싶어하지요. 무리를 해서라도 내집을 마련하게 되면 다음은 자동차를 원하고, 또 더 좋은 고급차를 동경하듯이 욕망은 끝이 없습니다. 저는 문득 지난 시절을 떠올려 봅니다.

1945년 3월, 저는 고베 지방의 공습으로 화를 당했습니다. 초토화된 대지 위의 그날을 회상하면, 지금과 같은 눈부신 발전에 눈이 휘둥그레지며 정말로 번영을 실감하게 되지요. 하지만 우리는 '이 정도로 되었다, 만족했다'는 기분을 잊어버린 것은 아닐까요? 참는 마음, 배려하는 마음을 잊어버린 것은 아닐까요? 물질이 부족했을 때는 이웃과 서로 나누고 도우며 지냈습니다. 그러나 돈만 있으면 무엇이든 구할 수 있는 시대를 맞이한 지금, 인간의 마음 속에 숨어 있던 욕망이라는 악마가 꿈틀거리면서 자신을 돌이켜 보기보다는 바깥 세상에 눈을 빼앗겨버린 것은 아닌지 자문해 봅니다.

---

* 술에 취한 듯이, 꿈을 꾸는 듯이 살다가 죽는 것을 말함. 즉, 아무런 목적이나 의미 없이 인생을 살다가 가는 것을 비유하는 말. - 옮긴이

확실히 인간은 누구나 풍족하고 편리한 사회를 추구합니다. 그걸 부정하는 것은 아닙니다. 하지만 그에 따른 인간의 끝없는 욕망과 탐욕은 오히려 우리가 사는 환경을 소홀히해 왔습니다. 환경문제, 공해문제는 지금 그 빚이 되어 우리를 무겁게 짓누르고 있어요. 특히 자연과의 공존, 생태학이 강조되는 오늘날, 우리 개개인이 자신을 되돌아 볼 때는 아닐는지요.

만족함을 알고, 진리[法]를 들으며, 진리를 보는 자의 삶은 즐겁다. 세상 사람들에 대해서, 화내고 미워하지 않고, 살아 있는 모든 생명에 대해서 자제하는 것은 즐겁다. 세상에 대한 탐욕과 욕망을 버리고, 모든 욕망을 초월하는 것은 즐겁다. '내가, 내가' 라는 아만심을 극복하는 것은, 생각건대 최상의 즐거움이다.*

이 게송은 석존이 붓다가야(지금의 가야)의 보리수 아래에서 깨달음을 얻은 지 얼마 안 되었을 때 자신의 심경을 노래한 것입니다. 일반적으로 경전은 붓다가 제자들의 질문에 설법하는 체재를 취하지만, 위의 게송은 특별한 대상이 있는 것이 아니라 스스로 자기 감흥을 노래한 무문자설(無問自說)**의 가르침이지요. 여기서는 무엇보다도 우선,

---

* *Vin* I, p.3. 「남전」 제3권, 5-6쪽; *Ud*, p.100. 「남전」 제23권, 99쪽.
** 범어 Udāna로 감흥어(感興語)라고도 번역하며, 우타나(優陀那)라고 음역하기도 한다. 이는 붓다가 종교적 체험의 느낌을 그대로 표현한 것으로, 누구의 질문도 없이 혼자서 설하신 것이다. ─ 옮긴이

(1) 만족함을 안다고 하는 가르침, 만족하는 마음을 갖는 것의 중요성[少欲知足]을 가르치고 있는 점
(2) 살아 있는 모든 생명에 대해서 자제한다고 하는 가르침
(3) '내가, 내가' 라는 자기 본위, 자기 중심의 생각을 버리는 것

의 세 가지가 얼마나 즐거운지를 말한 것입니다. 『숫타니파타』 제1장 제8경 「자경」에도 같은 취지의 말씀이 있습니다(제7장 참조).
　다들 잘 알고 있듯이, 이 지구상에 살고 있는 생명체는 인간만이 아닙니다. 인간이라는 존재는 우주 생태계의 한 부분이라는 인식을 통해서 이 우주에는 인간 이외의 많은 생물과 무생물이 생명을 영위하고 있음을 알게 되지요. 석존이 '살아 있는 모든 것에' 라고 한 것은 만물에 대한 연민의 마음이 있었기 때문입니다. 따라서 '내가, 내가' 라는 자기본위 의식을 버린 채 욕망의 노예가 되지 않도록 만족함을 알고 자신을 제어하는 것이 얼마나 중요한지를 강조한 겁니다. 2,500년 전의 석존의 감흥어를 음미해 보면, 현대를 사는 우리의 마음 속에 진한 감동이 밀려옵니다. 그것은 비단 저 혼자만이 아니라고 생각되는데, 독자 여러분은 어떻게 느끼셨는지요?
　이처럼 석존은 욕망을 제어하려는 노력의 중요성을 강조하고 있는데, 그것이 우리의 삶에서 갖는 의미는 무엇일까요? 인간의 욕망은 끝이 없어서 대상에 집착하고 구애되는 것이 인간의 성품입니다. 그 소용돌이에 몸을 맡긴 채 도망치지도 못하지요. 소용돌이에서 벗어나는 것을 다른 식으로 말씀드리면, 그것은 곧 고뇌의 세계, 고통의 세계로부터의 탈출이며, 불교술어로는 해탈이라고 합니다.

해탈, 즉 어떤 것(고뇌)으로부터 벗어난다는 것은 수행자나 우리 개개인이 그렇게 되기를 바라는 것으로, 그것은 자기 자신에게 달려 있는 것입니다. 결코 다른 사람에 의해 해탈되는 것은 아닙니다. 서두에서 든 『숫타니파타』의 게송이 바로 그걸 보여주고 있어요. "불교를 배운다는 것은 자기를 배우는 것이다"라고 도겐 선사는 갈파했는데, 바로 그 말씀 그대로라고 생각합니다.

제가 여기서 자기 제어를 강조했는데, 그 의미가 무엇인지 더 깊이 생각해 보겠습니다.

자제의 기본은 오계에 있다

자기를 제어해서 악을 행하지 않고, 젊을 때도, 중년에도, 성자는 자기를 제어하고 있다. 그는 다른 사람으로 인해 괴로워하지 않고, 또 어떤 사람도 괴롭히지 않는다. 모든 현자는 그를 '성자'로 안다. (『숫타니파타』 제216게송)

이는 제1장 제12경 「모니경(Munisutta)」의 한 게송입니다. 여기서 자기를 억제한다는 것은 대체 어떤 의미일까요? 이 게송에 대해 주석은 다음과 같이 이해하고 있습니다.

몸의 활동[身業], 말의 활동[口業], 마음의 활동[意業]에 관해서, 자신의 규범[自戒]에 의한 제어를 통해 자기를 제어하고, 몸, 말, 혹은 마음으로 살인 등의 악을 행하지 않는 사람은, 청년의 시기에도 중년의 시기에도 또 노년의 시기에도 언제나 악을 행하지 않는다. 왜냐하면 자기를 제어하고 있기 때문이다. 그런 사람은 어떤 사람에게도 괴롭힘 당하지 않고, 또 괴롭히지 않는다. 그런 사람은 현자, 성자이다. (『빠라맛타죠띠까』 II, 269쪽)

불교에 '오계(五戒)'가 있다는 것은 다들 잘 아시겠지요. 인간이 사회생활을 하면서 그 규칙으로서 다섯 가지를 금하는 것인데, 즉 살아 있는 것을 죽이지 않고[不殺生], 훔치지 않고[不偸盜], 거짓말을 하지 않고[不妄語], 음란한 행위를 하지 않고[不邪淫], 술을 마시지 않는[不飮酒] 것입니다. 불교신자가 될 때는 이를 지키기로 약속하지요. 이 오계를 지키는 일이 자제의 기본이라고 불교에서는 가르치고 있습니다. 위의 게송은 우리의 행위에 대한 자제를 강조한 것으로, 사회구성원으로서 지켜야 할 규칙의 중요성을 보여준다고 하겠습니다.

자기야말로 자신의 주인

불교성전 가운데 특히 제가 좌우명으로 여기는 게송이 있는데, 그것을 소개하지요.

자기야말로 자신의 주인이다. 다른 사람이 어떻게 [나의] 주인이 되겠는가? 자기를 잘 다스리면, 얻기 어려운 주인을 얻는다. (『담마빠다』 제160게송 및 제380게송 참조)

나와 당신이라는 존재는 나이고 당신이지 누구도 대신할 수 없는 독립된 인격체입니다. 다른 사람으로 대체할 수 있는 게 아닙니다. 우리 각자는 자기 자신을 스스로 제어하는 일이 중요해요. 하지만 이는 결코 자기 중심의 에고이즘을 말하는 게 아닙니다. 자기를 스스로 제어한다는 것은 이미 말씀드린 것처럼 매우 어렵고 힘든 길입니다. 자신의 마음에 둥지를 튼 욕망이라는 악마를 퇴치하기 위해서는 항상 자기 자신과 마주보며 하루하루 반성하는 삶이 필요하지요.

> 전쟁터에서 백만 인을 이기는 것보다, 단 하나의 자신을 이기는 자야말로, 실로 최고의 승리자이다. (『담마빠다』 제103게송)

라고 『법구경』은 말하고 있습니다. 이 말은 수행의 길을 걷는 사람에게 걸맞은 잠언이라고 해도 좋을 듯합니다.

독일의 저명한 작곡가인 바그너(1813~1883)의 한 악극(바그너가 제창한 오페라의 한 형식)은 불전에 대한 그의 사모의 마음에서 탄생한 것이라고 합니다. 그는 그 사모의 뜻을 〈트리스탄과 이졸데〉에서는 열반(최고의 평온함의 경지)의 나라로서 묘사하고, 〈승리자〉에서는 세계의 정복보다도 자신을 극복함으로써 대상세계가 극복된다고 하는 경지를 표현하고 있습니다. 원래 『담마빠다』를 근거로 한 악극 〈승리자〉는 어떤 사정으로 완성되지 못했는데, 바그너가 쇼펜하우어(1788~1860)와 니체(1844~1900)의 사상에 영향을 받아 불교에 관심을 갖게 되었음을 짐작해 볼 수 있어요. 또한 그런 배경에는 덴마크의 빠알리 학자 비고 파우스뵐(1821~1908)*이 1855년에 『담마빠다』의 원문과 함께 라틴어역을 선보인 일도 영향을 끼쳤을 것으로 생각됩니다.

욕망과 마주보는 인간

흔히 인간을 감정의 동물이라고 합니다. 물론 감정의 기복이 심한 사람과 그렇지 않은 사람, 무엇을 생각하고 있는지 얼굴에 나타나지 않는 사람 등등 무척 다양하지만, 감정이 없는 사람은 단 한 사람도 없지요.

본래 인간은 육체와 정신으로 이루어져 있습니다. 불교술어로는 색(色, 육체)과 정신적인 수(受, 감수작용), 상(想, 표상작용), 행(行, 의지작용), 식(識, 인식작용)의 모임[蘊], 즉 '오온(五蘊)'이 임시로 화합한 존재입니다. 따라서 '오온가화합(五蘊假和合)'**이라는 것이 불교적 해석이지요. 『반야심경』에서는 '오온개공(五蘊皆空)'이라고 해서, 임시로 화합된 것이므로 모두가 공, 즉 '색즉시공, 공즉시색'이라는 불교의 근본사상을 말하고 있습니다.

그런데 이러한 인간존재를 우리는 '이 몸은 내 것', '이것은 내 것'이라는 식으로 집착하거나 속박하면서 이 몸이 영원히 존재하

---

* V. Fausböll, *Dhammapada* 외에도 『숫타니파타』를 1885년과 1893년에 각각 편집하고, 영역본도 출간. *Jātaka* 등도 편집. 참고로, 그는 『숫타니파타』에서 산문은 모두 후대에 부가된 것으로 단정했다. – 옮긴이
** 이는 오온(다섯 가지 요소의 집합)이 임시로 화합한 것을 일컫는다. – 옮긴이

기를 바랍니다. 거기에서 아집이라는 뿌리가 뻗어나와 우리들을 끊임없이 덮치는 것이죠. 그러한 생각이 자기 자신뿐만 아니라 바깥 대상에 대해서도 일어나 욕망과 탐욕의 굴레가 되고 말지요. 이런 상태는 예전이나 지금이나 변한 게 없습니다. 석존 재세시대의 불제자들이나 오늘을 사는 우리들이나 똑같이 이 테마와 마주하면서, 어떻게 하면 '내 것'이라고 하는 아집을 버리고 마음의 평온을 이룰 수 있을까를 찾고 있는 것입니다.

무소의 뿔처럼

원시불전에 '독일정처(獨一靜處). 전정사유(專精思惟)'라는 말이 있습니다. 홀로 조용한 곳에서 전념하여 명상하고 사유한다는 뜻이지요. 앞에서 스스로 해탈하는 것이지 타인에 의해 해탈되는 것은 아니라고 말씀드렸습니다. 석존시대의 수행자는 모두 '무소의 뿔과 같이 혼자 걸어라'(『숫타니파타』 제1장 제3경 「무소경」)라는 가르침에 따라 깨달음을 구했을 것입니다.

물론 석존 재세시의 불제자들은 대체로 출가자입니다. 출가란 집에서 집 없는 생활로 들어간다는 것이기 때문에, 홀로 진리를 구하는 것은 당연한 일입니다. 그렇게 해서 깨달음을 얻은 사람을 벽지불[獨覺]이라고 불렀기에, 『숫타니파타』의 「무소경」은 벽지불의 가르침인 것이지요.

출가라고 불리기 때문에 혼자이고,

동행이 없다는 의미에서 혼자이고,

갈애(渴愛)를 버렸기 때문에 혼자이고,

전념하여 번뇌를 떠났기 때문에 혼자이고,

홀로 벽지불의 깨달음을 얻은 사람이기 때문에 혼자이다.

(『빠라맛타죠띠까』 II, 64쪽)

라는 주석이 있습니다.

망집[渴愛]을 없애기 위해서, 게으르지 않고, 명민하고, 깊이 배우고, 마음을 집중하고, 법의 이치를 분명하게 알고, 스스로 제어하고, 노력해서, 무소의 뿔처럼 홀로 가라. (『숫타니파타』 제70게송)

자비와 평정과 연민과 해탈과 기쁨을(= 기쁨의 해탈을) 때에 맞추어 닦으며, 모든 세상으로부터 방해받지 않으면서* 무소의 뿔처럼 혼자서 가라. (『숫타니파타』 제73게송)

전자를 깨달음을 목표로 하는 개개인이 취해야 할 자세라고 한다

---

* 지은이는 "모든 세계를 등지지 않고"로 원문을 번역했다. 즉, 원문의 sabbena lokena avirujjhamāno에서 avirujjhamāno를 "등지지 않고"로 번역한 것이다. 그러나 이 단어를 분석해 보면, a-vi√rudh라는 동사형태에서 파생된 현재수동분사형이다. 이 동사의 의미는 '방해하다, 막다'라는 뜻에 접두사 a가 붙어서 반대의미를 갖게 된다. 즉, '방해하지 않다, 막지 않다'라는 뜻이 되는 것이다. 여기에서는 동사어근의 수동형 rujjha에 현재수동분사어미 māna가 붙어서 이루어진 단어이다. 따라서 "모든 세상으로부터 방해받지 않으면서"라는 의미가 된다. 빠알리어에서 기구격은 탈격과 혼용되므로 "세상으로부터"로 번역했다. - 옮긴이

면, 후자는 '일체 중생은 행복하소서'(주석의 말)라는 취지로 사람들에게 이익과 즐거움을 주고자 하는 자애의 마음을 노래하고 있지요.

깨달음을 구한다는 것은 두말할 나위없이 본질적으로 자기 자신을 위한 것입니다. 그러나 깨달음을 통해 얻은 즐거움은 이후의 수행자는 물론 모든 사람에게 나누어 줄 수 있는 기쁨이겠지요. 이러한 입장에서 보면, 자리라든가 이타라는 구분은 본질적으로 없다고 하겠습니다. '세상사람들의 이익과 연민을 위해서'라는 붓다의 전도 선언은 바로 이것을 말하고 있어요.

그러면 우리와 같이 말세에 사는 사람들이 지녀야 할 삶의 지침은 무엇일까요? 붓다 최후의 여행을 전하는 『대반열반경』(커다란 열반)을 실마리로 그 내용을 살펴보겠습니다.

'자등명 법등명'과 '자신을 섬으로 삼고, 법을 섬으로 삼는다'

> 자신을 섬(島, 의지할 것)으로 삼아서 세상을 유행하며, 아무것도 없이 모든 것에 대해서 해탈한 사람들이 있다.……(『숫타니파타』 제501 게송)

라는 게송이 있습니다. '자기를 섬으로 삼는다'는 데 대해서 주석서*는 '자신의 덕을 의지처, 섬으로 삼아서 간다'고 주석하고 있는데, 이 말은 바로 석존이 입멸하기 직전에 시자 아난다(아난)에게 하신 유훈으로서 아래의 유명한 게송과 일치합니다.

아난다여! 이 세상에서 자신을 섬으로 삼고, 자신을 의지처로 삼지, 다른 사람을 의지처로 삼지 말라. 법을 섬으로 삼고, 법을 의지처로 삼지, 다른 것을 의지처로 삼지 말라.**

석존께서 이 유훈을 설하신 배경을 좀 더 살펴보겠습니다. 석존이 마지막 여행으로 왕사성을 출발해서 고향으로 향한 것은 80세 때의 일입니다. 도중에 나디카 마을에서 역병에 걸려 피를 토하며 극심한 고통을 겪으셨지요. 그러나 자신의 힘으로 인내하며 몸의 상태를 조절해서 여행을 계속했습니다. 그리고 벨루바(veluva) 마을에 도착하여 우안거(수행승들이 한곳에 모여 수행에 전념하는 기간)에 들어갔고요. 그때, 출가 이후 25년간 석존을 모시면서 신변을 돌보던 아난다가 석존의 병이 심상치 않음을 알고, 스승의 가르침이 오랫동안 유지되기를 바라는 마음에서 석존께 제자들에 대한 유언을 남기시라고 간청했습니다. 그러자 석존은

아난다여! 수행자들은 나에게 무엇을 기대하는가.
나는 안팎으로 가리는 것 없이 [남김없이] 진리를 설했다. 완전한 이의 가르침에는 무엇인가를 제자에게 감추는 듯한 스승의 주먹***은

---

* *Pj* II, p.416.
** *DN* II, p.100. 「남전」 제7권, 68쪽.
*** '스승의 주먹' 이라는 말은 붓다께서 제자들에게 말씀하실 때 종종 사용한 말

없다.

아난다여! 나는 이제 늙고 노쇠하여 인생의 여로를 지나 노령에 이르렀다. 마치 낡은 마차가 가죽끈에 의지하여 겨우 움직이듯이, 나의 몸도 가죽끈에 의지하여 겨우 지탱하고 있다.*

라고 말씀하셨습니다. 병든 몸을 일으켜서 이와 같이 아난다를 타이른 석존의 모습에서 깊은 감동을 느끼게 됩니다. 앞에서 든 '자신을 섬으로 삼아라'는 말씀은 이후에도 계속되는데, '자신을 섬으로 삼지, 다른 것을 섬으로 삼아서는 안 된다'는 말씀의 의미를 좀 더 살펴보겠습니다.

'자신을 섬으로 삼는다'는 빠알리어로 '앗따디빠(attadīpa)'입니다. '디빠'에는 '섬, 땅'과 '등불'의 두 가지 뜻이 있어요. '디빠'란 고대 인도의 베다어로 강 가운데에 있는 섬이나 땅을 의미하는 '두위빠(duvīpa)'를 전승하여, 고전 산스끄리뜨어에서 빠알리어로 전해진 것입니다. 산스끄리뜨어에서는 '두위빠'를 '섬, 땅'으로, '디빠'를 등불로 분명히 구분하는데, 빠알리어는 두 가지 의미를 모두 포함하고 있어서 한역에서도 '땅'과 '등불' 혹은 '치연(熾燃)'이라 번역하고 있지요.

이처럼 '디빠'에는 두 가지 뜻이 있는데, 북방불교권에서 '자등

이다. 이 말은 브라만교의 스승으로부터 제자에게 비밀스럽게 전수되는 것을 비유해서 하는 말이다. 즉, 붓다는 특정한 제자에게 비밀스럽게 전하는 가르침과 같은 것은 없음을 말하는 표현이다. ― 옮긴이

* *DN* II, p. 100. 「남전」 제7권, 67-68쪽.

명(自燈明)' '법등명(法燈明)'이라고 전통적으로 사용하고 있는 것은 한역경전을 채용하는 북전불교의 특색입니다. 그러나 석존 최후의 유언을 보면, 아무래도 '섬, 땅'의 의미가 어울리는 것 같습니다. 후대의 주석을 보면,

> 앗따디빠라는 것은 대해(大海) 가운데에 있는 섬과 같이, 자신을 섬(의지처)으로 확립하라는 의미이다.
> 앗따싸라나(Attasaraṇa, 자귀의)라는 것은 자신을 따르라. 결코 다른 것을 따르지 말라는 의미이다.**

여기에서 대해는 윤회의 바다를 비유하는데, 생사고해(生死苦海)의 거센 물살 속에서 인간이 의지할 수 있는 피난처는 '섬'이고, 강 가운데에 있는 '땅'임을 가르치고 있는 것입니다. 『숫타니파타』 제5장 제11경 「학생 깝빠의 질문(Kappamāṇavapucchā)」에 나오는 "늙음과 죽음에 짓눌려 있는 사람들에게, 섬(의지처)을 보여주소서"라는 질문에 대해서 붓다가 집착하지 말라고 가르치고 있는 것도 같은 취지입니다(제1092~1095게송).

이처럼 인생의 거센 물살에 몸을 맡기고 있는 우리에게 피난처가 되는 것은 자신을 확립하는 일과, 그 확립을 위해서 붓다가 보이신 가르침과 법을 의지처로 삼는 데 있음을 게송은 가르치고 있는 것이죠. 그래서 붓다는

** *Suv.* p.8.

> 아난다여! 지금도, 또 내가 죽은 뒤에도, 누구라도 자신을 섬으로 삼아, 타인을 의지처로 삼지 말며, 법을 섬으로 삼고, 법을 의지처로 삼아, 다른 것을 의지처로 삼지 않는 사람들이 있다면, 그들은 나의 제자로서 최고의 경지에 이른 사람들일 것이다.*

라고 아난다를 타이르고 있습니다. 이런 자상한 유훈에 귀 기울이며 자기를 성찰하고 확립해 가려는 노력 속에서 우리는 비로소 진정한 붓다의 음성을 듣게 되겠지요. '법을 보는 자는 나를 본다'는 말씀은 아함의 여러 경전에서 종종 볼 수 있습니다. 그런데 이 말씀은 단순히 경전에 나와 있는 말씀이 아닌, 자신의 실존과 깊이 관계 지어 성찰해야 하지 않을까 생각합니다.

'사념처관'이라는 관찰법

또한 석존은 아난다에게 이렇게 말씀하셨습니다.

> 아난다여! 여기에서 수행자는 신체에 대해서 신체를, 느낌(감수작용)에 대해서 느낌을, 마음에 대해서 마음을, 법(여러 현상)에 대해서 법을 관찰하고, 열심히 주의하고 집중해서 세상에 대한 탐욕과 근심을 제거해야 한다.**

---

* *DN* II, p. 101. 「남전」 제7권, 69쪽.
** *DN* II, p. 100. 「남전」 제7권, 68쪽.

여기에서 말하는 내용은 일반적으로 '사념처관(四念處觀)', '사념주(四念住)' 라고 해서 후대의 수행체계인 '삼십칠도품' ***의 맨 처음에 나오는 관찰법입니다. 즉, 신체에 대해서는 그 부정성(不淨性)을 관찰하고[身念處], 느낌에 대해서는 그 고(苦)의 성품을 관찰하고[受念處], 마음에 대해서는 그 무상성을 관찰하고[心念處], 모든 현상[諸法]에 대해서는 무아성을 관찰하는[法念處] 관찰법이지요. 이 네 가지를 말씀하셨다는 것은 자귀의 · 자등명, 법귀의 · 법등명의 근저에 사념처관이 있음을 가르치신 것이라 하겠습니다.

그런데 불교는 무엇을 말하는 종교일까요? 불교의 핵심적인 가르침으로는 여러분도 잘 아시겠지만 원시불교 이래로 제행은 무상하고, 일체는 개고이며, 제법은 무아라는 삼법인(三法印: 불교교리의 특징을 나타내는 세 가지 표시로, '제행무상', '제법무아', '열반적정' 을 말함. 제10장 참조)을 들고 있습니다. 그러나 이런 것들이 머리 속으로는 잘 이해되지만 막상 현실에 처해서는 그런 마음을 지니며 사는 것이 말처럼 쉽지만은 않지요. 변하는 것에 대해 변치 않기를 바라고, 내 것이 아닌 것에 대해 내 것이라고 착각하여 결국은 거센 물살에 휩쓸리는 것이 현실 아닐까요? 그런 반성을 할 때, '자신을 섬으로 삼아라' 는 가르침이 가슴에 와닿음을 느낄 수 있습니다.

독자들 중에는 교토 인근 히에이잔(比叡山)에 올라보신 분도 많을 겁니다. 그곳에는 근본중당(根本中堂)이라는 건물이 있는데, 그

*** 사념처(四念處) · 사정근(四正勤) · 사신족(四神足) · 오근(五根) · 오력(五力) · 칠각지(七覺支) · 팔정도(八正道)의 일곱 가지 수행법.

안에 '불멸의 법등' 즉 꺼지지 않는 등불이 있는 걸 알고 계십니까? 전교대사 사이초(傳敎大師最澄, 767 혹은 766~822)가 개창한 천태종의 본산인 히에이잔은 일본불교의 발상지입니다. 천태종에는 '법의 등불이여! 미래세의 부처님 시대까지 빛을 전하여 주소서'(『新拾遺和歌集』)라는 노래가 있습니다. 사이초의 작품이라고 전하는 이 노래의 '법의 등불'은 앞에서 말씀드린 '법등명'을 의미하지요. 근본중당이 창건된 이래로 이 등불은 꺼진 적이 없어서 '불멸의 법등'으로 불리고 있는 겁니다. 혹시 히에이잔에 올라 근본중당에 참배할 기회가 있으면 이 '불멸의 등불'을 꼭 한 번 보시기 바랍니다.

우주 생태계의 일부인 우리 인간은 하나밖에 없는 지구에서 수많은 생물, 무생물과 함께 살고 있습니다. 자그마한 생명체인 저와 여러분은 각기 삶의 모습은 달라도 절대 혼자서는 살 수 없지요. 그러나 인간은 이같은 이치를 망각한 채 정복욕에 휘둘려서 자연의 질서를 무시하고 파괴하여, 지금은 어떻게도 할 수 없는 상태로 내몰려 있습니다. 그리고 그 사태의 심각함을 겨우 알기 시작한 것이 지금의 우리 모습이 아닐까요?

그래서 인간은 사는 동안 다음 두 가지를 명심해야 합니다. 하나는 어떻게 해서 자신을 발견할 것인가 하는 점과, 또 하나는 사회구성의 일원임을 자각하는 것입니다. 전자는 자기확립이고, 후자는 사회규범을 준수하는 생활을 확인하는 일이지요. 그리고 이 양자에 공통되는 자세로서 우리 마음에 자리잡고 있는 에고(ego)를 극복하려는 노력이 요구됩니다.

마음의 밭을 갈다

불교는 항상 인간의 마음속에 도사리고 있는 삼독, 즉 '탐욕'·'분노'·'어리석음'(貪欲·瞋恚·愚癡)의 억제를 강조하지요(제5장 참조). 우리가 이 마음의 독을 퇴치하기 위해서는 일상생활 속에서 정면으로 마주해야 합니다. 이 세 가지 독은 가만히 생각해 보면 마음가짐을 묻는 것인데, 여기서 이야기 하나를 소개하겠습니다.

어느 날 저녁, 기원정사의 집회당에 많은 비구가 모여 세상 이야기에 열중하고 있었다. 수행승들은 긴 탁발 생활을 마치고 오랜만에 정사로 돌아왔을 때였고, 그 화제도 자연과 어제까지 탁발했던 도시와 촌락의 모습에 집중해 있었다. 스승인 부처님이 그곳 집회당에 들어오셔서,

"수행자들이여! 지금, 여기에서 무엇을 이야기하고 있었는가?"라고 물으셨다. 수행승들은

"예, 이런저런 도시와 마을의 모습, 그리고 사람들의 일을 이야기하고 있었습니다"라고 답했다. 그러자 부처님은

"수행승들이여! 그것은 모두 바깥 세상의 땅에 관한 것이다. 그대들이 정말로 마음을 기울여야 하는 것은 바깥 세상의 땅이 아니라 마음 가운데에 있는 땅, 마음의 밭이다."*

---

* *Dhp-a* I, pp.333-334.

참으로 우리는 바깥 세상에 눈을 빼앗겨 마음의 밭을 가는 것을 잊어버리기 쉽습니다. 그것은 예나 지금이나 마찬가지인 듯해요. 『법구경』에 이런 말씀이 있습니다.

　모든 것은 마음에 근거하고, 마음을 근본으로 하고, 마음에 의해 만들어진다. 만약 더러워진 마음으로 말하거나 행하거나 하면, 고통은 그 사람을 따른다. 수레를 끄는 [소]의 발자국에 바퀴가 따라가듯이. (『담마빠다』 제1게송)

불교경전을 읽다 보면 마음에 관한 가르침이 도처에 보입니다. 불교만큼 마음을 문제시한 종교는 없다고 해도 과언이 아니겠지요. 그래서 '심원(心願)', '일심(一心)', '일심전념(一心專念)', '유심

기원정사의 승원터.

(唯心)'같은, 조금만 생각해도 마음과 관련된 술어가 곧바로 떠오릅니다. 그리고 불교의 진수를 설한 경전으로 잘 알려진 『반야심경』이 있습니다.

 이처럼 불교는 마음을 매우 중요하게 다루는데, 그 이해방식을 보면 크게 다섯 가지로 나누어 볼 수 있습니다. 우선 첫째, '의마심원(意馬心猿)'이라 해서, 마음은 날뛰는 말이나 이리저리 이 나뭇가지에서 저 나뭇가지로 바쁘게 누비는 원숭이처럼 조금도 안정되지 않고 움직이기 쉽다는 것. 둘째, 마음의 독을 버릴 것. 셋째, 마음을 닦을 것. 넷째, 마음은 모든 심리현상의 중심이라는 것. 그리고 다섯째, 마음은 본래 청정하다(心性本淨)는 것입니다. 이와 같이 마음을 성찰하면, 자기를 확립하는 일의 근저에서는 '마음을 닦는다'라든지 '마음의 밭을 간다'고 하는 자세가 문제시된다는 걸 알게 되지요.

 이런 식으로 우리 개개인이 올바른 삶의 방식을 실현해 가면 사회도 저절로 정화될 것입니다. 그러나 그 길은 결코 쉽지 않지요. 불교는 관념의 종교가 아니라 실천의 종교입니다. 그래서 삼십칠도품과 같은 수행체계가 제시되어 있는 것이고요.

 아함경전을 보면 '소작이판(所作已辦)'이라는 말이 자주 나옵니다. 석존께서 자신의 생애를 회고하며, '해야 할 바를 해서 마쳤다'고 선언한 것이 바로 이 말이지요. 우리가 각자에게 주어진 본분을 되돌아보고, 비록 하루라도 후회하지 않는 충실한 하루가 되길 기원하면서 끊임없이 노력할 때 삶의 의미랄까 보람 같은 걸 찾을 수 있지 않을까요?

제4장 도를 구하는 것

거센 물살을 건너다

앞 장에서는 자신이 바로 의지처(자등명)라는 것과 자기 확립을 위해서는 수행하는 자세가 중요하다는 것을 말씀드렸습니다. 도를 구하는 것은 고된 수행만이 아닙니다. 다도나 꽃꽂이 등에도 예도(藝道)가 있음은 두말할 나위가 없지요. 그 길을 걸어가는 방법은 다를지라도, 자신을 갈고 닦는다는 점은 같다고 생각합니다.

인생의 거친 파도를 건넌다는 식의 표현을 흔히 씁니다. 인생을 거친 파도로 비유한 배경에는 이 사바세계를 욕망의 세계, 고통의 세계라고 보는 불교적 사고방식이 깔려 있어요. 그래서 『법화경』에도 "삼계*는 편안하지 않고 마치 불난 집과 같다"고 가르치고 있는 겁니다. 대개는 이 삼계를 끝없는 바다에서 헤매고 있는 것과 같다

---

* 삼계는 욕계, 색계, 무색계를 말한다. 욕계(kāma-dhatu)는 욕망으로 이루어진 세계를 말하며, 색계(rūpa-dhatu)는 미세한 물질로 이루어진 세계인데, 욕계보다는 그 욕망이 매우 적은 세계를 말한다. 마지막으로 무색계(arūpa-dhatu)는 순수 정신만으로 이루어진 세계로, 느끼지 못할 정도의 미약한 번뇌가 조금 남아 있는 세계를 말한다. － 옮긴이

고 해서 '고통의 세계[苦界]', '고통의 바다[苦海]'라고 일컫지요. 그래서 인간을 고통의 바다에 부침하는 존재로 비유하여 인생을 거친 파도라고 표현한 것입니다. 그러면 이 고해에 빠지지 않는 방법, 인생의 거친 파도, 거센 물살을 건너는 방법은 없는 것일까요?

이 세상에서 누가 거센 물살을 건널까? 이 세상에서 누가 큰 바다를 건널까? 딛거나 기댈 곳 없는 깊은 바다에 들어가 누가 가라앉지 않을까? (『숫타니파타』 제173게송)

항상 계를 몸에 지니고, 지혜가 있으며, 마음을 잘 통일[= 定]하고, 안으로 살피며, 주의하는 사람만이, 건너기 어려운 거센 물살을 건널 수 있다. (『숫타니파타』 제174게송)

애욕에 대한 생각을 떠나, 일체의 속박을 벗어나서, 환락(歡樂)에 의한 생존을 끊어버린 사람, 그는 깊은 바다 속에 가라앉지 않는다. (『숫타니파타』 제175게송)

『숫타니파타』에 나오는 게송들을 소개했습니다. 이는 거센 물살을 어떻게 하면 건널 수 있고, 또 고통의 바다에 빠지지 않을 수 있을까 하는, 소박하면서도 절실한 질문과 그에 대한 답변입니다. 그 물음과 답변을 근거로 해서 지금부터 제 견해를 말씀드려 볼까 합니다.

그런데 게송에 보이는 거센 물살이라는 말은 불교술어로 '폭류

(暴流)'라고 하는 것입니다. 후대의 해석*을 보면, 이 폭류에는 '욕폭류(欲暴流)', '유폭류(有暴流)', '견폭류(見暴流)', '무명폭류(無明暴流)'라는 네 가지의 폭류가 있습니다. 그 내용은 욕망이라는 거센 물살, 생존이라는 거센 물살, 집착된 견해라는 거센 물살, 무지라는 거센 물살이지요. 인간은 욕망에 떠밀려(욕폭류), 고해에 부침하는 존재이고(유폭류), 저마다 멋대로 자기 주장을 펴거나(견폭류), 진리에 어둡고 무지몽매한 존재(무명폭류)라는 겁니다.

그래서 거센 물살을 건너는 방법으로는 자각에 입각해서 욕망에서 벗어나는 것, 모든 속박을 끊고 환락의 생존을 없애 가는 것(제175게송)과, 또 하나는 계를 지키고 지혜를 키우며 정신통일(삼매)을 꾸준히 하는 것(제174게송)이라고 말하고 있지요.

이상 두 가지 중에서 전자(제175게송)는 지금까지 설명한 것이어서 독자 여러분도 이해하셨을 겁니다. 그럼, 후자(174게송)에 대해서 좀 더 설명드리도록 하겠습니다.

계·정·혜 삼학

계와 지혜와 마음의 통일이라는 세 가지는 바로 계(戒)·정(定)·혜(慧)의 삼학을 말하는 것입니다. 불교는 지식을 모으거나 무조건 외우게 하는 것이 목적이 아닙니다. 불교의 기본적 자세는 이 삼학이 유기적으로 기능하여 늘 꾸준히 실천하는 데 있어요. 그

---

* *SN* IV, p.175, 257. 「남전」 제15권, 279, 397쪽.

래서

비록 도움이 되는 것(=불교의 가르침)을 수없이 말해도, 그것을 실천하지 않으면, 그 사람은 게으른 사람이다. 목동이 다른 사람의 소를 헤아리는 것처럼. 그는 수행자의 부류에 들어갈 수 없다. (『담마빠다』 제19게송)

비록 도움이 되는 것을 조금밖에 말하지 않아도, 진리에 따라서 실천하고, 욕심과 분노와 어리석음을 버리고, 바르게 알아서, 마음이 해탈되고, 집착됨이 없는 사람은 수행자의 부류에 들어간다. (『담마빠다』 제20게송)

라고 노래하고 있습니다. 붓다 최후의 여행을 전하는 한역 『유행경』에

내 나이 29세에 출가해서 바른 길을 구했다. 수발(須跋: 최후의 부처님 제자)이여! 내가 성불한 지 이미 50년이 되었구나.
계·정·혜를 실천하며 홀로 사유하라. 이제 법의 요체를 설하니, 이 밖에 사문은 없다. (「대정장」 제1권, 25쪽 중)

라고 회고하고 있습니다. 이 계·정·혜의 관계에 대해서 원시불전은 다음과 같이 전하고 있지요.

밝은 지혜가 없는 사람에게 정신의 안정통일[= 定]은 없다. 정신이 안정통일되지 않는 사람에게 밝은 지혜는 없다. 정신의 안정통일과 밝은 지혜를 갖춘 사람이야말로, 이미 열반에 가까이 다가간 사람이다. (『담마빠다』 제372게송)

사리불처럼, 지혜와 계와 적정에 의지해서 피안에 도달한 비구는 가장 뛰어난 사람이다.……*

지혜로운 사람, 계에 머물러 마음과 지혜를 닦으면서 부지런하고 조심성 있는 비구는, 이 결발(結髮: 마음의 속박인 망집)을 풀리라.**

이처럼 삼학이 불교에서 강조되는 것은 수행하는 자가 반드시 닦아야만 하는 항목이기 때문이지요. 계학(戒學)이란 계를 잘 지키는 것으로, 그 내용은 몸·말·생각으로 하는 세 가지 악행[三惡]을 그만두고 선을 행하는 것입니다. 정학(定學)이란 정신을 안정시키고 통일해서 마음이 산란해지는 것을 막는 겁니다. 혜학(慧學)이란 밝은 지혜를 갖추는 것이고요. 이 세 가지가 유기적으로 기능하는 것이 중요합니다. 계를 지켜서 생활을 바르게 하면 마음이 안정되고, 마음이 안정되면 밝은 지혜가 갖춰지는 것인데, 이 삼학으로 수행은 완성됩니다. 그래서 원시불전은

---

* SN I, p.34. 「남전」 제12권, 47쪽.
** SN I, p.13. 「남전」 제12권, 19쪽.

계와 함께 널리 닦인 정은 결과도 크고 이익도 크다. 정과 함께 널리 닦인 혜는 결과도 크고 이익도 크다. 혜와 함께 널리 닦인 마음은 애욕의 번뇌, 생존의 욕망, 견해에 대한 욕망, 무지의 번뇌라는 온갖 번뇌로부터 해탈한다. (『장부』 2, 81쪽; 「남전」 제7권, 40쪽)

라고 말하고 있습니다. 이처럼 불교는 단순히 지식을 얻는 데 그치는 것이 아닙니다. 자신을 엄격하게 다스리고, 항상 정신을 집중하여 마음이 어지럽지 않게 가다듬고, 모든 것을 있는 그대로 보는 지혜[如實智見], 즉 모든 것은 직접원인[因]과 간접원인[緣]으로 이루어져 있다는 연기의 이치를 깨달을 것을 가르치고 있어요. 그래서 계와 정을 닦으면 자연히 지혜의 눈이 자라나는 것입니다. 이것을 통해서 우리는 지식을 모으는 것이 지혜가 아니라는 붓다의 가르침을 이해할 수 있습니다.

도를 구한다는 것은 매우 어려운 일이지요. 불교 수행만이 아니라, 다른 예도의 경우도 마찬가지라고 생각합니다. 다만 『숫타니파타』에서 설하는 붓다의 가르침은 불교 수행이라는 점에 그 특징이 있는 것이죠. 다시 말하면, 인간의 마음 깊숙한 곳에 자리잡고 있는 욕망이라는 악마와 싸워 이겨서, 거센 물살을 무사히 건너는 방법을 제시하고 있는 겁니다. 그러나 세상 모든 사람이 출가해서 수행자가 될 필요는 없습니다. 출가자가 있으면 재가자도 있겠지요. 오히려 출가자는 적고 재가자가 압도적으로 많은 것이 현실입니다. 그러면 수행의 길을 걷는 사람에게는 어떤 자세가 요구될까요? 그것을 아래에서 생각해 보겠습니다.

출가와 재가

『숫타니파타』 제2장 제14경 「담미까경(Dhammikasutta)」에 시사하는 바가 많은 게송이 있습니다. 한 재가신자인 담미까가 세존(=붓다)에게 이렇게 물었습니다.

지혜가 풍부한 부처님. 저는 당신께 묻고자 합니다. 가르침을 듣는 사람은 집에서 나와 출가하는 것과 재가의 신도로 있는 것 중에 어느 쪽이 더 좋은 것입니까. (『숫타니파타』 제376게송)

이에 대해서 세존은 제385~392게송에 걸쳐 출가에 대한 가르침을 설하시고, 제393~404게송에서는 재가신도에 대한 가르침을 설하고 있습니다. 여기서는 그 중에서 중요한 몇 가지만을 소개하지요. 출가행자의 생활방식은 오전 중의 탁발, 무욕(無欲), 그리고 다른 사람을 헐뜯지 않고 세존께서 설하신 법을 잘 듣는 것이 첫째 전제입니다. 그리고 재가인들로부터 보시받은 음식이나 주거, 잠자리 용품 등 이른바 행주좌와(行·住·坐·臥)*에 필요한 모든 것은 깊이 생각해서 사용하도록 강조하고 있습니다.

애초에 집이 있는 상태에서 집이 없는 상태로 나아가는 것이 출가수행자의 원칙이기 때문에, 탁발한 음식과 눕거나 앉는 곳, 가사[大衣] 등의 생활필수품 외에는 소유하지 않아야 합니다. 그래서

---

* 가고 오고 앉고 눕는, 즉 일상생활 전반을 의미하는 말이다. - 옮긴이

그러므로 음식과 잠자리와 깔개, 그리고 가사의 더러움을 씻어내기 위한 물, 이러한 것에 대해서 수행승은 집착해서 더럽혀지지 않는다. 연꽃잎에 맺힌 물방울이 더럽혀지지 않는 것과 같이. (『숫타니파타』 제392게송)

라고 말하고 있는 것이지요. 출가수행자가 취해야 할 자세는 뭐니뭐니 해도 대상에 대한 욕망을 삼가고, 자신을 억제하여 내면을 살피며, 가르침을 듣고자 하는 사람에게 법(진리)을 설하고, 어리석은 말이나 다른 사람을 비방하는 따위의 말을 하지 않아야 합니다(제387~389게송). 이것이 출가자의 규정입니다. 그리고 이 원칙을 지켜서 행·주·좌·와 모든 때에 자신을 잘 살펴 일념으로 수행의 길을 걷는 것이 부처님 재세시의 수행자의 생활방식이었던 것입니다.

독자 여러분은 이러한 수행승들의 생활방식을 어떻게 느끼십니까? 지금으로부터 2,500여 년 전, 부처님 당시의 수행승과 같은 존재는 세상 어디에도 없다고 생각하는 분도 있을지 모르겠습니다. 하지만 그토록 먼 과거의 모습을 그대로 따르고 있는 수행승들이 현재에도 있습니다. 약간 다른 점이 있기는 하지만, 저는 언젠가 그러한 전통이 살아 있는 불교를 직접 접해 본 적이 있는데, 여기서 잠시 소개하지요.

제가 1980년 7월 초부터 한 달 동안 스리랑카 상좌불교의 현지조사에 참가했을 때의 일입니다. 콜롬보에서 자동차로 한 시간 정도 떨어진 곳인데, 이곳에 라망냐 니카야(라망냐 파. 스리랑카에는 샴

파, 아마라푸라 파, 라망냐 파의 3파가 있다)의 아란냐(ārañña, 삼림)에 고행생활을 계속하는 '미티가라'라는 수행도량이 있습니다. 이 산속에는 당시 17명의 스님들이 엄격한 수행을 하고 있었는데, 주로 좌선을 하고 있었지요.

오전 10시, 탁발승이 산기슭에 있는 다야까쌀라(dāyakasālā, 음식물을 주는 곳)로 한 사람 한 사람 내려가서 다야까(dāyaka, 보시하는 사람)의 음식물을 받아 다시 산속의 수행도량으로 돌아옵니다. 그 길은 꽤나 험하고 경사가 심했던 것으로 기억됩니다. 길 옆에는 처마가 있는 쌀라(sālā, 작은 집)와 홀로 기거하는 꾸띠(kuṭi, 움막), 그리고 경행처(經行處: caṅkamana라고 해서, 명상하며 걷는 곳)를 볼 수 있었어요. 산속에는 아유르베다(Ayurveda, 인도 고대의학서)에 따라 약을 조제하는 전문가(수행승의 건강을 관리한다)가 살고 있어서, 만일 병이 나면 대나무 통을 쳐서 알립니다.

일년 365일을 스리랑카의 모든 마을 사람들은 교대로 다야까를 희망한다고 합니다. 365번 가운데 한 번이라도 선택된다는 것은 쉬운 일이 아니겠지요. 그래서 그것을 영광으로 여깁니다. 그 정도로 아란냐의 스님은 존경받고 있다고 말할 수 있습니다. 선택된 마을 사람들은 전날 저녁부터 다야까쌀라에 모여서 탁발승 17명의 식사를 준비합니다. 산에서 내려온 17명 중 마지막 탁발승은 이 다야까쌀라에서 약 15분 정도 다야까들에게 부처님의 가르침을 들려주지요. 그 소리는 경쾌하면서도 우렁차게 실내에 울려 퍼졌습니다. 스님이 말하는 '이담 메 뿐냐(idam me puñña, 이것은 나의 복덕입니다)라는 상쾌한 목소리가 지금도 저의 귓전을 맴도는군요.

현재 타이나 미얀마의 남방불교권을 여행하는 사람은 이른 아침 마을의 거리에서 탁발승의 행렬을 볼 기회가 있습니다. 그런 모습에서 붓다 시대의 탁발승을 상상하면 말할 수 없는 감동을 느끼게 되지요. 그리고 탁발승에게 음식물을 바쳐 보시하는 마을 사람과 출가수행승의 기분 좋은 만남을 통해, 불교 속에 살아 숨쉬는 하나의 관계성을 엿볼 수도 있을 겁니다.

석존의 설법형식에 '차제설법(次第說法)'이라는 것이 있습니다. 이는 주로 재가신자를 대상으로 설하는 패턴으로서 아함경전에 자주 나오는 말인데, 그 내용은 보시에 관한 이야기, 계율에 관한 이야기, 생천(하늘나라에 태어나는 것)에 관한 이야기입니다. 일반적으로 시(施)·계(戒)·생천론(生天論)이라고 부르는 설법형식이지요. 보시 이야기 다음에는 계 이야기를, 계 이야기 다음에는 생천 이야기를 하는 식으로 순서대로 설법하기 때문에 차제설법이라고 일컫습니다.

이에 비해서 출가자에 대한 설법은 번뇌를 끊어 열반을 목적으로 수행하는 가르침입니다. 요컨대, 재가자는 생천을, 출가자는 열반을 목표로 삼아야 함을 가르치는 것이지요. 이렇게 석존은 재가신자에게는 보시를 통해 복덕(puñña)를 쌓고 오계를 지키면 고대 인도인들이 인간계 위에 위치한다고 생각한 하늘나라에 태어날 수 있다고 설하고, 출가자에 대해서는 도(진리)를 구해서 열반을 체득할 것을 가르쳤던 것입니다.

재가자의 생활방식

그럼, 『숫타니파타』는 재가자의 생활방식에 대해서는 어떻게 설명하고 있을까요?

다음으로 재가자가 행해야 할 것을 그대들에게 설하겠다. 이와 같이 행하는 사람은 훌륭한 〈가르침을 듣는 사람〉(불제자)이다(= 어떻게 행하면 [재가의] 제자가 훌륭한 것인가를). 오로지 출가수행자에 관한 규정은, 소유에 얽매인 사람(재가자)이 이것을 이루기는 실로 쉽지 않다. (『숫타니파타』 제393게송)

이에 이어서 재가자의 임무로서 '오계'(五戒: 불살생 · 불투도 · 불사음 · 불망어 · 불음주)와 '팔재계'(八齋戒: 오계에 의 · 식 · 주에서 구체적으로 절제해야 할 세 가지를 더한 것)를 들고 있습니다. 오계에 대해서는 제394~399게송에서, 팔재계에 대해서는 제400~402게송에서 말하고 있습니다. 그 구체적인 내용을 이해하기 쉽게 설명하면, ①살아 있는 것을 죽이거나, 시켜서 죽이지 말라, ②주지 않는 것을 취하지 말라, ③거짓말을 하지 말라, ④음란한 짓과 같은 부정한 행위를 하지 말라, ⑤사람을 취하게 하는 술을 마시지 말라(이상 오계), ⑥밤에 때아닌 식사를 하지 말라, ⑦꽃으로 장식한 옷을 입거나 향수를 사용하지 말라, ⑧땅 위에 평상을 펴서 눕지 말라(이상 팔재계)는 것입니다. 이러한 계를 지키도록 한 다음, 출가자에 대한 식사 등의 보시(제403게송)와 부모 봉양(제404게송) 등의 덕목을 들고 있지요.

독자 여러분은 이들 덕목을 보고 어떻게 느끼십니까? 출가자가 도를 구하는 것도 매우 힘든 일이지만, 재가자의 도 역시 그리 쉽지 않다고 느끼시지는 않은지요? 오계, 팔재계를 지키는 것만도 일반 사회에서는 무척 어려운 일입니다. 재가자는 일상생활을 하고 있기 때문에, 특히 사회생활에서 불음주계를 지키기란 쉽지 않겠지요. 술은 사람을 취하게 하고, 사람의 마음을 어지럽혀 흉포하게 만드는 폐해가 많기 때문에, 이 계가 제정되었다고 생각합니다. 인도의 술은 지금도 알코올 도수가 상당히 높습니다만…….

어쨌거나 불교를 믿는 불교도로서 훌륭한 재가 불제자가 되기 위해서는 이들 계를 잘 지켜서 조금이라도 출가의 도에 다가가려고 노력해야 함을 가르친 것입니다.

그러나 재가자의 생활은 무소유를 노래한 출가생활과는 달리 소유의 생활입니다. 날마다 팔재계를 지키는 것은 불가능하지요. 그래서 우뽀싸타(uposatha, 布薩, 齋戒日)라고 해서 보름 무렵의 제8, 14, 15일, 그리고 특별한 달(우기 3개월과 그 전후를 합한 5개월)에 팔재계를 닦을 것을 가르치고 있습니다(제402게송).

이렇게 재가자의 경우를 말하는 『숫타니파타』에서 원시불전에 나오는 차제설법의 원형을 볼 수 있습니다. 즉, 이 오랜 게송에서 우뽀싸타를 행한 사람은 아침 일찍 먹을 것과 마실 것을 수행승에게 나누어주고(제403게송), 바른 수단으로 얻은 재물로 부모를 모시며, 바른 상거래를 하라(제404게송)고 말하고 있지요. 그 결과로 열심히 일하며 사는 재가자는 자신의 빛으로 암흑을 깨뜨려 광명을 만든다는 자광천(自光天)의 세계에 태어난다(生天)고 설하고 있습니다. 이 역시 『숫타니파타』가 원시불전 가운데 고층(古層)이라고 말해지는 이유입니다.

특히, 바른 수단으로 얻은 재물로 부모를 봉양하고, 상거래에 힘쓰라고 하는 이야기는 매우 현실적이고 설득력이 있는데, 후대에 체계화된 원시불전에서는 강조되지 않는 점입니다. 이 점에서도 『숫타니파타』의 소박함을 엿볼 수 있지요.

이상과 같이, 출가자와 재가자의 도를 구하는 모습이 설명되고 있는데, 붓다의 제자 가운데 재가에서 출가로, 출가에서 다시 재가로, 그리고 최후에 다시 출가해서 나중에 제자들 중에 정진제일이라고까지 일컬어진 한 수행승에 얽힌 에피소드를 소개하겠습니다.

참빠(campā)라는 나라에, 장자의 집에서 태어난 쏘나꼴리비싸(Soṇa koḷivisa, 憶耳)라는 사람이 있었다. 그는 믿음을 일으켜서 출가 수행했다. 하지만 그 수행이 너무 어려워 발에서 피가 날 정도였지만, 깨달음은 좀처럼 얻어지지 않아 고민 끝에 수행을 그만두고 환속했다. 그리고 집에 있던 재산을 승단에 기부하고, 오로지 복덕을 쌓는 데 노력했다. 그러나 생각을 고쳐 다시 출가하여 수행에 힘썼다. 어느 날, 붓다께서는 조화로운 수행이 중요하다는 것을, '비파의 비유' (또는 거문고의 비유)를 들어 가르치셨다. 그 가르침에 따라 정진 노력하여 후에 깨달음을 얻었다고 한다.*

---

* Vn I, pp.179-183. 「남전」 제3권, 317-351쪽; Th-a II, pp.266-267. 『테라가타』 제632~644게송은 그의 유게(遺偈).

낡은 가죽옷

인간은 세상에 태어나는 순간부터 늘 생활에 끌려 살아가는 존재입니다. 인용문 속의 쏘나꼴리비싸처럼, 인생의 갈림길에 서서 이리 갈까 저리 갈까 방황하더라도 결국은 하나의 길을 선택해야 합니다. 언제까지나 멈춰서 있을 수는 없지요. 쏘나꼴리비싸가 장자의 집에서 태어나 출가했지만 그 엄격함을 견디지 못하고 환속하여 보시행으로 복덕을 쌓고자 한 심정, 그리고 다시 출가를 결심한 심경을 헤아릴 때, 새삼 인간의 어쩔 수 없는 방황을 느낍니다. 낡은 가죽옷은 생각처럼 버리기가 쉽지 않아서, 아무래도 삶에 끌려가는 것이 인간의 모습이라 하겠습니다. 왜 그럴까요? 지나간 것에 애착을 느끼기 때문은 아닐까요? 어쩌면 힘들게 살아온 삶의 모습에서 애틋한 추억을 느끼기 때문은 아닐까요?

불교에서는 사고(四苦: 태어남, 늙음, 병듦, 죽음)에 '원증회고(怨憎會苦)', '애별리고(愛別離苦)', '구부득고(求不得苦)', '오성음고(五盛陰苦 또는 五陰盛苦)'를 더해서 팔고(八苦)를 말합니다. 우리는 이 사고팔고(四苦八苦)의 인생을 살고 있지요. 아니, 살아가지 않으면 안 됩니다. 누구나 그 하나하나를 체험하면서 나이를 먹어가는 것이기에, '지나간 날들이 그리워지고 쓸쓸함도 더해지면서 사람들은 연륜을 쌓아가는' 것이겠지요.

그러나 사람은 반드시 이 낡은 가죽옷을 버리지 않으면 안 됩니다. 붓다 시대의 수행자들은 깨달음을 구하기 위해 집과 부모, 형제자매를 버리고 집이 없는 길을 선택했습니다. 그들은 고통에서 해탈하기 위하여 수행에 전념하였기에, 마음에 한 점 구름도 없었을 것입니다. 일상생활이라는 낡은 가죽옷을 버렸기 때문에. 그럼, 일상생활을 하는 사람들은 어떻게 낡은 가죽옷을 벗어버릴 수 있을까요?

『숫타니파타』 제1장 제1경 「사경」은 앞에서 다루었듯이, 출가자의 길을 걷는 것을 뱀이 낡은 허물을 벗어버리는 데 비유한 경입니다. 그러나 재가자가 낡은 옷을 벗어버리는 방법은 오계와 팔재계를 지켜서 몸을 삼가고, 복덕을 열심히 쌓는 것이라 하겠습니다. 또 이를 통해 출가자의 모습에 조금이라도 다가갈 수 있는 것이고요. 저는 그렇게 이해하면서, 모든 일에 얽매이고 있는 인간의 마음을 오히려 묻고 싶습니다.

우리는 너무나 여러 일에 얽매이고 집착하는 것은 아닐까요? 어떤 것에 병적으로 집착하다가 결국에는 충돌하고 마는 현실을 종종 봅니다. 또한 자기 의견만 옳다고 뻐기면서 남의 의견에는 좀처럼 귀를 기울이지 않아 서로 티격태격하는 모습을 흔히 볼 수 있습니다. 그 모습은 석존 재세시의 62견(제1장 참조)을 방불케 하는 것으로, 그때나 지금이나 변하지 않은 모습입니다.

현실을 직시하다

과거를 따라가지 말고, 미래를 기대하지 말라.
이미 지나간 것은 버려진 것이고, 또 미래는 아직 오지 않은 것이다.
그리고 현재의 법을 여기저기서 관찰하여,

흔들리거나 움직임 없이 그것을 명료하게 알아 체험하라.

오늘 반드시 해야 할 것에 최선을 다하라. 누가 내일의 죽음을 알 것인가.

실로 저 죽음의 신의 대군과 싸워야 한다.

밤낮으로 게으름 피우지 않고, 이와 같이 열심히 정진하는 사람,

바로 그를 현선일야(賢善一夜), 적정자(寂靜者), 모니(牟尼)라고 말한다.*

이 문장은 세존이 사위성의 급고독(給孤獨) 장자의 동산(제타 숲)에 머물고 계실 때, 수행자들에게 '나는 그대들을 위해서 현선일야의 가르침을 보이겠다'고 말씀하시고 설한 이른바 「일야현선경」의 게문(偈文)입니다. 원래 수행승들에게 말한 것이지만, 우리에게도 커다란 의미를 전해주는 것 같습니다.

인간은 지나가버린 것에 집착하고 내일에 기대를 거는 존재입니다. 그러나 지나간 날은 다시 돌아오지 않고, 비록 내일이 오더라도 자신의 내일 역시 존재한다는 보장은 없습니다. 오늘의 연장으로서 내일이 있다는 것은 시간적으로는 있을 수 있지만, '한치 앞도 모른다'고 하듯이 무슨 일이 일어날지 아무도 모르는 것이 인간세상입니다. 그래서 '내일도 살아 있겠지'라고 말할 수는 있어도, '내일도 살아 있다'고는 장담할 수 없겠지요. 다만 실감할 수 있는 것은 지금 여기에 존재하고 있는 '지금'의 자신뿐입니다.

저는 학창시절, 1936년부터 1941년까지 교토 인근의 쇼렌인(靑

---

* MN III, p. 187. 「남전」 제2권 하, 246쪽.

蓮院)이라는 절에 머물었는데, 거기에 신란 성인(聖人)의 '말을 매는 벚나무'가 있었습니다. 신란이 9세 때 쇼렌인으로 출가한 무렵에 심어진 나무라고 합니다. 아시다시피 신란은 나중에 호넨(法然, 1133~1212) 상인(上人)을 사사하는데, 그가 출가할 때 이런 노래를 읊었다고 전해집니다.

 내일이 있다고 생각하는 마음, 지기 쉬운 벚꽃은 한밤중에 세찬 바람으로 꽃잎을 떨굴지도 모르네.**

저는 이 시를 읊조릴 때마다 '내일을 기다리지 않는다'는 신란 스님의 출가결의에 깊이 감동한 옛일이 생각납니다. '지금'이 아니면 출가는 없다는 선택과 결의가 신란에게는 출가라는 행동으로 나타났던 것이지요.

나중에 신란의 스승이 된 호넨 상인도 9세 때 불문에 들어가 13세 되던 해 히에이잔에 입산 수행했고, 43세에 전수염불(專修念佛)에 귀의하여 하산했다고 전해옵니다. 『선택본원염불집(選擇本願念佛集)』(선택집)***이라는 책은 호넨이 66세에 지은 것입니다. 제목에

** 이 시는 벚꽃이 내일도 아름답게 피어 있을 것이라고 안심하더라도 그 밤중에 강한 바람이 불어서 떨어질지 모르듯이, 인생도 내일 어떻게 될지 모른다는 내용을 읊고 있다. ─ 옮긴이

*** 정토종의 근본성전. 염불이 왕생성불(往生成佛)의 근본임을 설한 책. 호넨의 사상에서 선택이라는 것은 매우 큰 의미를 지닌 말이라고 한다. 즉, 수행에는 난행도(難行道)와 이행도(易行道)가 있는데, 난행도는 어려워서 누구나 할 수 없기에 염불만으로 누구나 왕생할 수 있는 이행도의 선택을 주장하고 있는 것이다. 이때 이행도는 난행도를 포함하는 절대가치라고 이해된다. ─ 옮긴이

서 볼 수 있는 '선택'이라는 말의 의미를 좀 더 생각해 보겠습니다.

'선택'이라는 것은 저처럼 대학에서 교편을 잡고 있는 사람에게는 선택과목과 필수과목이라는 커리큘럼을 연상케 합니다. 선택이란 취사선택(取捨選擇)이라는 말에서 알 수 있듯이, '골라서 취하다' 혹은 '골라 가려내다' 라는 뜻이지요. 그것은 최소한 두 가지 중에 하나를 고른다는 의미로, 취사선택이라는 말처럼 어느 쪽을 취하거나 버리는 것을 뜻합니다. 그래서 취하고 버리는 것에는 그에 상응하는 결단을 전제로 하는 것이지요. 물론 결단을 하는 데는 어느 경우나 전후 좌우의 전체를 파악할 수 있는 예지가 요구됩니다.

저는 '지금'을 주시한다는 것과 관련하여 가마쿠라(鎌倉) 불교를 대표하는 두 명의 스님을 예로 들었는데, 중국에도 다음과 같은 시가 있습니다. 공자의 유학을 발전시켜 주자학을 집대성한 남송의 대유학자 주희(朱熹, 1130~1200)가 지은 즉흥시입니다.

> 소년은 늙기 쉽고, 학문은 이루기 어려우니
> 짧은 시간이라도 헛되이 보내지 말라.
> 연못가의 봄풀의 꿈 아직 깨어나지 못했는데
> 섬돌 앞의 오동나무 잎은 이미 가을 소리.

대개는 이미 중학교 시절에 배워서 외우고 있을 겁니다. 봄에 싹이 튼 어린 풀처럼, 큰 뜻을 품은 소년 시절의 꿈은 아직도 생생한데, 문득 정신 차려보니 섬돌 앞에 있는 오동나무 잎이 가을을 맞아 벌써 물들고 있다, 즉 세월이 무상하게 흘러 품었던 큰 뜻을 채 펴지도 못했다는 의미의 시입니다.

　우리는 참으로 무상하게 변하는 세상에 살고 있습니다. 가모노초메이(鴨長明)*가 지은 『호조키(方丈記)』(1212년)의 한 구절을 굳이 들먹이지 않더라도 세월은 마치 흐르는 물처럼 잠시도 멈추지 않아, 참으로 '세월은 사람을 기다리지 않는다'(도연명의 시)는 시가 절로 떠오릅니다.

　저는 이 제4장에서 깨달음을 구한다는 테마로 이야기를 꾸려 왔습니다. 인생이라는 거센 파도를 건너는 방법을 붓다의 설법 가운데 출가자의 길과 재가자의 의무를 중심으로 말씀드렸습니다. 그것을 바탕으로, 현실을 직시하여 무엇을 할 것인지 선택하고 '지금'이라는 찰나를 소중히 생각해야 함을 강조했지요. 여기서 붓다 시대의 깨달음을 구한 불교교단의 모습을 잠시 살펴보겠습니다.

불교교단을 지탱한 사람들

불교경전, 특히 후대의 대승경전을 보면,

　如是我聞. 一時佛在舍衛國……. 與大比丘衆. 千二百五十人俱. 皆是大阿羅漢. (『佛說阿彌陀經』)

---

* 1155(?)~1216. 가마쿠라 전기의 가인. 교토 시모가모진자(下鴨神社)의 네기(禰宜: 신관)의 아들로 태어나 음악과 와카(和歌)에 능했다고 한다. 1204년에 출가. 법명은 연윤(蓮胤). 『호조키』는 불교 무상문학의 최고라는 평가를 받고 있다. ─ 옮긴이

"나는 이와 같이 들었다. 어느 때, 부처님께서 사위국에 계셨다. 대비구 1,250인과 함께, 그 사람들은 모두 대아라한(깨달음을 여신 분)이었다"라는 정형화된 표현이 보입니다. 이 '대비구 1,250인과 함께'라는 문구는 이미 『숫타니파타』에서부터 등장하지요. 그럼, 불교교단이 1,250인의 비구로 확대된 배경을 붓다 재세시의 상가(승단)로 거슬러 올라가서 살펴보겠습니다.

붓다는 보리수 아래에서 깨닫고, 최초 설법[初轉法輪]을 현재 베나레스 외곽에 있는 사르나트, 즉 당시의 녹야원(鹿野園, migadāya)에서 하셨습니다. 그 설법으로 안냐콘단냐(Añña Koṇḍañña, 阿若憍陳如)를 비롯한 5명의 수행자가 제자가 되어, 붓다를 스승으로 하는 5명의 비구 승가가 성립되었지요. 그 후, 재가수행자 61명이 제자가 되었고, 또 이교도[拜火敎]의 삼형제인 우루벨라깟싸빠(Urvela Kassapa), 나디깟싸빠(Nadi Kassapa), 가야깟싸빠(Gayā Kassapa)가 각각 500명, 300명, 200명의 무리를 이끌고 붓다에게 귀의했습니다. 다음에 이교도 산자야(Sañjaya, 육사외도의 한 사람)의 제자였던 사리뿟따(Sāriputta, 舍利弗)와 목갈라나(Moggallāna, 目犍蓮)가 250명의 무리를 이끌고 개종해서 불교교단은 비약적으로 교세가 확장되었다고 전해오지요.*

그런데 여기서 등장하는 사리불과 목건련은 이른바 붓다의 십대 제자로서 활약하지만, 그에 앞서 마가다의 국왕 빈비사라와 코살라의 국왕 파세나디가 붓다에게 귀의합니다. 더욱이 여성 출가를 허

---

* Vin I, pp.9-43. 「남전」 제3권, 16-77쪽.

락하게 되어 비구니 교단이 성립하는 가운데, 붓다의 양모 마하빠자빠띠(Mahāpajāpati), 그리고 외아들을 잃은 슬픔을 붓다의 설법으로 극복한 키사고타미(Kisāgotamī) 등 붓다를 둘러싼 사람들이 불교 교단을 지탱하게 되었지요.

　이 사람들이 어떻게 해서 붓다에게 귀의했고 무엇을 고백했는가에 대해서는 원시불전 중에 『숫타니파타』와 같이 고층자료로 일컬어지는 『테라가타』, 『테리가타』가 있으므로 참고하시기 바랍니다(각각 나카무라 하지메 역).

　불교교단을 구성하는 것을 '사중(四衆)'이라고 합니다. 출가 이중(二衆)과 재가 이중(二衆)으로, 내용은 비구(성년남성 출가자)·비구니(성년여성 출가자 = 니승)·우바새(재가 남성신자 = 信士)·우바이(재가 여성신자 = 信女)입니다. 이 중에서 비구와 비구니는 각각 구족계(具足戒: 교단 내에서 지켜야 할 계율의 총칭)를 받고, 우바새와 우바이는 불·법·승 삼보에 귀의하여 오계를 받는 것이 필수조건이지요. 여기에다 출가자에게 의식주를 제공하는 보시행으로 복덕(puññā)을 쌓는 것입니다. 이와 같이 사중이 교단을 구성했지만, 『숫타니파타』에는 비구니에 대한 언급이 없어요. 여성 출가를 허락하여 비구니 교단이 성립한 것은 꽤 후대의 일로, 최초기의 붓다를 둘러싼 교단은 어디까지나 출가 비구들로 구성되어 있었음을 알 수 있지요. 이 점만 봐도 『숫타니파타』는 원시불전 가운데 가장 고층에 위치한다고 말할 수 있을 겁니다.

　이제까지 깨달음을 구한다는 테마를 놓고 말씀드렸는데, 출가자나 재가자에게 중요한 것은 자신이 어떤 입장에 놓여 있는지를 자각하고, 그에 맞게 현명하게 대처하며 살아가는 것입니다. 그리고 이것은 현대를 사는 우리에게도 인생의 가장 큰 주제입니다. 그래서 다음 장에서는 '꽂힌 화살'이라는 테마로 『숫타니파타』의 말씀을 따라가 보겠습니다.

제5장 꽂힌 화살

삼독

우리 인간은 이런저런 고통과 번민을 갖고 살고 있습니다. 그리고 21세기에 접어든 오늘날, 환경문제와 기아·빈곤문제, 그리고 테러 사건과 그 보복을 구실로 자행되는 전쟁 등으로 인간사회와 인류 자체가 번민이라는 깊은 수렁과 마주하고 있는 실정입니다. 불교에서는 이런 모든 일을 번뇌가 일으키는 것으로 이해하는데, 번뇌를 총칭하여 108번뇌라 하지요. 그리고 108번뇌의 근원으로서, 원시불전은 탐욕, 진에(성냄), 우치(어리석음)라는 이른바 탐진치(貪瞋痴) 세 가지를 들고 있습니다. 이것을 '삼독(三毒)', '삼화(三火)' 혹은 '삼불선근(三不善根)'이라 부릅니다. 이 셋 중에서 '탐욕(rāga)'이 가장 세력이 강하다고 하는데, 그것은 인간이 스스로 욕심을 불러들이는 존재이기 때문이지요. 이 탐하는 욕망은 싫증냄이 없이 마음속 깊은 곳에 가라앉아 재물 등 여러 가지에 집착하도록 만드는데, 이 점에 대해서『숫타니파타』는 어떻게 말하고 있을까요?

> 욕망을 채우고 싶어해서 탐욕이 생겨난 사람이 만일 욕망을 채우지 못하면, 그는 화살에 맞은 사람처럼 괴로워한다. (『숫타니파타』 제767게송)

라고 인간이 지닌 나약한 마음의 일면을 잘 표현하고 있습니다. 그리고

> 사람이 밭・택지・황금・우마・노비・하인・부녀・친족, 그 밖의 다양한 욕망을 탐하면, 힘이 없는 것처럼 보이는 것[온갖 번뇌]이 그를 이기고, 위험한 재난이 그를 짓밟는다. 그 때문에 고통이 그를 따른다. 마치 부서진 배에 물이 스며들 듯이. (『숫타니파타』 제769~770게송)

라고 말하고 있지요. 이 게송은 고대 인도인의 욕망의 대상들을 묘사하고 있는데, 현대인이 추구하는 욕망과 별반 차이가 없는 것 같습니다. 예나 지금이나 욕망을 추구하는 인간의 깊은 마음속을 꿰뚫어 보고 있다 하겠습니다. 그렇기 때문에 욕망을 버려서 인생의 거센 물살을 건너듯이, 배의 물을 퍼내 깨달음이라는 피안에 도달하듯이(제771게송)라고 『숫타니파타』 제4장 제1경 「욕망경」을 끝맺고 있습니다.

다만, 여기서 예로 든 게송의 욕망은 그 원어가 까마(kāma, 일반적으로는 애욕)입니다. 흔히 사용하는 욕망(rāga), 갈애(taṇhā, 渴愛), 애집(sneha, 愛執), 욕구(pipāsa), 지욕(chanda, 志欲) 등과 동의

이어(同義異語)로서 의미상의 차이가 조금 있을 뿐 모두 같은 뜻의 단어들이지요.

다음으로, '진에(doṣa)'는 화, 증오, 혐오로 인간의 선한 마음을 해치고, 또 수행을 방해하는 마음입니다. 나카무라 박사의 『담마빠다』 번역본인 『진리의 말씀』에는,

> 잡초는 밭을 해치고, 애욕(= rāgadoṣa)은 사람을 해치네.……
> 잡초는 밭을 해치고, 성냄(= doṣadoṣa)은 사람을 해치네.……
> 잡초는 밭을 해치고, 어리석음(= mohadoṣa)은 사람을 해치네.……
> 잡초는 밭을 해치고, 욕구(= icchādoṣa)는 사람을 해치네.……
> (『담마빠다』 제356~359게송)

라고 기술하고 있습니다. 세상사람들이 욕심(rāga)과 성냄(doṣa)으로 괴로워하는 모습을 잘 보여주고 있지요.

그런데 『숫타니파타』 제2장 제5경 「쑤찔로마(Sūcilomasutta) = 바늘 머리[야차]경」에 쑤찔로마와 세존의 대화가 전하는데, 인간의 마음의 주름을 기막히게 보여주고 있습니다. 그 내용을 소개하면 다음과 같습니다.

> 탐욕과 혐오는 어떤 원인으로 일어납니까? 좋음과 싫음, 털이 곤두서는 것(전율)은 어디에서 일어납니까? 갖가지 망상은 어디에서 일어나 마음을 던지는 것입니까? 마치 어린아이들이 까마귀를 던져서 버리는 것처럼. (『숫타니파타』 제270게송)

탐욕과 혐오는 자신에게서 일어납니다. 좋음과 싫음, 털이 곤두서는 것은 자신에게서 일어납니다. 갖가지 망상은 자신에게서 일어나 마음을 던집니다. 마치 어린아이들이 까마귀를 던져서 버리는 것처럼. (『숫타니파타』 제271게송)

참으로 절묘한 표현입니다.

다음으로 '우치(愚癡, moha)'인데, 한문의 뜻은 어리석어서 사물의 이치를 이해하지 못하는 것으로 '무지(無知, avijjā)'입니다. 원시불전의 일반적인 이해로는 '무명(無明)'과 같은 의미로, 진리에 어두운 것을 뜻하지요. 특히 12연기의 맨 처음에 놓여 있는 무명을 가리킵니다.

붓다는 제자들에게 기본적인 가르침으로 '모든 것은 무상이고, 고통이며, 무아이다'라고 알라고 가르치고 있는데, 그것은 대상을 있는 그대로 보는 지견(知見)을 키우라고 가르치는 것입니다. 이 지견을 '여실지견(如實智見)' 혹은 '여실지(如實智)'라고 하는데, 이 여실지가 없는 것이 바로 '무명'이지요. 즉, 밝은 지혜가 없는 것을 뜻합니다.

그럼, 『숫타니파타』는 우치를 어떻게 설명하고 있을까요?

쟁론을 즐기고, 미망(迷妄, moha)에 덮여 있는 수행자는 깨어 있는 사람(붓다)이 설하신 이법(理法)을 설명해도 모른다. (『숫타니파타』 제276게송)

여기에서 이른바 삼독 중 어리석음에 해당하는 원어 '모하(moha)'가 사용되고 있는데, 이 'moha'를 '무명(avijjā)'과 같은 의미로 보는 게송이 있습니다.

이 무명이란 커다란 어리석음(mahāmoha)인데, 그것으로 오랫동안 이와 같이 윤회하고 있다. 그러나 밝은 지혜에 도달한 사람들은 다시는 어리석음의 생존으로 돌아가지 않는다. (『숫타니파타』제730게송)

저는 여기서 무명이라는 술어가 매우 중요하다는 데 주목합니다. 즉, 윤회전생(輪廻轉生)해서 고통을 받는다는 생존고의 근원에는 무명이라는 커다란 미혹, 미망이 있다는 것이지요. 하지만 위의 게송은 12연기의 원초적인 모습이라고 볼 수 있는 『숫타니파타』제3장 제12경「두 가지 관찰의 경」가운데 하나이므로, 제10장에서 다시 말씀드리겠습니다. 어쨌거나 여기서는 무명이라는 중요한 술어에 일단 주목하고자 합니다. 원시불전에 보이는 정형구에

나의 생존은 다했다. 청정한 행은 성취되었다. 해야 할 바는 행해졌다. 다시 이러한 상태로 돌아가는 일은 없다.*

我生已盡 梵行已立 所作已作 自知不受後有 (「대정장」제2권, 1쪽)

---

* *SN* III, p.21. 「남전」제14권, 32쪽.

라는 대목이 있는데, 이것이 의미하는 바는 무엇일까요?

욕망이라는 이름의 화살

불교문화를 이루는 큰 흐름에 '윤회(輪廻)'라는 사상이 있다는 것은 굳이 말씀드릴 필요가 없겠지요. 살아 있는 것은 태어남[生]과 죽음[死], 그 두 세계를 반복한다는 것으로, 육도(六道: 지옥·아귀·축생·수라·인간·천상) 윤회라든가 윤회전생이라는 술어가 생겨난 것입니다.

'윤회(saṃsāra)', '흐르다'라는 의미의 이런 사고방식은 실은 붓다 이전에 인도의 일반적 사상으로 정착해 있었어요. 윤회설이 성립하기 위해서는 우선 저 세상, 즉 내세의 어떤 것을 긍정해야만 합니다. 그리고 다음으로 무엇이 저 세상으로 윤회하는 것일까 하는 윤회의 주체를 인정하는 것이 대전제가 되지요. 과연 붓다는 이 두 가지를 어떻게 생각하고 있었을까요? 또 붓다가 "나의 생존은 다했다. 다시는 이러한 생존고의 세계에 돌아오지 않는다"고 선언하신 것은 도대체 어떻게 받아들여야 좋을까요? 이 점에 대해서 생각해 보겠습니다.

우선, 실마리로서 『숫타니파타』 제4장 제15경 「자장경(自杖經, Attadaṇḍasutta)」의 게송을 소개하지요.

세계(=世間)는 어디도 견실하지 않다. 어느 방향이든 모두 흔들리고 있다. 나는 스스로 의지할 곳을 찾았지만, 이미 [죽음과 고통 등에]

점령되지 않는 곳을 보지 못했다. (『숫타니파타』 제937게송)

[살아 있는 것이] 끝까지 충돌하는 것을 보고, 나는 불쾌해졌다. 또 나는 그 [살아 있는 것과 함께] 마음속(=심장)에 보이지 않는 번뇌의 화살이 숨어 있음을 보았다. (『숫타니파타』 제938게송)

이 [번뇌의] 화살에 맞은 사람은 모든 방향으로 뛰어다닌다(=輪廻轉生). 이 화살을 뽑아버리면, [여기저기를] 뛰어다니지도 않고, 가라앉지도 않는다. (『숫타니파타』 제939게송)

이 제937~939의 세 게송은 무엇을 말하는 것일까요? 붓다는 인간만이 아니라 살아 있는 모든 것은 살기 위해서 여기저기 부딪히며 몸부림치고 있다고 실감한 것입니다. 그런 모습을 보고 어쩔 수 없이 불안의 포로가 되었다고 고백하지요. 그 모습이 마치 바싹 마른 연못에서 날뛰는 물고기가 서로 부딪히는 것과 같다(제936게송)고 느낀 겁니다. 그리고 이 불안의 포로가 된 인간이나 생물의 심장에 욕망이라는 이름의 화살이 꽂혀 있다고 술회하고 있습니다. 이 화살이 바로 사람들을 사방팔방으로 날뛰게 하고, 윤회전생의 길을 걷게 하는 원인이라고 이해한 것이고요. 따라서 그 화살을 뽑아버리면 다시는 윤회전생하지 않고, 윤회의 홍수에 휩쓸려 가라앉지도 않는다는 결론에 도달한 것이지요. 붓다는 이상의 것을 게송의 형식을 빌려 표현했습니다.

우리는 화살이 꽂혀 있는 현실의 자신을 잃어버리기는커녕, 화살이 꽂혀 있는 것 자체를 모르고 있어요. 자신도 모르는 사이, 물이 바싹 마른 연못에서 괴로워 몸부림치거나, 살기 위해 상대와 싸우고, 서로 죽여 깊은 물 속으로 가라앉고 있지요. 그것이 인간의 모습은 아닐까요? 그래서 이 심장에 꽂힌 화살을 뽑아버리면, 깊은 바다에 가라앉지 않는다고 말하는 것입니다. 그러면 심장에 꽂힌 화살이란 구체적으로 무엇을 가리키는 것일까요? 이것에 답한 것이 다음의 게송입니다.

> 나는 [견인하는 자(= 갈애·망집)의 것을] 탐욕, 거센 물살(= 폭류)이라고 부르고, 빨아들이는 욕구라고 부르고, 갈애·혼란이라고 부르고, 넘기 어려운 욕망의 진흙이라고도 말한다. (『숫타니파타』 제945게송)

여기에서 우리는 욕구, 욕망이라는 이름의 화살에 맞았음을 알 수 있지요.

윤회의 홍수

욕망(kāma)의 화살은 인간에게 온갖 망상을 안기며 끝없는 수렁으로 끌어당겨, 끝없는 윤회의 바다를 건널 수 없게 합니다. 그래서 윤회의 바다에 빠져 있는 인간의 마음 깊숙한 곳에는 욕망의 화살이 꽂혀 있다는 것, 그리고 심장에 꽂혀 있는 화살을 알아차려서 그것을 제거해야만 합니다. 『숫타니파타』는 이렇게 말하고 있지요.

세상에 대한 모든 욕망을 초월하고, 또 극복하기 어려운 집착을 초월한 사람은 흘러가지 않고, 속박되지 않고, 슬퍼하지 않고, 걱정하지도 않는다. (『숫타니파타』 제948게송)

이 게송은 『숫타니파타』 중에서도 가장 고층이라는 제4장 제15경「자장경」에 나오는 것입니다. 이 외에도 인간의 괴로워하는 모습을 "화살에 맞아서 괴로워하다"(제331게송), "화살에 맞은 자처럼 괴로워하다"(제767게송), "[번뇌의] 화살을 뽑아버린 최상의 사람(= 외과의사)"(제560게송), "[번뇌의] 화살을 자르다"(제562게송)라고 표현하고 있습니다. 또한 『테라가타』의 '미혹한 삶으로 안내하는 근본 원인에 의해서 나타난 화살'(제767게송), '화살에 맞아서 괴로워하는 코끼리(수행자)'(제967게송)처럼, 고층의 문헌에 등장하기도 하고요. 이들 게송의 공통점은 앞에서 든 『숫타니파타』의 "욕망을 채우고 싶어하는 사람이 만약 욕망을 채우지 못하면, 화살에 맞은 자처럼 괴로워한다"(제767게송)는 말로 대표할 수 있습니다.

그런데 불교와 거의 동시대에 탄생한 자이나교의 고성전(古聖典)에

욕망은 화살이다. 욕망은 독이다. 욕망은 독사와 같다.
욕망은 많은 사람에게 공통되고, 욕망은 윤회를 키우는 것이다.
(『이시바샤임(Isipāshyāim)』 28, 4)

> 욕망의 화살을 뽑지 않는 사람은 욕망에 홀려,
> 늙음과 죽음의 광야에서 나오지 못하고 유전(流轉)한다. (『이시바샤임』 28, 4)

라고 말하고 있습니다. 여기에서 '욕망(kāma)을 화살에 비유하거나, 욕망에 의해 윤회한다'는 사고방식은 이제껏 말씀드린 『숫타니파타』의 취지와 공통되는 것임을 알 수 있지요. 그리고 이 '욕망이 전생(轉生)의 원인이다'라고 보는 발상은 실은 불교나 자이나교보다도 이전인 고대 우빠니샤드에 보입니다. 거기에서 '사람(puruṣa)은 욕망으로 만들어지고, 욕망을 버리면 그는 브라흐만이 된다'*고 해서, 우빠니샤드 철학의 명제인 범아일여(梵我一如) 사상을 이룹니다.

    이처럼 인간은 욕망의 존재라는 자각은 고대 인도의 공통된 생각이었어요. 그리고 불교는 이 욕망을 심장에 꽂힌 화살로 이해해서 고통과 번민의 원인을 밝혀내려고 한 겁니다. 거기서부터 불교는 인간의 내면 깊숙이 자리잡고 있는 욕망이라는 악마와 대면하는 자세를 강조하면서, 한편으로 마음의 분석과 그에 따르는 다양한 번뇌를 가르친 것이지요. 그것은 원시불교를 계승한 부파불교의 흐름 속에서도 엿볼 수 있어요. 자, 이상으로 저는 꽂힌 화살을 중심으로 삼독과 욕망을 다루었습니다. 이 화살을 『숫타니파타』는 바로 제3장 제8경 「화살경[矢經]」에서 다루고 있는데, 그럼 그 내용을 살펴보

---

* *Bṛh-Up* IV. 4, 5-6.

겠습니다.

「화살경」을 중심으로

우리가 인생에서 겪는 고통은 끝없이 계속되는 것으로, 사고팔고(四苦八苦)라는 말 그대로입니다. '요즘 별의별 고생[四苦八苦] 다 하고 있습니다' 등으로 일상에서 주고받는 대화가 어느 결에 인사처럼 쓰이기도 하는데, 실은 의미가 그렇게 간단하지 않습니다.

그 중에 역시 생·노·병·사의 사고(四苦)가 괴로움을 대표하는 것이지만, 특히 삶의 고통과 죽음의 고통이 가장 큰 괴로움이라고 말할 수 있겠지요. 생사고(生死苦), 생사의 고해(苦海)가 바로 그것입니다. 그러나 우리는 네 가지 고통 가운데 생·노·병의 세 가지는 체험할 수 있어도 자신의 죽음은 체험할 수 없어요. 이따금 죽음을 체험한 사람의 경험담을 듣곤 하는데, 숨이 완전히 끊어져 죽는 체험은 살아 있는 사람에게는 불가능한 일입니다. 우리는 태어나서 반드시 죽는다는 것을 자연의 이치로 충분히 이해하고 있고, 자기 이외의 다른 사람의 죽음을 보면서 죽음은 피할 수 없다는 것을 알게 됩니다. 죽음에 대한 교육(death education)이 주장된 지 오래지만, 자신의 삶을 관찰하면서 죽음을 응시하는 교육이 과연 있었을까요? 이에 대해서는 제9장에서 다루겠습니다.

우리가 경험하는 고통 가운데 애별리고(愛別離苦, 사랑하는 사람과 헤어지는 괴로움)가 있다는 것은 잘 아실 테고, 독자들 중 많은 분도 체험했을 것으로 생각합니다. 특히 부모형제나 사랑스런 자식을 잃은 슬픔은 우리 마음을 무겁게 하지요.

이제 소개할 「화살경」이 설해진 인연을 주석은 다음과 같이 설명하고 있습니다. 붓다 당시, 한 재가신자가 아들을 잃고 너무도 슬픈 나머지 7일간이나 아무것도 먹지 않았다고 합니다. 그 모습을 본 붓다는 그를 가엾이 여겨 슬픔을 달래주기 위해 그의 집으로 가서 설법을 했다는군요. 이 「화살경」은 우선 사람의 수명은 짧아서 고뇌를 동반하는 것이고(제574게송), 태어난 사람은 죽음을 벗어날 길이 없으며(제575게송), 사람은 죽음과 늙음으로 상처받지만 현자는 세상의 이치를 알아서 슬퍼하지 않는다(제581게송)고 한 다음, 이렇게 이어집니다.

그대는 온 사람의 길을 알지 못하고, 간 사람의 길을 알지 못한다. 그대는 [생과 사의] 양극을 보지 않고, 부질없이 슬피 운다. (『숫타니파타』 제582게송)

슬피 울어서는 마음의 평안을 얻을 수 없다. 단지 그에게는 더욱더 괴로움이 생겨나고 몸이 쇠약해질 뿐이다. (『숫타니파타』 제584게송)

스스로 자신을 해치면서, 몸은 야위고 추해집니다. 그렇다고 죽은 사람들은 어쩔 도리가 없습니다. 비탄하는 것은 아무 이익이 없습니다. (『숫타니파타』 제585게송)

사람들이 여러 가지로 생각해 보아도 결과는 의도와는 다른 것이 됩

니다. 부서져 사라지는 것도 이러합니다. 세상의 이치를 보십시오. (『숫타니파타』 제588게송)

그러므로 〈존경받을 만한 사람(= 부처님)〉의 가르침을 듣고, 죽은 사람을 보고 '그는 이제 나의 힘이 미치지 않는다'고 깨달아, 비탄과 슬픔을 버리십시오. (『숫타니파타』 제590게송)

정말이지 붓다의 말씀 그대로입니다. 하지만 애별리고를 경험한 사람은 위의 게송을 어떻게 받아들일까요? 제가 목격한 어떤 어머니의 비통함을 소개하겠습니다.

1945년 6월 4일, 고베 일대에 대한 폭격으로 외아들이 숨졌다는 것을 그 어머니는 알게 되었습니다. 26세의 아들은 회사에서 야근 중이었고요. 당시 저는 그해 3월 공습으로 이재민 신세가 되어 인연이 있던 그 집에 기숙하고 있었습니다. 그 뒤, 외아들을 먼저 보낸 그 어머니와 6년간 함께 살았는데, 그동안 매일 아들의 죽음을 슬퍼하면서 끊임없이 아들 이름을 부르는 어머니의 모습을 보았습니다. 당시 저는 아침마다 그 아들의 영전에 독경하면서 그 어머니에게는 사경(寫經)을 권했어요. 하지만 너무나 고통스러워하는 모습을 보고는 슬픔을 함께하는 것 외에는 별 방법이 없었던 것으로 기억합니다. 그러던 어느 날, 그 어머니는 친정이 있는 교토의 보리사(菩提寺) 주지(제 은사이기도 한 분)를 방문했는데, 주지 스님은 '그냥 울지만 마십시오. 울면서 흘린 눈물을 컵에 모아서, 죽은 아드님에게 바치십시오'라고 말씀하셨답니다.

그리고 삼년상, 칠년상을 보내면서 조금씩 아들의 죽음을 객관적으로 받아들여, 죽은 자와 대화하는 것과 같은 모습을 보게 되었지요. 자식이 다시금 모친의 가슴에 돌아온 것 같았어요. 시간이 흐르면서 그 어머니는 그제서야 마음으로 죽음을 받아들이게 된 게 아닐까 생각해 봅니다.

그 어머니는 생전에 자식의 제사를 서른세 번 지내고, 1980년 3월에 86세를 일기로 타계해서, 현재 자식과 함께 보리사의 묘역에 잠들어 있습니다. 저는 알 수 없는 인연으로 그 어머니의 죽음을 지켜보며 유골을 수습했지요.

조금은 사적인 말씀을 드렸는데, 세상에는 이와 같은 일이 많을 겁니다. 이 대목에서 다시금 『숫타니파타』의 말씀을 되새겨 보게 되는군요.

'죽음'을 받아들인다, '살아 있는 사람은 죽음을 면할 길이 없다'는 이치는 진리입니다. 이 진실한 가르침과 법에 눈뜸을 보인 것이 앞서 말한 게송이고, 그런 배경으로 '삶'과 '죽음'을 응시하는 것의 중요함을 가르치고 있는 겁니다(제9장 참조).

몸과 마음

위에서 말씀드렸듯이, 기본적으로 인간의 고뇌는 마음의 고통[心苦]이라는 이해방식을 갖게 됩니다. 그러나 불교에서는 신체적인 고통의 신고(身苦: 마음의 괴로움과 구별되는 몸의 괴로움)를 들어, 신체적인 것과 정신적인 것 두 가지를 들고 있지요. 그래서 꽂힌 화살을 중심으로 다른 각도에서 생각해 보겠습니다.

붓다는 입멸 직전에 아난다에게 '자귀의·자등명·법귀의·법등명'의 가르침을 설하시고, '사념처관(四念處觀)' 즉 네 가지를 관찰하는 것을 가르치셨습니다. 우선, 신체는 부정하다고 관찰하는 '신념처관(身念處觀)'을 들고 있는데, 왜 이것을 강조했을까요? 이제부터 『숫타니파타』를 통해 살펴보겠습니다.

제1장 제11경 「신이욕경(身離欲經, Vijayasutta)」(제193~206게송)은 신체를 염오(厭惡)하는 가르침, 즉 애욕에 대한 승리의 길을 설하는 것으로, 이와나미본에서는 '승리'라는 이름을 붙이고 있어요. 제194~200게송에서는 인간의 신체구조에 대해 상세히 설하고 있는데, 우선 그 배경에 무엇이 있었는가를 살펴보겠습니다.

동서를 불문하고 예로부터 아름다운 여성을 둘러싼 전쟁이 역사의 한 페이지를 장식했다는 것은 잘 알려진 사실입니다. 석존이 수행승들에게 '인간의 몸을 부정하다고 관찰하라'고 신념처관을 가르친 배경에는 제703게송에서 "부녀자로 하여금 성자를 유혹케 하지 말라"고 하듯이, 출가자의 수행에 방해가 되는 여성을 의식한 것입니다. 그 경우, 외견상의 용모를 이러쿵저러쿵 논하는 것보다 인간의 몸 자체를 문제 삼아, 본래 '병이 든 부정'(『테리가타』 제19게송)이므로 육체에 애욕을 느껴서는 안 된다고 가르친 것이지요. 여기에서 예로 든 「신이욕경」에 대해 주석은 다음과 같은 인연을 말하고 있습니다.

당시 나라 안에서 제일가는 미인이라는 자나빠다깔리야니난다

(Janapadakalyāṇinandā)에게 세존은 임시로 만든[化作] 여자의 모습으로 놀라게 하고, '뼈로 성을 만들어 거기에 살과 피를 칠해서 늙음과 죽음과 교만과 기만이 내려놓아졌다' 고 법구경(『담마빠다』 제150게송)은 말했다.……(『빠라맛타쬬띠까』 II, 241쪽)

이처럼 빼어난 미모를 자랑하는 여성도 인간의 신체이기에 본질적으로 부정하다고 가르치고 있습니다. 『숫타니파타』는 이런 관점에서

신체는 뼈와 근육으로 이어져, 내피와 살로 덧붙여지고, 표피(피부)로 덮여 있어, 있는 그대로 보이지 않는다. (『숫타니파타』 제194게송)

고 하고, 이하에서 '장에 가득, 위에 가득, 간장 덩어리 · 방광 · 심장 · 폐장 · 신장 · 비장'(제195게송)이 있고, "콧물 · 점액 · 땀 · 지방 · 피 · 관절액 · 담즙 · 기름'(제196게송)이 있으며, '그 아홉 구멍에서는 항상 부정한 것이 흘러나온다. 눈에서는 눈꼽, 귀에서는 귀지"(제197게송)가, "코에서는 콧물이, 입에서는 어떤 때는 담즙을 토하고, 어떤 때는 가래를 토한다. 전신에서는 땀과 때를 배설한다"(제198게송)고 신체의 내부구조를 설명하고 있지요. 게다가 "머리(두개골)는 비어 있어, 뇌수로 가득 차"(제199게송) 있고, "신체가 죽어서 누어 있을 때는 부풀어올라 검푸르게 되며"(제200게송), "개랑 들여우랑 이리랑 곤충이 시체를 먹고, 까마귀랑 독수리, 그 밖의 새들이 시체를 쪼아먹는다"(제201게송)는 식으로 신체구조를 무척

상세하게 말하고 있습니다.

  인도 의학은 오래전부터 발달해서, 인간의 신체구조에 관해서도 생리학적으로 깊이 있게 연구했던 것 같습니다. 원시불전은 인간의 신체를 모발, 털, 손톱에서 뇌수에 이르기까지 32종으로 헤아리는데, 이를 32신분(三十二身分)이라고 합니다. 지금 살펴본 『숫타니파타』의 게송은 고층의 소재 가운데 하나인데, 그 내용은 그대로 법현(法顯, 339~420(?))의 『대반열반경』에 전하고 있지요. 그것은

  유녀 암바파리가 세존과 제자들을 초대했을 때, 그 아름다움에 마음이 흔들린 제자들에게 세존은, 비구들이여! 이 몸을 관찰해야 한다. [신체란 부정하다.…… 이 몸은 근본은 태어남으로 시작하지만, 부정으로 말미암는다. (「대정장」 제1권, 194쪽)

라는 문장으로, 여기서 예로 든 『숫타니파타』의 내용과 일치합니다.

  〈저 죽은 몸도, 이 산 몸과 같은 것이었다. 이 산 몸도 저 죽은 몸처럼 될 것이다〉라고, 내면적으로도 외면적으로도 신체에 대한 욕구를 버려야 한다. (『숫타니파타』 제203게송)

  이 세상에서 애욕을 떠난, 지혜로운 수행자는 불사(不死)・평안(平安)・불멸(不滅)인 니르바나(열반)의 경지에 도달한다. (『숫타니파타』 제204게송)

우리는 삶에 집착하고 죽음에 구애받는 존재입니다. 그러나 삶과 죽음은 결코 다른 것이 아니라 '삶이 있는 곳에 죽음이 있는' 것입니다. 붓다는 제자들에게 수행장소로서 공동묘지를 추천했지요. 항상 죽음과 대면하면서 자기 몸에 구애받지 말라는 배려인 셈입니다. 대상에 집착하는 사람은 자기 자신에 집착하는 자기애[我欲]라는 특징을 보입니다. 사람은 살아 있는 한 자신의 신체와 늘 함께 있을 수밖에 없고, 또 사백사병(四百四病)이라고 하듯이, 어느 누구도 병에 걸리지 않을 수 없습니다. 의학의 발달로 과거의 난치병을 극복한다고 해도, 결국 이 몸은 부서지는 것입니다. 그렇다면 우리는 자신의 몸을 돌보면서, 한편으로는 무욕(無欲)의 마음을 길러야 하지 않을까요?

인간의 욕망은 끝이 없습니다. 그 욕망을 어떻게 조절하면 좋을까요? 붓다 재세시의 수행자는 부처님을 스승으로 모시고 그 가르침을 따랐습니다. 『테라가타』와 『테리가타』는 바로 그 가르침을 따라 수행의 길을 걸었던 사실을 전하고 있지요. 그들의 고백을 더듬어 보면, 불제자 각자의 생각이나 인생을 접하는 방식을 엿볼 수 있는데, 본 장의 결말로서 그것을 말씀드리겠습니다.

화살을 뽑은 평온함

여기서 경전 하나를 소개하지요. 이 경은 '독화살의 비유'로 유명한 이야기입니다. 파세나디왕이 통치하던 코살라국 재무장관의 아들로 태어난(『테라가타 주』 2, 170쪽 이하에 의함) 말룽끼야뿟따

(Māluṅkyāputta)라는 젊은이가 부처님 시대에 화제가 되었던 '세계는 영원한가 무상한가? 세계는 유한한가 무한한가? 영혼과 신체는 하나인가 둘인가? 인간은 사후에도 존재하는가 존재하지 않는가?'라는 문제에 대해서 '세존이 답을 주지 않으면, 세존의 밑에서 수행하지 않겠다. 만약 답을 주면 세존의 밑에서 수행하겠다'고 말했답니다. 이에 세존은 '독화살의 비유'를 통해 이 젊은이에게 대답했다고 하는 것이 이 경의 도입부입니다.

어떤 사람이 독화살에 맞아 괴로워하고 있다. 그의 친척, 친구들은 빨리 의사에게 보일 것을 권했지만, 그는 이렇게 말했다. "나에게 독화살을 쏜 사람은 왕족인가, 바라문인가, 서민인가, 아니면 노예인가? 그 사람의 이름은 무엇인가? 그 사람은 키가 큰가, 작은가? 피부색은 어떠한가? 어디에 살고 있는가? 그것들을 확실히 알지 못하면 의사에게 보여 독화살을 뽑지 않을 것이다"라고.
또 이렇게 말했다. "이 화살을 쏜 활은 어떤 종류의 활인가? 활시위는 무엇으로 만들었는가? 화살대는 무엇인가? 화살의 깃털은 무슨 깃털인가? 그것을 알지 못하면 독화살을 뽑지 않을 것이다"라고.
세존은 이런 비유를 말씀하신 뒤에, "만약 그 사람이 독화살을 제거하지 않고, 이런저런 생각을 하면, 독이 전신에 퍼져 죽을 것이다"라며 그 젊은이를 타일렀다.*

---

* MN, 제63 Cūla-Māluṅkyāsutta, 「남전」 제10권, 222쪽 이하; 한역 「중아함」 제221 「전유경(箭喩經)」, 「대정장」 제1권, 804쪽 이하.

이상이 '독화살의 비유'의 대략적인 내용인데, 이는 우리에게 여러 가지를 시사해 주고 있습니다.

 말룽끼야뿟따가 질문한 주제는 이 세상의 문제, 사후의 문제, 저 세상의 문제, 영혼의 문제 등으로, 예나 지금이나 변함이 없는 의문입니다. 그러나 이들 주제는 모두 우리가 실제로 경험할 수 없는 형이상학적인 것이지요. 2,500년 전의 인간도 현대인과 똑같은 질문을 하고 있었던 겁니다. 그러나 붓다는 이러한 질문에 대답하지 않았어요. 이것을 '무기설(無記說)' 혹은 '사치기(捨置記)'라고 하는데, 열네 가지의 형이상학적인 질문에 대해 '14무기(十四無記)'로서 전승되고 있습니다.

 원래 부처님의 가르침의 특징은 "와서 보라! 눈으로 볼 수 있는

갠지스강 옆에 있는 화장터. 유골을 갠지스강에 뿌림으로써 영혼은 영원히 안식할 수 있는 장소를 얻을 수 있다고 여겨진다.

것, 때를 요하지 않는 것"*임을 강조해 두고자 합니다.

우리에게 대상이란 직접 눈으로 보고, 경험할 수 있는 것이죠. 그러나 우리는 사후의 존재 여부라든가 영혼의 존재 여부와 같은 눈에 보이지 않고 경험할 수 없는 것을 이러쿵저러쿵 계속해서 묻고 있는데, 그것은 흡사 말룽끼야뿟따와 같은 심정일 겁니다.

우리는 지금 욕망이라는 이름의 화살이 심장에 꽂혀 있다고 하는 현실을 직시해야 합니다. 그 화살을 외면해서는 안 되지요. 중요한 것은 독이 전신에 퍼지기 전에 화살을 뽑아버리는 일입니다. 하지만 그에 앞서 독화살을 알아차리는 것이 더 중요하지요.

정신없이 변하는 현대, 특히 정보화사회를 사는 우리에게 자기 마음속을 살피는 것은 결코 쉬운 일이 아닙니다. 정보가 넘치고 자극적인 것도 너무 많지요. 그렇다고 그것들에 휘둘려서 자기를 잊어버려서야 되겠습니까?

저는 본 장에서 꽂힌 화살이라는 주제로 우리 마음에 자리잡고 있는 욕구를 문제로 삼았습니다. 우리의 행위는 몸·말·마음의 세 가지 행위(身業, 口業, 意業의 三業)로 나눌 수 있지요. 마음으로 생각한 것을 말로 표현하고, 그리고 몸으로 행위하는 것입니다. 결국 마음으로 생각한 것이 태도로 나타나는 것이죠. 그래서 삼업 가운데 마음의 행위, 즉 의업이 가장 중요하다는 것은 굳이 말할 필요도 없겠습니다.

인간에게 중요한 것은 일상생활에서 자기 마음을 살피는 일이 아

---

* SN 4, p.41. 「남전」 제15권, 66쪽; 『숫타니파타』 제1137, 1139게송 참조.

닐까요? 그리고 욕망이라는 이름의 화살을 알아차리고, 그 화살을 바로 뽑아버릴 수 있도록 항상 주의하는 자세가 아닐까요?

제6장 모든 인간은 평등하다

인간세계와 명칭

세상에서 이름과 성이 붙어 있는 것은 명칭에 지나지 않는다. [사람이 태어난] 그때 그때 붙여 약속을 정하여 임시로 설정해서 전하는 것이다. (『숫타니파타』 제648게송)

이 게송은 붓다가 당시 사성제도(四姓制度)에 대한 자신의 견해를 설한 것으로, "태생에 의해 바라문이 되는 것은 아니다"(『숫타니파타』 제136, 650게송)라는 점을 복선으로 깔고 있습니다.

사성제도는 기원전 8세기 무렵에 이미 확립되어 있었어요. 제1장에서도 말씀드렸듯이, 기원전 5~6세기 불교흥기 시대에는 바라문·왕족·서민·노예의 사성제도로 계급사회가 이미 확고하게 자리잡고 있었습니다. 이러한 시대배경 속에서 붓다가 만난 바라드바자(Bhāradvāja)와 바셋타(Vāseṭṭha)라는 두 바라문 청년에게 말씀하신 것이 「바셋타경」입니다. 본 장에서 예로 드는 내용은 『숫타니파타』 제3장 제9경(산문과 제594~656게송)이 중심입니다. 제2장에서도 다룬 것인데, 이 경은 '여시아문(如是我聞)'의 형식으로 된 17경 가운데 하나입니다.

석존시대의 바라문 청년들이 갖고 있던 공통된 의식구조는 바라문 종성을 자신의 성(姓, gotta)으로 존중하고, 그것으로 자신을 뛰어난 사람이라고 여겼습니다. 이러한 사고방식에 붓다는 성과 이름은 통칭과 속칭에 지나지 않으니, 결코 귀천의 기준이 될 수 없다고 강조했지요.

사성평등에 대한 기본적인 붓다의 입장, 내용은 본 장의 주제로서 지금부터 말씀드리겠습니다만, 카스트 제도가 확립된 당시의 인도에서는 분명 일대변혁을 의미하는 발언이었어요. 당연히 카스트 제도에 억압받아 온 사람들에게는 최대의 복음(福音)이었으리라는 점은 상상하기 어렵지 않습니다. 그렇지만 석존과 교단에 대한 이교도, 특히 바라문교의 비난이 있었던 것도 사실입니다. 이러한 사정은 아함경전, 예컨대 『장아함』 제22 「종덕경(種德經)」(「대정장」 제1권, 94쪽 상 이하)과 그에 상응하는 빠알리 경전 『장부』 제4 쏘나단다숫따(soṇadaṇḍasutta)(「남전」 제6권, 16쪽 이하) 등을 보면 그 모습을 생생하게 전해주고 있습니다.

일반적으로 예수 그리스도의 전기를 박해와 수난의 역사라고 말하는 반면, 부처님의 전기에는 그런 역사가 없다고 합니다. 그러나 예수님에게는 유다가 있었듯이, 부처님에게는 데바닷타(Devadatta)가 있었어요. 그렇듯 이교도와 데바닷타의 배반 등으로 부처님의 신상에도 박해가 있었다는 것은 부정할 수 없습니다. 특히 바라문 종성 출신자와의 대화가 많이 보이는 것도 사성평등을 주장한

데 대한 비난이 빗발쳤기 때문이겠지요. 사성평등관에는 이러한 배경이 있음을 우선 짚어 보았습니다.

어떠한 강도 갠지스강으로 흘러든 것은 모두 이름과 성을 잃는다. 갠지스강도 바다로 들어가면, 보이지 않는다.*

라는 것처럼, 인간사회에서 부르고 있는 모든 것은 임시 명칭에 지나지 않습니다. 그래서 '나는 바라문입니다', '나는 바라드바자입니다', '나는 바셋타입니다'라고 하는 경우에, 그것은 그처럼 이름과 성을 임의로 붙여서 부르는 세상에서의 호칭(samññā)이고 가명, 명칭(vohāra)에 불과합니다. 이름과 성은 막 태어난 아기에게 부모가 붙여준 것이기에, 만약 그렇게 붙여주지 않았다면 '이 사람은 어디의 누구'인지 알 수가 없겠지요. 그래서

몸을 받아 태어난 사람들 사이에는 각각의 구별이 있지만, 사람 자체에는 이 구별이 존재하지 않는다. 인간들 사이의 구별은 다만 명칭에 의할 뿐. (『숫타니파타』 제611게송)

이라고 분명히 말하고 있어요. 즉, 인간 자체에는 구별(vohāra)이 없기에, 한낱 명칭으로 구별한다고 말할 뿐인 것입니다.
그럼, 본 장의 이야기를 본격적으로 풀기에 앞서 먼저 「바셋타경

---

* *Ja* VI, p.359. 「남전」 제39권, 59쪽.

(Vāseṭṭhasutta)」에서 다루는 중요한 사항을 몇 가지 소개하지요. 왜냐하면 이 경은 붓다의 사성평등관이 어떤 배경에서 주창되었고, 어떤 점이 획기적이었는가를 잘 보여주니까요.

이「바셋타경」에 대해서는 제2장에서도 조금 다루었는데, 이 경은『중부』제98경과 동일해서 빠알리 성전협회 텍스트의『중부』에는 생략되어 있습니다. 그래서 이 경의 구성을 소개하면, 우선 바라문 청년이 질문하고 붓다가 대답하는 형식입니다. 문답의 중심이 되는 것은 아래와 같습니다.

(1) (문) 바라문은 태생에 의해서인가 아니면 행위에 의해서인가?
    (답) 인간은 태생에 따른 차별이 없으며 다만 행위에 따라 구별이 있다.
(2) (문) 진짜 바라문이란 무엇이고 그 존재방식은 무엇인가?
    (답) 태생으로 바라문이 되는 것이 아니라, 행위에 의해서 바라문이 된다.

라는 결론으로 이끄는 문답형식을 취하고 있지요.

카스트 사회와 붓다

그런데 붓다는 왜 카스트 사회를 그렇게도 문제시했던 것일까요? 그 의식의 심층부를 분명히 알 수는 없지만, 아마도 붓다는 진리(= 법) 앞에서 인간은 평등하다는 기본적인 의식을 갖고 있었을 걸로 생각합니다. 그래서 그것을 기본이념으로 삼아 생명의 존엄성에 근거한 인류애의 정신을 가졌던 게 아닐까요?

마치 어머니가 외아들을 위해 목숨을 던져 보호하듯이, 그와 같이 모든 살아 있는 생명에 대해서도 한없는 [자비]심을 일으켜야 한다. (『숫타니파타』 제149게송)

붓다는 모든 인간은 저마다 존귀한 생명을 받았다고 하는 공통의 지평에 선 종교를 목표로 했습니다. 사람은 누구든지 자신을 소중하게 생각합니다. 물론 자기 생명을 사랑하고 존중한다면, 다른 사람의 생명도 사랑하고 존중해야겠지요. 자기만 좋으면 된다는 에고(ego)는 절대로 허락될 수 없습니다. 거기에서 다른 사람을 배려하는 마음이 생겨나는 것이고요. 붓다는 그런 배려와 아픔을 나누어 가지는 사람이 될 것, 말하자면 아픔을 서로 풀어주는 인간사회를 목표로 삼았다고 하겠습니다(제7장 참조).

불교는 사회규범으로서 오계를 제시하고 있는데, 그 처음이 '불살생계(不殺生戒)'임은 잘 아실 겁니다. 왜 이 불살생계를 제정했을까요? 그 배경에는 붓다 시대의 사회정세와 깊은 관련이 있습니다. 붓다의 평등관은 실로 그 시대배경과 밀접하게 관계되어 있지요.

제1장에서도 조금 다루었지만, 붓다 시대의 고대 인도는 바라문교를 지지하는 촌락중심의 사회구조에서 도시국가로 변모하던 시대였습니다. 원시불전은 당시의 도시국가들을 16대국, 6대국, 4대국 등으로 언급하고 있습니다. 그런데 한 국가가 영토를 확장하기 위해서는 전쟁은 피할 수 없는 선택입니다. 전쟁을 통해 다른 나라를 정복하는 현상은 인도에서는 아쇼카왕(阿育王, 기원전 268 또는

267~232년 치세)이 통일국가를 이루기 전까지 계속되었지요. 이러한 시대배경 속에서 서로 죽이고 죽는 현실을 목격한 석존은 샤카족의 왕위를 버리고 출가를 결심한 것입니다(제8장 참조). 석존의 출가 동기를 헤아려 보면, 고뇌에 찬 인간의 공통된 주제가 석존의 마음 깊숙이 자리잡고 있었다고 생각해도 좋을 듯합니다.

늙음과 죽음은 사람들을 덮쳐온다.
왕족·무사(크샤트리야), 바라문(브라흐마나), 서민(바이샤), 노예(수드라)…… 중에서 누구도 피할 새 없이, 모두 짓밟혀버린다.*

혹은

사성 가운데 누구나 원망하지 않는 마음[無怨], 화내지 않는 마음[無瞋], 자비로운 마음[慈心]을 닦아 얻을 수 있다.**

라고 원시불전은 말하고 있습니다.

신구 종교의 대립

그럼, 이 사성제도를 둘러싸고 전통적인 바라문교와 붓다 사이에는 무엇이 있었는지를 생각해 보겠습니다. 어느 종교든 새로운 종

---
* Saṃyutta-Nikāya 1, p.102. 「남전」 제12권, 170쪽.
** Majjhima-Nikāya 1, p.151. 「남전」 제9권, 182쪽.

교가 태어날 때는 전통적이고 보수적인 종교와의 대립과 알력이 있기 마련인데, 그래서 신구 대립의 기본적 입장을 살펴보고자 합니다.

인도 최고의 문헌에 『리그베다(Ṛg-veda)』라는 자료가 있지요. 거기에서

> 브라흐마나(Brāhmaṇa)는 뿌루샤(Puruṣa, 原人)의 입에서 태어났고, 라쟈누야(rājyanuya, 왕족·무사계급)는 그 [원인의] 양 어깨에서 태어났고, 바이샤(vaisya, 농공상인·서민)는 그의 허벅지에서 태어났고, 수드라(sūdra, 천민)는 그의 양발에서 태어났다.***

고 말하고 있는데, 이것이 바로 사성의 구별을 언급한 최초의 문헌입니다. 이 가운데 라쟈누야는 나중에 크샤트리야를 의미하는 가장 오랜 명칭이지요. 후대의 인도법전으로 일컬어지는 『마누법전』에서는 "바라문, 찰제리, 복사, 수다라가 사성"(『마누법전』1·31)이라고 기록하고 있습니다.

그런데 이 원인의 입·어깨·허벅지·발에서 태어난다고 하는 발상이 의미하는 바가 무엇인지를 생각해 봐야 합니다. 그리고 이런 발상이 이루어질 즈음에는 이미 직업상의 신분계급제도가 성립해 있었다고 추측됩니다. 즉, 성직자인 바라문계급, 전투요원인 무사계급, 농공상에 종사하는 복사계급, 그리고 노예인 수드라계급이

*** Ṛg-veda 10·90, 12.

그것입니다.

　인도 고대인은 사성을 네 가지 바르나(Varna)라고 일컬었습니다. 바르나는 원래 색을 뜻하기 때문에, 외면이나 외모에서 색은 곧 인간, 즉 종성이라는 의미로 사용된 것이지요. 우리가 카스트 제도라고 부르는 것은 종별(種別)을 의미하는 포르투칼어 카스타(Casta)가 어원입니다. 15~16세기경, 인도의 서해안에 내항했던 포르투칼인들이 인도의 계급제도를 보고 카스타라고 불렀다고 합니다. 참고로, 현재 인도에서는 자띠(Jati)*라는 기능조직을 통해서 결혼이나 음식, 습관 등을 규제합니다. 어쨌거나 성직자·바라문 종성은 원인(뿌루샤)의 입에서 태어났다는 발상이 중요한 것이지요. 그 원인이라는 사상이 결국 범천(梵天)이라는 최고신(우빠니샤드 철학에서 우주원리인 브라흐만을 의인화함)으로 발전했고, 붓다 시대에는 세계의 창조신으로서 민간신앙의 대상이 되었던 것입니다. 원시불전에서 범천의 세계에 태어나는 것을 이상으로 여긴 사람들을 볼 수 있는데, 그것이 바로 좋은 증거인 셈이지요.

---

* 자띠는 본래 '출생'을 의미하는데, 결혼이나 음식 등과 같은 일상생활에 직접적 관계를 갖고 실제로 기능하는 조직이다. 반면에 바르나는 사회계급을 구분하는 기준일 뿐, 실생활을 일일이 구분하는 기준은 아니다. 자띠는 대개 시간과 장소에 따라 별도로 정해지는데, 하나의 마을은 보통 20~30가지로 구성되며, 인도 전체에서 그 수는 2,000~3,000가지에 이르는 것으로 알려져 있다. 호텔을 예로 들면 침대만 청소하는 자띠, 바닥과 그 주변을 청소하는 자띠, 화장실과 쓰레기를 버리는 자띠가 구분되어 일한다고 한다. 더럽고 힘든 일일수록 낮은 자띠임을 알 수 있다. ― 옮긴이

바라문의 주장과 붓다의 입장

이러한 배경에서, 바라문교를 지탱한 바라문들은 원인(뿌루샤)의 입에서 태어났다는 종성의 전통을 주장하며 혈통을 자랑했던 것입니다. 원시불전은 이 바라문들에 대해 다섯 가지 특색을 열거하고 있는데, 그에 따르면

(1) 바라문은 모계와 부계 모두 태생이 바르고, 깨끗한 혈통으로 7대조까지 거슬러 올라가도 마찬가지이다.
(2) 베다 성전을 독송하고, 세 가지 베다에 정통하다.
(3) 그는 멋지게 위용이 있으며 부유한 자이다. 피부색은 연꽃처럼 깨끗하고 위엄을 지녔다.
(4) 그는 덕이 있으며 덕을 닦는다.
(5) 그는 학식이 있으며 호마(護摩)의식과 주술의 제일인자이다.

라고 전하고 있어요. 자세한 내용이 쏘나다나(Soṇadaṇḍa, 種德)가 바라문교에서 불교로 개종하기로 결심했을 때 세존과 나눈 대화**
속에 전하고 있습니다. 바라문들은 이구동성으로 '태생이 바르다'고 주장하고, 특히 혈통을 자랑스러워했지요. 『숫타니파타』에서 '태생을 묻지 말고 행위를 물어라' 고 붓다가 주장한 데는 이러한 배경이 있었기 때문입니다.

** DN IV. Soṇadaṇḍasutta = 『장아함』 제22 「종덕경」.

바라문 종성 출신자 중에서도 불교교단에 들어와 붓다의 제자가 된 사람들이 있었어요. 반면에 사문 고따마(붓다)는 사상계에 그 명성이 널리 알려지면서 이교도들에게는 비난의 대상인 동시에 선망의 대상이 되었지요. 특히 바라문 청년이 불교로 개종한 경우, 그 스승과 친구들 사이에 개종의 시비를 둘러싼 논쟁이 일었답니다. 그런 생생한 상황에 대해서는 바로 앞에서 예로 든 「쏘나다나경(Soṇadaṇḍasutta)」(「남전」 제6권, 165쪽 이하)을 읽어보시면 잘 알 수 있습니다.

어쨌든 붓다의 카스트관은 출생과 명칭에 의한 것이 아니었다는 점, 그리고 모든 인간은 평등하다는 기본적 입장에 서 있다는 점입니다. 『숫타니파타』는 저간의 사정을 자세히 말하고 있는데, 그럼 그 내용을 말씀드리지요.

바라문에게 어울리는 것

태생(= jati)을 묻지 말라. 행위(= kamma, karma)를 물어라. 실로 불은 모든 장작에서 생겨난다. 천한 가문에서 태어난 사람일지라도 성자로서 도심(道心)을 견고히 하고 부끄러움을 알고 삼가면, 고귀한 사람이 된다. (『숫타니파타』 제462게송)

『숫타니파타』 제2장 제7경 「바라문법경(Brāhmaṇadhammika-sutta)」은 붓다 시대의 바라문의 모습을 잘 보여주는 경으로, 여시아문의 형식으로 된 제284~315게송에 있습니다. 이와나미본에서는 경명을 '바라문에게 어울리는 것'으로 하고 있고요. 이 경의 서문에 의하면, 코살라국에 사는 고령의 대바라문 가문들이 세존을 방문하여 '지금의 바라문들은 과거의 바라문 법도을 따르고 있습니까?'라고 물었답니다. 이에 세존의 '옛날 바라문의 법도를 따르고 있다고 생각지 않습니다'는 답변으로 이 경은 시작하지요. 그 중에 제284~298게송은 과거의 바라문에 대한 이야기이고, 제299~309게송은 당시의 바라문의 모습을 말하고 있습니다. 그 내용을 간단히 소개하면,

> 옛날 바라문들은 베다를 독송하고, 무소유로 생활하며, 밝은 지혜를 추구했다. 범행(梵行: 청정한 행)을 실천하고, 제사를 행하더라도 소 등을 죽이지 않았다. 지금의 바라문들은 왕의 사치나 향락을 구하고, 성전(聖典)을 만들어 왕에게 공희(供犧: 양이나 말등의 희생물을 바치는 것)를 권하고, 왕은 그대로 공희를 행해서 바라문들에게 재물을 베풀고 있다.

라고 그 타락상이 언급되고 있는 점에 주목하고자 합니다. 바라문 청년들 중에서 붓다에게 귀의한 사람들은 아마도 이러한 바라문의 타락상에 비판적이었겠지요. 그 타락상에 대해서 『숫타니파타』는

> 옛날 바라문들은 베다 독송을 재보(財寶)로 여기고(제285게송) 있었기에, 지방이나 나라 사람들은 바라문들을 공경했지만(제287게송), 그들에게 잘못된 견해가 일어나, 왕자의 영화와 여성 등, 인간의 향락을

얻고자 원해서(제299~301게송), 베다 성전을 만들거나, 왕에게 제사를 권하여(제302게송) 소, 의복, 여자, 좋은 집이라는 재물의 보시를 얻었다. (제304~305게송)

와 같이 지적하고 있습니다. 그런데도 일부의 바라문들은 바라문이라는 종성에 사로잡혀서 제사만능과 바라문지상주의라는 과거의 전통에 안주해 있었던 것이죠. '태생보다는 행위'라고 주장한 석존의 외침, 모든 인간은 평등하다고 제창한 이면에는 이러한 사회배경이 있었음을 간과해서는 안 될 것입니다.

바셋타경을 중심으로

『숫타니파타』 제3장 제9경 「바셋타경」은 이러한 시대의식을 충분히 받아들여 붓다의 주장을 분명히 보여주고 있습니다. 이 경의 서문에도 있듯이, 당시 대바라문들의 모임에 참가했던 두 바라문 청년, 바라드바자와 바셋타가 '바라문이란 무엇인가'라는 문제에 대해 서로 납득할 만한 결론에 이르지 못하자, 사문 고따마에게 가서 가르침을 받기로 했지요. 이 두 청년의 주장을 보면, 바라문을 보는 두 사람의 관점에 신구의 차이가 있음을 알 수 있어요. 한 사람은 '모계와 부계 모두 좋게 태어났고, 7대조의 선조부터 가문도 훌륭하기 때문에 바라문이다'라고 주장하고, 다른 한 사람은 '계를 지키고, 규정을 지키는 자만이 바라문이다'라고 말합니다. 이 서문에 이어서 바라문의 자격을 둘러싼 질문(제594~599게송)과 그에 대한 세존의 대답(제600~656게송)이 나옵니다. 이제 붓다의 대답을 좀 더 상세하게 나누어 말씀드리겠습니다.

(1) 모든 생물에는 태생의 차이가 있지만, 인간에게는 없다. (제600~610게송)
(2) 인간의 구별은 생업(직업)에 따른다. (제611~619게송)
(3) 참 바라문은 무소유, 무집착으로 참을성이 있으며, 계를 지키고 지혜를 갖추고, 집이 없는 사람이다. (제620~629게송)
(4) 바라문은 거슬리지 않고, 평정해서 욕정이 없고, 계를 지키는 자로 윤회의 생존을 초월한 사람이다. (제630~639게송)
(5) 바라문은 갈애가 없고, 집착이 없는 사람, 번뇌가 다한 사람이다. (제640~647게송)
(6) 태생(자티)에 의해 바라문이 되는 것이 아니라, 행위(까르마)에 의해 바라문이 된다. (제648~656게송)

이 여섯 가지 답변 가운데 독자들께서도 주목해야 할 항목은 (3)~(5)에 보이는 불교적 이해입니다. 여기에서 붓다는 참 바라문이라는 호칭은 무집착으로 삶의 고통을 벗어난 자, 번뇌를 끊은 자에게 주는 것이라고 가르치고 있지요. 우리는 여기에서 종성으로서의 바라문이 아니라, 또 다른 의미의 바라문을 알게 됩니다. 하지만 그것은 결코 불교도가 될 것을 권하는 게 아니라, 참 바라문이 될 것을 가르치고 있을 뿐입니다.

원시불전에는 '사문', '바라문'이라는 술어가 많이 등장하는데,

'사문'이란 행위가 단정하고 수행에 전념하는 출가자 일반에 대한 호칭입니다. 다만, 여기에서 말하는 '바라문'은 종성으로서의 바라문이 아니라, "악을 물리쳐서 오염되지 않고, 마음을 잘 다스려서…… 구애받는 바가 없는 사람"(『숫타니파타』 제519게송)이지요. '사문'이나 '바라문'의 용례에도 주의해 둘 필요가 있고요.

태생보다 행위를 묻다

이제 본 장의 주제인 '모든 인간은 평등하다'라는 관점에서 앞서 제시한 붓다의 답변 가운데 여섯째가 지닌 의미를 살펴보겠습니다.

우리 인간사회에서는 자칫하면 직함 등과 같은 선입관으로 사람을 평가하기 쉽습니다. 그러나 과연 일상생활에서 세상의 평가대로 행동하는 사람이 얼마나 될까요? 오히려 그렇지 않은 경우를 많이 보게 됩니다. 인간은 명칭에 구애받고, 그것이 기대를 저버리면 싫증내고 꺼리며 욕을 퍼붓는 게 보통이지요. 『숫타니파타』(제648~656게송)는 이것을 아름다운 문체로 표현하고 있는데, 그 중에서 중심이 되는 몇 개의 게송을 소개하겠습니다.

[이름은 임시로 붙인 것에 불과하다는 것을] 모르는 사람에게는 그릇된 편견이 오래도록 숨어 있다. 모르는 사람들은 우리에게 말한다. '태생에 의해 바라문이 된다'고. (『숫타니파타』 제649게송)

태생에 의해 〈바라문〉이 되는 것은 아니다. 태생에 의해 〈바라문이 아닌 자〉가 되는 것도 아니다. 행위에 의해 〈바라문〉이 된다. 행위에 의해 〈바라문이 아닌 자〉가 된다. (『숫타니파타』 제650게송)

세상은 행위로 이루어지고, 사람들은 행위로 존재한다. 살아 있는 모든 것은 업(행위)에 속박되어 있다. (『숫타니파타』 제654게송)

인간사회에는 여러 형태의 직업이 있는데, 그 직업에 따른 행위에 따라 호칭이 붙게 됩니다. 그러나 직업이 바뀌면 호칭도 바뀌게 되지요. '행위에 의해서 농부'가 되고, '행위에 의해서 상인'이 되는 것(제651게송)이라서, 태생(자띠나 종성)이 바라문이어도 그 행위가 일치하지 않으면 바라문이라고 부를 수 없는 것입니다. 붓다는 그것을 알고

부지런한 수행과 청정한 행위, 감관의 제어와 자제, 이것으로 바라문이 된다. 이것이 최상의 바라문 경지이다. (『숫타니파타』 제655게송)

라고 설하고

세 가지 베다[明知]를 갖추고, 평온하며, 다시 세상에 태어나지 않는 사람은 모든 사람들에게 범천(梵天)이고 제석천(帝釋天)이라고 여겨진다. 바셋타여! 이대로 알아야 한다. (『숫타니파타』 제656게송)

라고 결론짓고 있습니다.

약간 인용이 길었는데, 독자들께서는 게송을 통해 붓다의 음성을 들으셨나요? 붓다가 인간의 행위를 중시한 점은 다시 언급하지 않아도 되겠지요. 원시불교를 윤리의 종교 혹은 윤리불교로 보는 견해가 있듯이, 윤리적인 색채가 아주 농후합니다. 그러나 그 근저에는 행위를 통해서 인간의 삶의 방식을 묻고 있는 데 주의해야 합니다. 인생에서 가장 큰 과제는 자신의 삶의 의미가 무엇인지를 추구해 가는 일이지요. 이 과제와 평생 마주하며 살아가는 것이 인간이고요. 하루하루의 생활이 그 사람의 행위에 의해 윤택해지는 것이라면, 우리들의 행위가 얼마나 중요한지는 굳이 말씀드리지 않아도 될 것입니다.

『숫타니파타』의 말씀에 "베다의 문구에 친숙한 바라문들도 종종 나쁜 짓을 함을 볼 수 있다"(제140게송), "[높은 신분의] 태생도……비난받는 것을 막을 수는 없다"(제141게송)는 게송이 있습니다. 그렇기에

> 태생에 의해 천한 사람이 되는 것은 아니다. 태생에 의해 바라문이 되는 것도 아니다. 행위에 의해 천한 사람도 되고, 행위에 의해 바라문도 된다. (『숫타니파타』 제142게송)

라고 말하고 있는 것이지요.

원시불전은 이러한 붓다의 말씀을 계승해서 "사성(四姓)이 다섯 가지의 노력[五精勤]을 바르게 실천하여, 사성 모두가 해탈해서 차

별이 없다"*라든가, 혹은 "사성 가운데 누구라도 신(身)·구(口)·의(意)에서 스스로 자제하고, 칠각지[七覺支: 깨달음으로 이끄는 일곱 가지 요소. 염(念)·택법(擇法)·정진(精進)·희(喜)·경안(輕安)·정(定)·사(捨)]의 각지를 닦아 현세에서 완전히 열반에 든다"**고 전하고 있습니다. 『우다나(Udāna)』에도

> 비구들이여! 어떤 큰 강, 예를 들면 갠지스강, 야무나강, 아티라바티강, 사라부라강, 마히강 등도 바다로 들어가면, 원래의 이름과 성을 잃고 단지 바다라고 불리듯이, 사성도 여래의 가르침인 '법'과 '율'에 출가하면 원래의 이름과 성을 버리고 사문석자(沙門釋子)의 무리라고 불린다.***

고 말하고 있고요.

이처럼 붓다의 사성관은 '법(진리) 앞에서 모든 인간은 평등하다' 라는 입장을 고수하고 있었어요. 다만, 출가자의 신분으로 세속의 사회체제의 변혁에까지 미치지 못했던 것은 어쩔 수 없는 일이라고 생각합니다. 그러나 이 평등관이 대승불교에서 '일체중생실유불성(一切衆生悉有佛性)'의 사상으로 꽃을 피운 것은 커다란 복음이었다고 하겠습니다.

---

* MN II, p.129. 「남전」 제11권 상, 172쪽.
** Dīgha-Nikāya 3, p.97. 「남전」 제8권, 118쪽.
*** Udāna, p.55. 「남전」 제23권, 173쪽.

모든 사람은 불성을 갖추고 있다

이제까지 본 장의 주제를 중심으로 말씀드렸는데, 여기서는 모든 인간은 평등하다고 하는 붓다의 가르침이 대승불교에서 어떻게 꽃을 피웠는지 잠시 살펴보지요.

대승불교 경전에 『열반경』(대반열반경)이라는 것이 있습니다. 하지만 「대반열반경」이라고 이름 붙일 수 있는 경전은 붓다 최후의 여행을 전하는 빠알리 경전 「대반열반경」(『장부』 제16경)이 있기 때문에, 보통은 구별해서 「대승의 열반경」이라고 부릅니다. 빠알리경은 붓다가 꾸씨나라(꾸씨나가라)에서 입멸하실 때까지의 3개월에 걸친 최후의 여행을 기록한 것이지만, 「대승의 열반경」은 이 기록을 채용하면서도 대승불교의 사상을 근거로 독자적 교리를 확립하고자 했던 것이지요. 따라서 본 경은 『반야심경』이나 『법화경』 그리고 『화엄경』 같은 대승불교 사상의 영향을 받아, 그 사상의 연장선상에 위치하는 경전입니다(4세기경 성립).

그런데 이 경전의 특색은

① 법신상주(法身常住: 법을 신체로 하는 몸은 상주한다)의 사상

② 일체중생실유불성(모든 사람은 불성을 갖추고 있다)의 사상

③ 일천제(一闡提: 한역으로는 단선근[斷善根]의 사람, 믿음을 갖추지 못한 사람을 말한다. 본래는 범어 잇찬띠까[icchantika]로, 욕구하는 사람을 의미한다)의 성불 사상입니다.

그 중에서 특히 ②의 '일체중생실유불성' 이라는 사상이 불교사상사에서 가장 큰 의의를 갖습니다. 왜냐하면, 모든 사람이 불성을

갖추고 있다는 것은 단 한 사람도 예외 없이 모두가 부처가 될 수 있는 가능성을 의미하니까요. 그래서 일천제의 성불을 설한 취지도 실유불성이기 때문에 당연한 귀결이라 하겠습니다. 하지만 여기서 중요한 것은 바로 이 불성이 내 안에 있음을 알아차리는 일입니다. 신비한 아름다움을 자아내는 보석도 가공되지 않으면 아름다움이 드러나지 않듯이, 훌륭한 불성을 갖추었는데도 그 사실을 알지 못한 채 삶을 마감해버리면 아무 소용이 없겠지요. 그리고 이 성불 사상은 바로 모든 인간은 평등하다는 붓다의 말씀과 연결되어 있다고 저는 생각합니다.

우리 인간은 과거, 현재, 미래에 걸쳐 언제 어디서나 법(= 진리) 앞에 서서 그것과 마주보며 살고 있습니다. 그 법(= 진리)은 여래의 출현에 상관 없이 정해져 있고 확립되어 있다고* 원시불전은 말하고 있지요. 그리고 이 정형구는 원시불전만이 아니라 대승불전도 계승하고 있고요. 그래서 이 법을 깨닫는 것이 문제시되는 겁니다.

> 과거에 깨달으신 부처님들, 미래에 깨달으실 부처님들,
> 또 많은 사람들의 근심을 없애시는 현재의 부처님,
> 바른 법을 존중하시는 이 모든 부처님들은, 과거에도 계셨고 현재에도 계시며, 미래에도 계실 것이다. 이것은 모든 부처님의 법성(法性, 常法)이다.**

---

*『상응부』 2, 25-26쪽. 「남전」 제13권, 36쪽.
**『상응부』 1, 140쪽. 「남전」 제12권, 239-240쪽.

여기에서 과거·현재·미래의 삼세를 통해 법을 공경하고 존중하는 입장이 강조되고 있다는 것, 그리고 그 법은 '여래(부처님)의 세상 출현과 상관 없이 불변하다'는 것을 원시불전은 거듭 전하고 있습니다. 지금, 이 세상을 사는 우리는 이 법성으로 증명된 불법(佛法)과 마주하고 있는 것이지요. 그런 우리들에게 '실유불성'이라는 훌륭한 선물을 대승불교가 전해준 겁니다.

이 실유불성 사상과 함께, 대승불교는 여래장 사상(如來藏思想)을 태동시켰습니다. 여래장이란 '여래'와 '태(胎)·장(藏)'의 합성어로, 산스끄리뜨어로는 따타가따가르바(tathāgatagarbha)입니다. 따타가따가르바란 여래를 복중에 임신하고 있다는 뜻이고요. 우리는 원래 여래와 밀접한 관계를 맺고 있고, 그래서 깨달음의 가능성을 갖추고 있다는 것입니다. 결국 여래장 사상이란 일체중생실유불성의 불성과 동일한 의미를 갖습니다.

이러한 여래장 사상은 『승만경』 등과 같은 여래장 경전에서 더욱 발전하는데, 이 발상을 주제로 한 『구경일승보성론(究竟一乘寶性論)』이라는 논서에서는

선남자여! 이것은 모든 부처님의 법성이다. 여러 여래께서 세상에 나오시든 나오지 않으시든 모든 생명은 항상 여래장을 지니고 있다.*

라고 말하고 있지요.

---

* 「대정장」 제31권, 839쪽 중; 범본, 73쪽.

이처럼 모든 생명이 불성을 갖추고 있으며, 여래를 복중에 임신하고 있다는 사상을 중국 천태의 제6조 담연(湛然, 711~782)은 와석불성(瓦石佛性)으로 표현했습니다. 담연의 이 사상을 일본에서는 신란이 이어받아 그의 『유이신쇼몬이(唯信鈔文意)』에서 "불성은 곧 여래이다. 이 여래는 미진세계에 가득 차 있다. 곧 일체 중생의 바다가 마음이다"라고 말해, 결국 '초목국토실개성불(草木國土悉皆成佛)'이라는 사상과 문화를 만들어 냈지요.

인간은 모두 평등하다는 본 장의 주제를 말씀드리면서, 저는 다음과 같은 생각을 했습니다. 인간은 남들과 공존하는 존재이자 자연환경이나 다른 생물과도 함께 살아가야 하는 존재입니다. 그런 점에서 마땅히 모든 생명을 똑같이 사랑하고, 돌보며, 배려하는 마음을 가져야겠지요. 불교가 만물동귀(萬物同歸: 만물은 한곳으로 돌아간다 ― 옮긴이)를 말하고, 산천초목에 대한 애정을 잊지 않는 배경에는 실유불성이라는 이념이 있었기 때문은 아닐까요? 그리고 그 근저에는 붓다의 평등관이 뿌리내려 있었다고 저는 생각합니다.

사람들은 저마다 성격이 다르고 사고방식이나 살아가는 모습도 다릅니다. 하지만 예컨대 파도가 바다를 떠나서는 존재할 수 없듯이, 우리는 여래장 즉 불성이라는 커다란 바다에 둘러싸여 있습니다. 이 거대한 품에 싸여 세상의 많은 사람들이 같은 지평에 살고 있음을 새삼 깨닫게 됩니다.

이상으로 본서의 전반부가 끝났는데, 후반부로 넘어가기 앞서 참고로 본서의 구성에 대해 한 말씀 드리겠습니다. 전반부에서는 자신을 바라보고, 자신을 확립하는 문제를 주제로 삼아, 여러 각도에서 『숫타니파타』를 소재로 살펴보았는데, 불교술어로 말씀드리면 자리행(自利行)이 됩니다.

이제 후반부에서는 자리행이 자기만을 위한 것이 아니라 타인에게까지 미치는 원동력이 되어 이른바 이타행(利他行)으로 연결된다는 점을 말씀드리고자 합니다. 내 몸은 내 몸이면서 결코 나 한 사람만의 몸이 아닙니다. 부모님에게 받은 생명, 그리고 다른 많은 사람들의 도움으로 살아가는 몸이라는 것을 생각하면, 비록 미미하더라도 답례를 하는 것이 사람으로서의 도리가 아닐까 생각해 봅니다.

제7장 공존

생명

제3장에서도 언급했듯이, 붓다는 깨달은 직후에 '살아 있는 것에 대해 자제하는 것은 더없는 즐거움이다'라고 마음속에 울려퍼진 감동을 말씀하셨습니다. 붓다가 전생애에 걸쳐 살아 있는 모든 것을 한없는 자비심으로 대했다는 것은 『숫타니파타』에서도 엿볼 수 있어요.

모든 살아 있는 것은 행복하고, 편안하고, 안락하소서. (『숫타니파타』 제145게송 후반)

라고 『숫타니파타』 제1장 제8경 「자경(慈經)」에서 말하고 있습니다. 붓다의 전도 선언에서 보이는 "비구들이여! 유행하라. 많은 사람들의 이익을 위해서, 많은 사람들의 안락을 위해서, 세상 사람들을 연민하여……"*라는 문장과 일치하는 대목이지요.

이처럼 무릇 생명 있는 모든 것을 연민과 배려의 마음으로 대한 붓다의 모습이 우리의 마음속에도 전해 옵니다. 『숫타니파타』에도 "모든 살아 있는 것에 대해 폭력을 쓰지 말고, 모든 살아 있는 것을 괴롭히지 말라"(제35게송 전반), "또 일체의 세계에 대해 한없는 자비심을 일으켜야 한다.…… 원망과 적의 없이 [자비를 실천해야 한다]"(제150게송)라고 말하고 있습니다.

만물을 배려하는 마음은 시대와 장소를 떠나 사람이 잊어서는 안 될 태도라고 생각합니다. 요즈음은 어디를 가나 공생을 부르짖지만, 뉴스를 보면 그와 상반되는 모습을 자주 보게 됩니다.

우리는 이 지구상에서 각기 하나의 인격체로서 삶을 영위하고 있습니다. 그런데 살아간다는 것은 도대체 어떤 것인가에 대해서 진지하게 생각해 보신 적이 있습니까?

물론 우리 개개인은 가족구성원의 한 사람으로 살아가고 있습니다. 현대와 같은 핵가족화 시대에도 그 기본적인 틀에는 변함이 없다고 봅니다. 그리고 학창시절을 통해 많은 친구와 선생님들을 만나면서 학급의 일원임을 배우게 되지요. 대학에 진학하고 사회에 진출하면 사회의 일원이라는 자각 속에 살아가게 되고요. 더구나 삶을 영위하는 장소도 자신의 모국만이 아니라, 지구상의 다른 장소나 나라로 크게 확대되었습니다. 말하자면, 개개인의 인생은 비록 '혼자서 살아간다'고 해도 혼자서 살 수 있는 것이 아니라 '함께 살아가는' 것입니다.

이것은 물론 단순히 인간사회를 중심으로 하는 생각입니다. 또

---

* *Ud* I, p.21. 「남전」 제3권, 37쪽.

하나 잊어서는 안 될 것이 바로 인간을 둘러싼 주변의 자연환경입니다. 자명한 사실이지만, 이 지구상에는 인간 이외의 생물도 저마다 호흡을 하며 살고 있어요. 모든 생물은 대지, 태양, 물, 산소, 공기 등이 없이는 살아갈 수 없지요. 더욱이 세계 60억 인류가 살기 위해서는 엄청난 자원과 에너지가 필요합니다.

이렇게 생각하면 무엇보다도 우선 서로 도우며 함께 살아간다고 하는 태도가 무척 중요해집니다. 사람은 수많은 인연들 속에서 살아가고 있음을 유념해야 합니다. 우리의 몸은 수직적인 직접원인[因]으로 보면, 우선 직접적으로는 부모님에게서 받은 것이지만, 멀리 과거의 인연으로 거슬러 올라가면 조부모님이 계시고 그 위에 증조부모님이 계십니다. 또 수평적인 간접원인[緣]을 생각하면, 자신을 둘러싼 친구와 사회, 그리고 환경을 비롯해서 많은 사람들과 자연환경이 있지요. 그러니까 사람은 인연에 의해 살아가는 존재인 것입니다. 우리는 수직적인 직접원인과 수평적인 간접원인을 항상 염두에 두면서 살아가야겠습니다. 하지만 우리는 이따금 '혼자서 살고 있다'는 착각에 빠져 자기중심적이고 인간중심적인 행동에 빠지기 쉽지요.

원시불전은 모든 존재[諸法]는 인(因, hetu)과 연(緣, paccaya, pratya)으로 이루어졌다고 가르치고 있습니다. '인연화합(因緣和合)'이라든가 '인연소생(因緣所生)'이라는 불교술어는 그런 배경에서 생겨난 것이지요. 그것을 기반으로, 원시불교는 '연기설(緣起說)'이라는 사상으로 응축되고, 대승불교는 '중중무진연기(重重無盡緣起)'(『화엄경』)로 전개되었던 겁니다.

『숫타니파타』가 원시불전 중에서 가장 오랜 경전이라는 것은 이미 말씀드렸습니다(제2장 참조). 그 속에서 붓다는 살아 있는 것을 대하는 방식을 어떻게 말하고 있을까요? 이에 대한 답변으로 저는 아래의 경을 소개하고자 합니다.

자비심

『숫타니파타』 제1장 제8경 「자경」(『숫타니파타』 제145~150게송)에

다른 현자의 비난을 받을 만한 비열한 행위를 결코 해서는 안 됩니다. 모든 살아 있는 것은 행복하고, 편안하고, 안락하소서. (『숫타니파타』 제145게송)

어떤 생명이든, 약한 것이거나 강한 것이거나 남김없이 모두, 긴 것이거나 커다란 것이거나, 중간 정도의 것이거나 짧은 것이거나, 미세한 것이거나 거친 것이거나 (『숫타니파타』 제146게송)

눈에 보이는 것이거나 보이지 않는 것이거나, 멀리 사는 것이거나 가까이 사는 것이거나, 이미 태어난 것이거나 이제 태어날 것이거나, 모든 생명은 행복하소서. (『숫타니파타』 제147게송)

이 게송에서 볼 수 있듯이, 붓다의 음성은 현대를 살고 있는 우리

에게 '함께 산다'는 기본적인 모습을 시사하고 있습니다. 그러나 공생의 이념을 아무리 강조한다 해도, 그 이념이 구체적으로 실현되지 않으면 그림의 떡처럼 공허할 뿐입니다. 모든 사람들, 생명 있는 것들은 행복하고 편안하기를 바라는 붓다의 외침을 지금이야말로 재확인해야 하지 않을까요?

> 마치 어머니가 외아들을 목숨 바쳐 보호하듯이, 그와 같이 모든 생명에 대해서도 한없는 [자비의] 마음을 일으켜야 합니다. (『숫타니파타』 제149게송)

> 또 일체 세계에 대해서 한없는 자비심을 일으켜야 합니다. 위로, 아래로, 옆으로, 장애 없이, 원한 없이, 적의 없이 [자비를 실천해야 합니다]. (『숫타니파타』 제150게송)

라고 말하면서, 모두의 행복과 평안을 위해서는 자비심이 필요하다고 가르치고 있어요.

'자비(慈悲)'는 불교를 특징짓는 말입니다. 세계 3대 종교를 특징짓는 것은 무엇일까요? 기독교는 사랑, 이슬람교는 정의, 그리고 불교는 자비를 그 특징으로 합니다. 원래 불교는 자비와 함께 지혜를 말하는 종교라는 것은 새삼 말씀드리지 않아도 되겠지요. 후대의 대승불교에서는 지혜의 문수보살(文殊菩薩), 자비의 보현보살(普賢菩薩)이라고 말하듯이, 지혜를 얻어 자비를 실천하는 것을 보살행[六波羅蜜行: 보살에게 주어진 여섯 가지 실천덕목으로, 보시·지계·인욕·정진·선정·지혜]이라 합니다. 원래 육바라밀에서는 자비라는 말이 보이지 않지만, 보시행이 자비와 연관되는 것이죠. 대승불교는 자비의 근거를 공성(空性)에서 찾고 있어요. 예를 들면, 보시라는 행위가 완전하기 위해서는 베푸는 자와 받는 자, 그리고 보시물[施物]이라는 세 가지가 공적(空寂: 三輪淸淨이라 함) 해야 합니다. 그로 인해 비로소 보시의 공덕이 생겨나고, 그것을 보시바라밀행이라고 하는 겁니다.

독자 여러분은 절에서 불상을 많이 보셨을 겁니다. 석가모니 부처님을 중앙으로 해서 양옆에 사자를 탄 문수보살상(지혜의 보살)과 코끼리를 탄 보현보살상(자비의 보살)을 거느린 석가삼존불을 보신 적이 있을 겁니다. 붓다의 설법을 예로부터 '사자후(獅子吼)'

중국 산서성의 오대산 불광사에 있는 삼존불. 협시는 사자를 탄 문수보살과 코끼리를 탄 보현보살.

라고 했는데, 그것은 숲을 뒤흔드는 사자의 울음소리를 붓다의 육성(설법)에 비유한 것이지요. 다음은 코끼리인데, 특히 잘 조련된 코끼리의 성질과 부드러운 눈매 때문에 코끼리를 자비의 대변자로 본 것입니다.

자비라는 말은 자(慈)와 비(悲)의 합성어입니다. 자는 멧따(mettā, 산스끄리뜨어로는 maitrī), 비는 까루나(karuṇā, 산스끄리뜨어로도 동일)로, 원시불전의 최초기에는 멧따가 주류를 이루었으나 나중에 까루나와 합성되었습니다.

예를 들면, 『숫타니파타』는 "모든 생명이여! 귀를 기울이시오.…… 자비를 베푸소서"(제223게송), "일체 세계에 대해서 한없는 자비심을 일으키소서"(제150게송), "탐욕을 버리고, 증오를 억제하고, 무량한 자비심을 일으켜서"(제507게송), "약한 것이거나, 강한 것이거나 [모든 생명을] 자비로 대하시오"(제967게송) 등 여러 곳에서 멧따[慈]를 강조하고 있지요.* 이후, 자와 비를 같이 써서, 붓다는 제자들에게 "자비 넘치는 스승, 일체 세계를 연민하는 사람"(『테라가타』 제625게송), "자비심이 있고, 깊이 연민하는"(같은 책, 제979게송) 모습으로 비치고 있습니다. 그리고 자비는 자(慈) · 비(悲) · 희(喜) · 사(捨)의 '네 가지 한량없는 마음[四無量心]'(제10장 참조)이라는 사상으로 발전하지요. 가장 근본이 되는 출전으로는 "자비(=慈心)와 평정(=捨心)과 연민(=悲心)과 해탈과 기쁨을 때

---

* 본문에서 '자비'라고 번역한 것의 원어는 모두 mettā이다. mettā는 '자비, 자선, 자애, 친절' 등을 의미하는데, 이와 비슷한 술어로 anukampā, sangaha 등을 들 수 있다. 본서에서는 이후에도 자비라고 번역한다. — 옮긴이

에 따라 닦고……"(『숫타니파타』 제73게송)를 들 수 있고요. 그러면 자와 비는 구체적으로 어떤 마음일까요?

『숫타니파타』의 주석서는 앞의 제73게송을 다음과 같이 기술하고 있습니다.

"모든 사람은 행복하소서"라는 생각을 갖고 [상대방에게] 이익과 즐거움을 주고자 하는 것이 자(mettā)이다.

"아아! 실로 [사람들이] 고통에서 해탈되기를"이라는 생각을 갖고 [상대의] 불이익과 고통을 제거하고자 하는 것이 비(karuṇa)이다. (『빠라맛타죠띠까』 II, 128쪽)

이 해석에서 자(慈)는 기쁨을 주는 것[與樂], 비(悲)는 고통을 제거해 주는 것[拔苦]이라는 이해가 정착되어, 자비란 '발고여락(拔苦與樂)'으로 불리게 된 것입니다. 후대에 부처님의 덕을 찬탄하는 의미에서 '대자대비(大慈大悲)'의 관세음보살과 같은 표현이 생겨난 것도 자연스러운 결과라 하겠습니다.

여기서 우리는 자(慈)도 비(悲)도 상대방의 입장에 선 생각이라는 점에 주목해야 합니다. 상대방 혹은 모든 사람이 원하는 안락을 주고자 하고, 고통을 제거해 준다고 하는 큰 자비심과 연민의 마음이 요청되는 것이지요. 그것이 다른 사람을 치유하는 마음이며, 함께 살아간다는 이념이라고 말할 수 있겠습니다.

불교는 지혜와 자비를 설하는 종교라고 앞에서 말씀드렸는데, 참된 지혜를 얻었을 때에야 모든 사람에게 '발고여락'의 자비를 실천할 수 있는 길을 보여줄 수 있습니다. 이 커다란 두 개의 기둥을 모티프로 삼아 불교사상을 훌륭하게 표현한 것이 대승경전 가운데 하나인 『화엄경』입니다. 그 중에서 특히 선재동자의 구도여행을 그리고 있는 「입법계품(入法界品)」이 백미입니다.

「입법계품」 제39의 3(「대정장」 제10권, 33쪽 중~하)을 보면, 선재동자는 지혜의 상징인 문수보살에게 보리심을 일으키는 법과 보살행의 의미, 그리고 보살도를 닦는 법의 세 가지를 배우고, 선지식을 찾아 남쪽으로 여행길에 올라 53인 혹은 55인의 선지식을 방문합니다. 또한 「입법계품」 제39의 21(「대정장」 제10권, 441쪽 중~하)에는 마지막으로 보현보살 앞에서 대자비심(보현의 16대원을 말함)을 배운다고 하는 내용이지요.

선재동자는 문수보살의 가르침을 받고 구도여행을 출발한 뒤, 마지막에 보현보살을 찾아간다는 「입법계품」은 우리에게 무엇을 가르치고 있을까요? 문수보살이 '지혜의 문수'라고 불리는 데 비해서 보현보살은 '자비의 보현'이라 불립니다. 이것은 지혜와 자비라는 대승불교의 두 기둥을 세워, 문수와 보현을 선재동자의 구도여행으로 설정한 것이라고 볼 수 있지요. 더구나 선재동자가 문수보살에게 가르침을 받고 보현보살에게서 완결을 찾는다는 구상은 바로 불교에서의 지혜와 자비를 강조했다기보다는 지혜에서 자비로 나아감을 의미하는 것 같습니다. 지혜가 내면적으로 구도(求道)를 지탱해 주는 것이라면, 자비는 그 지혜를 바탕으로 다른 사람에게 돌려주는 것이고, 다른 사람을 돌아보는 실천이라 하겠지요. 거기에 지혜와 자비의 상관관계가 있고, '문수에서 보현으로' 라는 「입법계품」의 구상이 있는 게 아닐까요?
　원시불전의 고층자료 가운데 하나인 『테라가타』의 레바타(Revata) 장로의 유계(遺偈)에

　　나는 이 긴 시간 동안, '이 생명들을 죽이자, 살육하자, 고통을 주자' 라는 의도를 가진 적이 없었다. (『테라가타』 제646게송)

　　다만 나는 부처님께서 설하신 것처럼, 한없는 자비심을 잘 닦고, 순서대로 실천해서 쌓아갔음을 알고 있다. (『테라가타』 제647게송)

　　나는 만인의 벗이다. 만인의 친구이다. 모든 생명에 대한 연민의 마음을 가진 사람이다. 자비심을 닦아, 늘 무상해(無傷害)를 즐긴다. (『테라가타』 제648게송)

　여기에서 붓다의 제자들이 걸었던 자비의 행위를 볼 수 있습니다. 만인을 벗으로 여기고, 만인을 동포로 생각하는 것이야말로 자비의 근저에 있는 심층의식이자 심정이라고 생각합니다.
　이처럼 붓다의 말씀에 귀를 기울이면서, 한편으로 저는 뭐라 말할 수 없는 공허함과 무력감, 허무감에 젖어듭니다. 그것은 현재 이라크 전쟁을 비롯해서 아프가니스탄을 둘러싼 문제, 인도와 파키스탄 간의 분쟁, 그리고 이스라엘과 팔레스타인 사이의 마찰 등으로 이런저런 유혈사태가 이 지구상에서 실제로 계속되고 있기 때문입

니다. 인류 모두가 평화를 희망하고 평온과 안정을 원하는 가운데, 이 지구상에서 벌어지는 전쟁과 폭력사태에 대해 종교는 무엇으로써 응답하려는지 자문자답해야 할 때입니다.

지구상에는 대략 60억의 인류가 약 200여 국가에 살고 있습니다. 애초에 국가의 존재방식이나 신봉하는 종교, 그리고 문화나 언어, 풍습 등이 각기 다르다 하더라도, 사해동포(四海同胞)라는 이념이 구현되지 못하고 있는 이유는 무엇일까요? 아프가니스탄 문제를 정말로 기독교와 이슬람 간의 종교전쟁 등으로 이해하는 경향이 있는 것 같은데, 당치도 않은 논리입니다. 그렇다고 새뮤얼 헌팅턴이 말하는 식의 '문명의 충돌'도 아닙니다. 21세기에는 문명의 공존이야말로 인류의 커다란 사명이 아닐까요?

또한 빈곤문제를 둘러싼 경제적인 문제나 자원문제, 난민문제 등에 대해서는 국제적인 지원과 공동의 해결 노력이 무엇보다 시급하다는 것은 비단 저 혼자만의 생각은 아닐 겁니다. 독자 여러분은 이 문제를 어떻게 이해하고 계십니까?

세계의 종교계는 모든 종교간의 대화를 강하게 호소해 왔습니다. 같은 테이블에 앉아 서로 마주보며 이야기하는 데서부터 시작해야겠지요. 그러한 움직임은 각 종교간에 착실히 실천되어 난민구제 문제에서도 공동의 노력이 이뤄지고 있습니다. 그러나 이 지구촌의 현실은 우리의 상상보다 훨씬 빨리 또 다른 많은 난제들을 낳고 있는데, 도대체 왜 그럴까요? 어디에 원인이 있는 것일까요? 무엇이 인간을 그렇게 몰아가는 것일까요?

제가 앞에서 '꽂힌 화살'을 들먹이며 말씀드렸듯이, 우리 모두는 욕망의 화살이 꽂혀 있는 현실을 좀 더 진지하게 반성하면서 자신들을 돌이켜 봐야 할 것입니다. 그리고 인류가 서로 신뢰할 수 있는 풍토를 하루 빨리 만들어야 합니다. 저는 서로에 대한 깊은 신뢰가 무엇보다 중요하다고 확신하고 있습니다.

'믿음'과 신뢰

『숫타니파타』에 '이 세상에서 사람의 으뜸가는 부(재산)는 무엇입니까?' (제181게송)라는 야차 알라바카(Ālavaka)의 물음에, '이 세상에서 믿음이 사람의 으뜸가는 부이다' (제182게송)라고 붓다는 대답합니다.

이 둘 사이의 질의응답을 설하는 경전에 대해서는 나중에 상세히 살펴보겠습니다. 그런데 여기에서 붓다는 믿음(Saddhā, Śraddhā)이 세상에서 으뜸가는 부(재산)라고 말하고 있습니다. 신앙 혹은 믿음이라는 재산은 어디든지 그 사람에게 붙어다니는 것이기에, 다른 모든 재산에 공통되는 것이 아니라고 주석서(『빠라맛타죠띠까』 II, 231쪽)는 말하고 있지요. 이것은 다른 재산은 사라져버려도 믿음이라는 재산은 잃어버리지 않기 때문입니다. 『법구경』에도

믿음과 덕행을 갖추어, 명성과 번영을 누리고 있는 사람은 어떤 곳에 가도, 거기에서 존경받는다. (『담마빠다』 제303게송)

라고 말하고 있습니다.

믿음이란 어떤 특별한 대상을 믿는 행위로, 일반적으로 순수하고 오염되지 않은 마음으로 신이나 부처를 믿는 것이라고 해석하고 있습니다. 그러나 우리의 일상생활 차원에서 보면, 신뢰 정도의 의미가 아닐까 생각합니다.

원래 '신(信)'이란 사람[人]과 말[言]이 결합된 것처럼, 사람의 말을 '진실'로 받아들여 사람과 말이 일치되었을 때 생겨나는 것입니다. '저 사람을 신뢰한다'고 했을 경우, 그것은 그 사람이 한 말을 '진실'로서 철석같이 믿는 걸 말하지요. 인간사회는 이같은 신뢰관계 위에서 성립하는 것인데, 이런 신뢰관계가 무너졌을 때는 수습하기 어려운 심각한 균열이 생기고 맙니다. 그래서 우리의 일상생활에서도 상호신뢰가 사회규범의 가장 기본이라 하겠습니다.

불교에서는 불·법·승 삼보에 귀의할(『숫타니파타』제236~238 게송) 것을 맹세함으로써 불교도로서의 태도를 표명합니다. 이 역시 삼보를 신뢰하는 행위이기 때문에, "불법(佛法)의 대해(大海)는 믿음으로 능히 들어가고, 지혜로써 능히 건널 수 있다"고 용수(龍樹, 150~250(?))도 『대지도론(大智度論)』에서 설하고 있습니다.

여기서 '신(信)'이라는 말은 빠알리어로 '쌋드하(Saddha)', 산스끄리뜨어로 '쉬랏드하(Śraddha)'라고 하는데, '쌋드하'는 신(信), 신념(信念), 신앙(信仰), 신심(信心), 신뢰(信賴) 등의 의미를 갖고 있지요. 또 이 말과 유사한 것으로 깨끗하고 맑은 마음(pasāda, prasāda, 淨心)과 귀의(saraṇa) 등이 있고요.

불제자들의 고백에도

그러므로 총명한 자는 많은 부처님들의 가르침을 생각하면서 믿음과 계와 밝고 깨끗한 신념과 진리를 보는 데 힘써야 한다. (『테라가타』 제204, 509게송)

라는 내용이 있습니다.

믿음과 신뢰는 인간이 살아가는 데 중요한 디딤돌이 되는 것입니다. 우리는 어떤 절대자에게 온몸을 던져 귀의하는 순수무구한 마음을 지니고 있지요. 붓다의 제자들이 삼보에 대해서, 특히 스승인 붓다에 대해서 귀의를 표명한 것은 분명 '신(信)'을 구체적으로 드러낸 행동입니다. 인생에서도 좋은 스승을 신뢰하고 좋은 지도자와 선지식이 이끌어 주는 길을 걸을 수 있다면, 인생이라는 긴 여로에서 광명을 찾았다고 할 수 있을 겁니다.

그렇다면 이러한 믿음에 대해 원시불전은 어떻게 이해하고 있을까요? 『숫타니파타』 제1장 제10경 「알라바카의 경(Āḷavakasutta)」에 '이 세상에서 사람의 으뜸가는 부는 무엇입니까? (제181게송), '사람은 어떻게 해서 거센 물살을 건넙니까? (제183게송)라는 알라바카의 질문에, 스승(붓다)께서 응답한 게송(제182, 184게송)이 있습니다. 우선 그것을 소개하지요.

이 세상에서 믿음이 사람의 으뜸가는 부이다. 원만한 덕행은 안락을 가져온다. 실로 진실이 맛 중의 맛이다. 지혜롭게 사는 것이 최고의 생활이라 말한다.*

사람은 믿음으로 거센 물살을 건너고, 방일하지 않음으로써 바다를 건넌다. 정진으로 고통을 극복하고, 지혜로 완전히 청정해진다.**

여기에서 어떻게 사는 것이 최상의 생활인가 하는 불교의 중심문제를 야차 알라바카의 질문을 통해 답하고 있음을 알 수 있습니다. 또 다른 전승에

(스승은 답하셨습니다.) 나에게는 믿음이 씨앗이다. 고행이 비[雨]이다. 지혜가 나의 멍에와 가래이다. 부끄러움이 가랫자루이다. 마음이 끈이다. 정신을 진정시키는 것이 나의 쟁깃날과 몰이막대이다.***

라고 하듯이, '믿음'은 '지혜'와 나란히 설해지는 것은 물론, 위의 게송에서 볼 수 있듯이 다른 여러 말과도 함께 쓰이고 있어요.

원래 최초기에는 '지혜'와 '계행'이 주류였으나 스승 붓다를 맞이하고 또 삼보를 신봉하는 제자들과의 접촉을 통해 여러 실천덕목과 함께 '믿음'이 쓰이게 되었다고 생각할 수 있습니다. 반면에, 계(戒)·정(定)·문(聞)·보시(布施)·시사(施捨)·복덕(福德) 등의 덕목과 함께 쓰이기도 했던 흔적이 옛 자료(『상응부』1, 20, 36, 215쪽 게송)에 보이기 때문에, '신(信)'은 '계(戒)', '혜(慧)'와 함께 최초기 불교부터 중시된 덕목이었다고 하겠습니다.

---

* 『숫타니파타』 제182게송. 『상응부』 1, 214쪽. 「남전」 제12권, 373쪽.
** 『숫타니파타』 제184게송. 『상응부』 1, 214쪽. 「남전」 제12권, 373쪽.
*** 『숫타니파타』 제77게송. 『상응부』 1, 172쪽. 「남전」 제12권, 296쪽.

원시불전 중에서 '신(信)'과 병기되는 덕목은

① 신(信) · 근(勤 = 精進) · 염(念) · 정(定) · 혜(慧)의 오근(五根), 오력(五力)
② 신(信) · 계(戒) · 문(聞) · 시(施 = 捨施) · 혜(慧)

라는 두 가지 형태가 있습니다. ①은 출가자의 실천덕목이고 ②는 재가자의 실천덕목이지요. 출가자는 깨달음을 얻기 위해 '믿음'을 확립하고, 노력정진을 하며[勤], 늘 생각을 집중하고[念], 정신통일을 해서[定], 지혜를 체득하는[慧] 실천이 요구됩니다. 재가자에게는 출가자의 오근, 오력에 대비되는 것으로서 '오재(五財)', '오증장(五增長)', '오구족(五具足)'이라 해서 신앙심을 견고히 하고, 오계를 지키며[戒], 법을 듣고[聞], 보시를 하고[捨施], 지혜를 체득하는 실천덕목이 제시됩니다.

이 두 가지 실천덕목에 공통되는 것은 어느 쪽이나 '믿음'을 가장 우선시하고 '지혜'를 궁극의 목표로 삼고 있다는 점입니다. 용수가 "믿음으로 능히 들어가고, 지혜로써 능히 건넌다"고 설파한 이유도 여기에 있다고 봅니다. 우리는 일상 속의 사회구성원으로서 살아가는 이상, 가장 중요한 것은 서로가 신뢰하는 일이지요. 이 신뢰관계 위에서 인간관계가 이루어지니까요.

그런데 불교인으로 살아가려는 사람들에게 '믿음'이란 과연 어떤 것일까요? 여기서 하나의 게송을 소개하겠습니다.

『숫타니파타』 제5장 제18경 「16학생의 질문의 결어」에

[뼁기야는 말했다] 나는 성자(= 모니)의 말씀을 듣고, 더욱더 마음이 맑게(= 믿게) 되었습니다. 깨달은 사람은 번뇌의 덮개를 열어제치고, 마음이 거칠지 않으며, 명철한 분입니다. (『숫타니파타』 제1147게송)

학생 뼁기야에게 생긴 맑은 마음이야말로 믿음의 솔직한 표현이라고 해도 좋을 듯합니다. 한역불전에 보이는 '징정(澄淨)', '정신(淨信)'이라는 번역어는 이런 마음을 아주 정확하게 이해한 말이라 하겠습니다. 모니(성자 — 옮긴이)의 말씀을 듣고 더욱더 마음이 맑아진다, 즉 "정신(淨信)한다(pasādāmi)는 것은 나는 믿는다(saddahsāmi)라는 것이다"*라고 주석하고 있지요. 이런 용례는 『담마빠다』 제368, 381게송의 「붓다의 가르침을 믿은 비구」에도 보입니다.

이렇게 보면, 깨끗한 믿음이란 순수하고 때 없는 마음에서 생기는 것입니다. 이러한 마음상태는 불교도이면서 일상생활을 살아가는 우리에게도 공통되는 것이라고 생각합니다.

늙음에 이를 때까지 계를 지키는 것은 즐겁다. 믿음이 확립되어 있는 것은 즐겁다. 밝은 지혜를 체득하는 것은 즐겁다. 여러 가지 악행을 일삼지 않는 것은 즐겁다. (『담마빠다』 제333게송)

이 『법구경』의 교훈이야말로 우리가 영원한 진리로서 마음속 깊이 간직할 만합니다.

---

* *Cūlaniddesa*, 미얀마판, 310쪽.

그런데 함께 산다는 본 장의 주제에 대해서 저는 모든 생명을 자비심으로 대하는 붓다의 태도, 그리고 그 근저에는 상호신뢰라는 심리상태가 전제되어야 함을 말씀드렸습니다. 우리가 이 인간세계에 살면서 자연환경과 공생하는 데 있어서 이상의 두 가지는 불가결의 생활윤리라고 말씀드려도 좋을 듯합니다.

그러나 현실은 어떤가요? 눈에 보이는 것들은 평화 · 공생 · 공존의 이념과는 동떨어져 있는 것이 사실입니다. 이러저런 테러사건과 무력을 통한 보복으로 폭력이 폭력을 낳는 세상이 되고 있어요. 도대체 언제쯤에나 인류의 평화공존이 실현될까요? 이 영원한 과제에 직면하면서도 세월이 참 무심하게 흘러간다고 느낄 수밖에 없는 것은 저 혼자만일까요? 그렇다고 수수방관해서는 안 될 것입니다. 세계 도처에서 평화실현을 위해 작은 노력을 보태는 그룹, 개인이 있음을 잊어서는 안 됩니다. 우리 한 사람 한 사람이 평화실현을 위해 노력할 때입니다.

원한과 보복을 초월하기 위해

세상의 갈등은 욕망이라는 화살이 심장에 꽂혀 있음을 알지 못해서 일어나는 것이라고 제5장에서 이미 말씀드린 바 있습니다. 거기서는 『숫타니파타』 제4장 제15경 「백장경(白杖經)」을 예로 들었는데, 같은 책 제4장 제11경 「쟁투경(爭鬪經)」은 쟁투(kalaha)와 쟁론(vivāda)이 일어나는 원인을 다음과 같이 말하고 있습니다.

쟁투와 쟁론, 슬픔과 근심, 인색과 자만, 오만과 욕설은 사랑하고 좋아하는 것을 근거로 해서 일어난다. 쟁투와 쟁론에는 인색이 따르고, 쟁론이 생겨날 때 욕설이 일어난다. (『숫타니파타』 제863게송)

이 게송에서 쟁투의 원인이 참으로 소박함을 알 수 있습니다. 사람 사이의 싸움은 언제나 '어떤 것'이 끼어들어, 그것을 둘러싸고 싸움이 일어나지요. 그 '어떤 것'이란 '대상'이기도 하고, '사람'이기도 하고, '재물'이기도 한데, 그것들을 사람들은 '사랑하고 좋아하는 것'이라고 추상적으로 표현한 것입니다. 그 '사랑하고 좋아하는 것'을 어느 한쪽이 갖고 싶어하거나 아까워할 때 시비가 오가고 싸움으로 발전하는 것이고요. 사람은 자기에게 없는 것을 갖고 싶어하고, 있는 것을 아까워해서 나눠주기를 싫어합니다. 그래서 "사람이 태어날 때 참으로 입 안에는 도끼가 생겨난다. 어리석은 사람은 나쁜 말을 하여 그 도끼로 자신을 내리친다"(『숫타니파타』 제657게송)면서 입의 재난을 경계하고 있습니다.

이상은 개인과 개인 사이에서 볼 수 있는 싸움의 모습인데, 나라와 나라 사이의 전쟁도 그 연장선상에 있다고 봐도 될 것입니다.

생명 있는 것은 행복을 원한다. 만약 폭력(= 몽둥이, daṇḍa)으로 살아 있는 것을 해치면, 자신의 행복을 원하는 그 사람은 사후에 행복을 얻을 수 없다. (『담마빠다』 제131게송)

생명 있는 것은 행복을 원한다. 만약 폭력으로 살아 있는 것을 해치

지 않으면, 자신의 행복을 원하는 그 사람은 사후에 행복을 얻을 수 있다. (『담마빠다』 제132게송)

여기에서 폭력으로는 행복을 얻을 수 없다고 하는 기본입장을 볼 수 있지요. 『숫타니파타』 제4장 제15경 「백장경」은 친족관계인 석가족과 코살라족의 전쟁을 막고자 설해진 것이라고 주석서인 『빠라맛타죠띠까』(II, 566쪽)는 설명하고 있습니다. 그 첫 게송에

죽이려고 싸우는 사람들을 보라. 무기를 들고 때리려는 데서 공포가 생겨난다. 내가 소름끼쳐 그것을 싫어해 떠난 그 충격을 말하겠다. (『숫타니파타』 제935게송)

라고 하면서 그 모습을 제936게송에서는 "물이 적은 곳에 있는 물고기처럼" 사람들이 서로 싸우고 있고, "세계가 어디도 안전하지 않은"(제937게송) 것은 사람들이 "[번뇌의] 화살에 맞았기"(제939게송) 때문이라고, 마음속 깊이 숨어 있는 자아에 대한 욕망[我欲]을 지적하고 있지요(제5장 참조).

지금까지 몇 번 다룬 적이 있는 붓다 재세시의 사회상황에 대해서 좀 더 알아보도록 하겠습니다. 경전에는 동부 마가다 지방, 특히 갠지스강 양안에 많은 도시국가가 다투어 국력증강을 꾀하고, 그를 위해 끊임없이 전쟁을 벌이고 있었다고 전하지요. 그와 같은 현실을 직시한 붓다는 전쟁의 무익함을 느끼고 폭력으로 서로 으르렁거리는 사람들의 비참한 모습에 괴로워했을 겁니다. 그래서 폭력을

부정하는 마음이 누구보다도 강렬했음을 짐작할 수 있어요. 사람은 폭력에 익숙해지면 폭력에 마비되어, 영화나 텔레비전의 한 장면을 보고 있는 듯한 착각에 빠지게 됩니다. 미국의 세계무역센터 빌딩과 아프가니스탄에서 진행되고 있는 파괴 장면은 영상이 아니라 현실이라는 것을 명심해야 합니다.

> 다른 사람을 괴롭힘으로써 쾌락을 구하는 사람은 원한의 고삐에 묶여, 원한에서 벗어날 수 없다. (『담마빠다』 제291게송)

사람이 자신의 쾌락을 바라면 때로 다른 사람의 마음을 다치게 하고, 결국에는 싸움으로까지 번지고 마는 것을 보게 됩니다. 그러나 상처받은 사람은 언제까지나 그것을 잊지 않고 원한을 품다가 결국은 보복을 생각하지요. 이렇듯 원한과 보복이 반복되며 끝없이 계속되는 것도 세상 이치가 아닐까요?

> '그 사람은 나에게 욕을 했다. 그 사람은 나에게 해를 끼쳤다. 그 사람은 나를 이겼다. 그 사람은 나의 것을 빼앗았다'라는 생각을 품고 있는 사람에게 원한은 끝내 그칠 줄 모른다. (『담마빠다』 제3게송)

> '그 사람은 나에게 욕을 했다. 그 사람은 나에게 해를 끼쳤다. 그 사람은 나를 이겼다. 그 사람은 나의 것을 빼앗았다'라는 생각을 품지 않는 사람에게 원한은 마침내 사라진다. (『담마빠다』 제4게송)

라고 말하고, 이어 그 유명한

> 실로 이 세상에서 원한으로 원한을 갚는다면, 결국 원한은 멈추지 않는다. 원한을 버릴 때 비로소 멈춘다. 이것은 영원한 진리이다. (『담마빠다』 제5게송)

라는 참으로 만고불변의 진리로서 새겨두기에 부족함이 없는 교훈을 전하고 있습니다.

'인욕'이란 관용의 마음

공생이라는 주제에 없어서는 안 될 것이 바로 참고 견디는 마음[忍辱]의 배양과 상대를 인정하는 관용의 마음입니다.

> 참고 견디는 것, 상냥한 말씨, 여러 수행자를 만나는 것, 적당한 때에 진리의 가르침을 듣는 것, 이것이 더할 나위없는 행복이다. (『숫타니파타』 제266게송)

원시불전 가운데 『소부』에 실려 있는 「자따까」는 석존이 전생에 보살이었을 때, 보시행과 인욕행을 실천한 결과 붓다가 될 수 있었음을 전하고 있습니다. 이 보살행은 대승불교에서 육바라밀행(보시, 지계, 인욕, 정진, 선정, 지혜의 바라밀행)으로 열거되고 있는데, 이는 원시불교 이래 가장 중요한 실천덕목입니다.

그런데 참고 견딘다는 것은 모든 고난을 참고 견딘다는 의미입니다. 우리는 사회생활을 하면서 그런 마음을 기르려고 노력해야겠지요. 그 경우 무엇보다 필요한 것은 자기 중심, 자기 본위의 주장과 생각을 가능한 한 배제하고 남들과 협력하려고 애쓰는 자세입니다. 다른 사람의 주장에 귀를 기울이고, 그것을 받아들이는 관용의 마음이 새삼 요청되고 있어요.

일본의 교주(敎主)라고 일컬어지는 쇼토쿠(聖德) 태자(574~622)*는 '17조헌법'의 제1조에

> 첫째 말하기를, 화(和)를 귀하게 여겨 거스르지 않음을 으뜸으로 삼아라. 사람은 무리를 짓게 되나, 그 안에 현명한 사람은 적다. 이것을 가지고 혹은 임금과 어버이에 순종하지 않고, 또 이웃과 화합하지 못한다. 그렇지만 위는 두루 화합하고 아래는 화목해서, 일을 논함에 적합한 때는 도리가 저절로 통하니 어떤 일이든 되지 않겠는가.

라고 이화위귀(以和爲貴: 조화를 귀하게 여김 — 옮긴이)의 정신을 강조하고 있지요. 『숫타니파타』 제4장 제12경 「작은 전열의 경(Cūḷaviyūhasutta)」**은 사람들이 제각기 자신의 사고방식을 고집하

---

* 요메이(用明) 천황의 아들. 여러 학문에 두루 밝았으며, 불교에 심취하여 귀의했다. 스이코(推古) 천황이 즉위하면서 황태자가 된 후, 섭정정치를 폈다. 또한 불교 융성에 주력하여 많은 사찰을 건립했다. — 옮긴이

** 원어로는 Cūḷavyūhasutta라고 한다. Cūḷa는 '작다'라는 뜻이고, vyūha는 '배열, 정렬, 전열(戰列), 군대'라는 의미이다. 본서에서 저자 구모이는 「소배열경(小配列經)」으로 번역하고 있다. 그런데 이 경에서는 자기 주장과 논쟁을 주제로 삼고

며 다투고 있는 모습에서 무엇이 진실인지를 확인하는 일의 중요성을 말하고 있습니다. 또 이어서 제13경 「큰 전열의 경(Mahāviyūha-sutta)」에서는 "편견을 고집하는 자는 일부의 사람들로부터는 칭찬을 받지만, 많은 사람들로부터는 비난을 받는다"(『숫타니파타』 제895~896게송)라고 경고하고 있고요(제12장 참조).

이렇게 해서 함께 산다는 테마를 여러 각도에서 짚어 보았습니다. 우리는 많은 인연 속에서 살아가며, 사회의 일원으로서 각자의 생활을 영위해 가고 있습니다. 그것을 기반으로 불교는 다른 사람과의 상호보조, 상호공경을 가르치고 있지요. 특히, 불교는 다른 존재의 생명을 빼앗는 살생을 엄격히 금하는 종교입니다. 그래서 살아 있는 것에 대한 자비를 주장하는데, 그 근저에는 자기 중심의 생각을 배제하고 공생의 마음을 길러가는 자세가 전제된다고 말씀드려도 좋을 것입니다.

있어, '배열'보다는 '전열'이라는 단어가 그 의미를 파악하는 데 적절할 것이다.
— 옮긴이

제8장 고따마 붓다의 생애

불전과 불전자료로서의 『숫타니파타』

 너무나 당연한 것이지만 우리에게 나름의 역사가 있듯이, 붓다의 일생에도 그 생애를 담은 역사가 있습니다. 그 생애의 사건을 붓다가 사셨던 연대에 맞추어 편년사적으로 정리하면 비로소 불전(佛傳)이라는 전기가 만들어지지요. 독자 여러분 중에는 불교학자가 저술한 여러 종류의 「불타전(佛陀傳)」이나 「불전」 가운데 한두 권쯤은 갖고 계시는 분도 있을 겁니다. 그러나 2,500년 전의, 더욱이 현존하는 자료에 근거하는 엄밀한 의미의 불타전이 과연 성립될 수 있을까요? 그리고 가장 오랜 자료라고 할 수 있는 『숫타니파타』에 전승되는 불전자료는 어떤 자료적 가치와 의의를 지닐까요? 여기서는 이런 문제의식을 가지고 고따마 붓다의 생애를 되돌아보고자 합니다.
 우선 우리가 모년 모월의 모일에 태어나서 어떤 삶을 살았는지 그 삶의 변천을 편년사적으로 엮을 수 있듯이, 과연 불타전의 경우에도 그것이 가능할까요? 만약 붓다의 탄생부터 입멸까지를 한 권의 책으로 정리한 자료가 현존하는 '경'이나 '율'에 전하고 있다면 이야기는 달라집니다. 하지만 그런 자료는 없어요. 붓다의 탄생년대에 대해서도 여러 학설이 있고, 동서양의 학계 사이에도 이견이 있고요. 그러면 세계의 여러 학자들은 어떻게 해서 불타전을 엮는 것일까요?

붓다의 생애에서 볼 수 있는 개개의 사건은 우리가 입수할 수 있는 '경'(4아함, 5니까야)과 '율'(『비나야』, 『근본설일체유부율』, 『사분율』, 『오분율』 등 광률로서 한역 5종) 속에 실려 있습니다. 그래서 그런 자료들이 전하는 붓다 관련 사건을 수집해서 탄생부터 입멸까지 있었던 사건을 엮으면, 어쨌든 불타전이 만들어지기는 하겠지요. 그런데 그런 전기들의 내용을 풍부하게 하는 소재가 반드시 단일 경전이나 율장에 정리되어 있는 것은 아닙니다. 그래서 풍부한 소재 가운데 무엇을 어떻게 취사선택하는가에 따라서 그 사람 나름의 『불타전』이 되는 것이지요. 그럼, 수많은 『불타전』이 각각 전연 별개의 것인가 하면 꼭 그렇지는 않습니다. 자료의 취급방법에 공통점이 있으니까요.

사대사(四大事) — 생애를 장식하는 네 가지 주요 사건

붓다가 탄생해서 출가하여(29세, 일설에는 19세) 6년간의 고행을 겪고, 깨달음을 얻어 성도한(35세) 후 45년간에 걸쳐 전도교화(傳道敎化)의 삶을 다하다가 80세로 입멸하기까지의 생애 가운데 굵직한 사건이 네 가지 있습니다. 즉, ①탄생, ②출가, ③성도 이후 최초 설법(초전법륜), ④입멸(열반에 듦)이 그것이지요. 하지만 이 사건들을 하나로 엮어 편년사적으로 서술하는 데는 무리가 따릅니다. 왜냐하면 이들 네 가지 사건을 둘러싼 전승이 각기 다르고, 더욱이 그 하나하나에 대해서도 여러 전승이 있으니까요. 그래서 어떤 전승자료를 채택하는가에 따라 그 기준이 정해지는데, 그 기준의 가늠자 중 하나가 자료의 신·고층의 분류입니다.

그런데 이 『숫타니파타』에서 불타전에 관한 전승으로 채택하고 싶은 것은 제3장 제1경 「출가경」과 제2경 「정근경」 그리고 제11경 「나라까경」의 세 경전입니다. 그 중에서 「출가경」과 「정근경」은 네 가지 큰 사건 가운데 출가에서 성도에 이르기까지의 고행을 중심으로 한 것이고, 「나라까경」은 탄생에 관한 것이지요. 그럼, 이 장에서는 「출가경」과 「정근경」을 중심으로 붓다의 생애를 살펴보겠습니다.

출가는 위대한 포기와 결단

석존의 생애 가운데 우리의 관심을 불러일으키는 것은 역시 출가라는 큰 사건일 겁니다. 게다가 비록 작은 나라이기는 해도 석가족의 태자로서 장차 나라를 다스리기 위해 제왕학을 익힌 청년이었고, 또 태자비 아쇼다라를 맞이해서 아들 라훌라의 탄생을 경험한 고따마 싯닷타(가웃타마 싯다르타)였기 때문에 더욱 그러합니다. 도대체 태자는 무슨 연유로 출가를 결심한 것일까요? 왕위를 버리고 출가의 길을 걸은 젊은 날의 석존의 심경은 지금 상상해 봐도 대단한 결단이라 하지 않을 수 없어요. 불전자료에는 석존의 출가 동기에 대한 여러 종류의 자료가 있는데, 어떤 것이든 출가 이유라고 볼 수 있겠지요.

그런 자료 가운데 지금 채택한 『숫타니파타』 제3장 제1경인 「출가경」은 우리의 물음에 응답해 주는 귀중한 자료입니다. 거기에는 석존의 출가 심경이 적나라하게 묘사되어 있는데, 우선 이 경에서 '출가의 동기'를 엿보기로 하지요. 그렇다고 출가 동기를 붓다가 직접 말씀하신 것은 아닙니다. 이 경 제1게송에

눈 있는 분(석존)은 어떻게 해서 출가하신 것일까? 그 분은 어떻게 생각하신 후에, 출가를 기뻐하신 것일까? 그 분의 출가에 대해 나는 말하겠다. (『숫타니파타』 제405게송)

라고 했듯이, 그 분(석존)이 무슨 생각으로 출가를 했는지에 대해 '내가 말하겠다'고 했는데, 그 '나'란 도대체 누구인지를 먼저 생각해 보겠습니다. 이 점에 대해서 주석은 아난다의 생각으로 묘사하고 있지요.

'사리불 등 대성문들의 출가는 [모두에게] 널리 알려져 있다. 그것은 출가수행자들과 신자들이 잘 알고 있다. 그러나 세존의 [출가는 널리 알려져 있지 않다. 자, 나는 [그것을] 분명히 할 것이다'라고.
그 아난다는 기원정사에서, 출가수행자들에게 세존의 출가를 분명히 전하고자 해서 이 경을 설했다. (『빠라맛타죠띠까』 II, 381쪽)

요컨대, 석존의 시자로 제1차 결집 때 '경'을 송출한 아난다의 말로 전하고 있는 것입니다. 출가해서 25년간 붓다를 모셨던 아난다의 말은 다른 누구의 말보다 신빙성이 있다고 볼 수 있겠지요. 같은 「출가경」에

'이 재가의 생활은 옹색하고, 괴롭고, 티끌이 쌓이는 곳이다. 그러나 출가는 널찍한 야외이고, [번뇌가 없다]'고 보고, 출가하신 것이다. (『숫타니파타』 제406게송)

라고 말하고 있습니다. 이 게송만으로도 석존의 출가 의도가 모두 드러났다고 봐도 좋겠지요. 굳이 주석의 설명을 보지 않더라도 재가생활은 이런저런 가정 문제와 처자 문제로 고민이 많았을 테고, 더욱이 자기 마음속의 고민을 해결할 여유도 없었을 겁니다. 세상의 의리와 인정과 욕망에 묻혀 티끌이 쌓인 세계에 비하면 출가생활은 하늘처럼 널찍해서 가로막는 것이 없다고 아난다는 붓다의 마음을 대변하고 있습니다.

그러나 독자 여러분 중에는 오히려 저잣거리에서 생활하면서 도를 구하는 방법을 왜 생각하지 않았는가, 혹은 일국의 태자로서 석가족의 번영과 백성의 행복을 꾀하는 것이 왕위를 이을 사람의 책무가 아닌가 하는 의구심을 품는 분도 계실지 모르겠습니다. 또 한편으로 석존의 출가는 재가생활에서 도피한 것은 아닐까 하고 반문할지도 모르겠고요.

제가 위대한 포기이자 결단이라고 한 것은 이런 의문들을 초월한

포기이고 결단이라는 의미에서입니다. 그 근거로 생·노·병·사라는 인간 공통의 테마를 한 개인의 문제가 아닌 인류 공통의 과제로 여기며 그것을 극복하고자 한 석존의 심경을 헤아려 본 것이지요. 그것이야말로 고따마 싯닷타라는 한 개인과 석가족이라는 한 종족을 위한 것이 아닌 세상 모든 사람들을 위한 것이었음을 생각하면, 석존의 출가는 분명 위대한 포기이고 위대한 결단이었다고 말씀드릴 만합니다.

그런데 붓다의 출가를 둘러싼 동기로서, 불전자료는 '사문유관(四門遊觀)'이라는 에피소드를 전하고 있어요. 싯닷타 태자가 출가를 결심하기 직전에 동·남·서·북의 사대문을 통해 성 밖으로 나가 각각 노인·병자·죽은 사람·수행자를 보는데, 그 중에서 수행자의 당당함에 감동받아 출가를 결심한다는 전승*이 그것입니다. 이 전승은 참된 안락은 바로 수행자라는 출가생활에 있음을 상징화한 것이지요. 더구나 외아들 라훌라가 태어난 지 7일째 되는 날 출가를 결심했다고 하는 전승(『자따까』 1, 62쪽. 다만 이설도 있음)처럼, 태자가 출가의 뜻을 굳힌 시점에 야쇼다라비가 왕자를 낳았다는 소식을 듣고,

> 보살(= 석존의 전생)은 '아아! 장애(라훌라)가 생겼다. 속박(bandana)이 생겼다'고 말씀하셨다. 그것을 들은 부왕 숫도다나(정반왕)는 라훌라라는 이름을 붙이라고 했다.**

---

* *Ja* I, pp. 58-59. 「남전」 제28권, 124-126쪽. 『수행본기경(修行本起經)』 권하, 「유관품」 제3, 「대정장」 제3권, 466쪽 중~하)

라는 전승도 있는데, 설정이 매우 극적이라고 하겠습니다. 참고로 라훌라의 한역 '라후라(羅睺羅)'는 음사입니다. 혹자는 고대 인도의 바라문계급 사람들이 채용한 인생의 '네 주기(四住期: 學生期·家住期·林棲期·遊行期)'***를 실천한 것이라고 해석하기도 하지만, 저는 단순한 출가가 아닌 진정 위대한 결단이었다고 생각합니다.

출가 후의 여정과 구도

그런데 청년 고따마가 까삘라바스투(석가족의 도읍)의 왕궁을 나와 맨 처음 어디를 목표로 정했는가는 석존의 생애에서 중요하면서도 흥미진진한 대목입니다. 누구든 뜻을 세워 어떤 지역을 목표로 삼았다는 것은 그 시대의 호흡을 민감하게 읽고 행동한 것일 겁니다. 석존의 경우 인생의 고뇌를 해결한다는 커다란 과제를 짊어진 결단이었기 때문에, 그 당시 사상계에서 가장 활기 넘쳤던 지역이 눈에 띄었겠지요. 석존의 생애에서 큰 비중을 차지하는 동인도

** *Ja* I, p.60. 「남전」 제28권, 128쪽. *Dhp-a* I, p.85 참조.
*** 고대 바라문들은 인생을 네 주기로 나누어 생활했다고 한다. 먼저 학생기는 스승의 집에서 베다와 다르마를 학습하며, 그 외에 음악, 궁술, 학문, 의술 등도 배운다. 가주기는 학생기를 마치고 다시 가정으로 돌아와 결혼과 더불어 시작된다. 이 시기에는 자식을 낳고, 신들에게 제사를 드리며 생활한다. 임서기는 가주기의 의무를 마치고 한적한 자연 속에서 경전을 공부하며 종교의식을 행하며 지낸다. 이 시기에는 세상에 대한 집착을 버리고 해탈을 위해 금욕생활을 한다. 마지막 유행기는 일정한 거처 없이 홀로 떠돌아다니면서 브라흐만을 명상하며 죽음을 준비하는 시기이다. ― 옮긴이

마가다국의 수도 라자가하(Rājagaha, 왕사성. 지금의 라쟈기르)가 당시 가장 각광 받던 지역이었는데, 『숫타니파타』는 이때의 사정을 이렇게 말하고 있습니다.

    출가한 후에는 몸에 의한 악행을 떠났고, 말에 의한 악행도 버리고, 아주 청정한 생활을 했다. (『숫타니파타』 제407게송)

    깨달으신 분(붓다)은 마가다국의 (수도) 산으로 둘러싸인 왕사성으로 가셨다. 뛰어난 상호(相好: 눈에 잘 띄는 특징을 '상', 잘 안 띄는 특징을 '호'라고 함)를 갖춘 (깨달은) 분은 탁발을 위해 그곳으로 향하신 것이다. (『숫타니파타』 제408게송)

이미 제1장에서도 말씀드렸지만, 붓다 시대의 마가다 지방은 낡은 전통종교와는 다른 새로운 사상, 종교가 싹트던 지역입니다. 그곳에는 붓다 시대에 활약했던 6명의 사상가(육사외도, 제1장 참조)들이 실로 자유분방한 의견을 펼치며 활기에 넘쳐 있었다고 원시불전은 전하고 있어요. 또한 당시 왕사성 밖의 동굴과 숲에는 수행자들이 열심히 수행하고 있었던 사정도 사문 고따마의 마음을 흔들었을 겁니다. "성자(= 사문 고따마)께서는 탁발을 마치고 그 도시 바깥으로 나가, 빤다바산으로 향하셨다"(『숫타니파타』 제414게송), "이 수행자(사문 고따마)는 빤다바산 앞쪽에 있는 굴 속에서 호랑이나 황소와 같이 또 사자와 같이 앉아 계신다"(같은 책, 제416게송)라고 묘사하고 있지요. 그리고 사문 고따마가 처음으로 스승으로 모신 알라라깔라마(Āḷāra Kālama) 선인(당시의 선정가)도 빤다바산에 머물고 있었다고 전하고 있습니다.*

당시 마가다국의 왕은 유명한 세냐 빔비싸라(Bimbisāra, 頻婆娑羅) 왕이었는데, 붓다보다 다섯 살 연하로 15세에 즉위해서 37년간 치세한 뒤, 아들 아자따쌋뚜(Ajātasattu, 阿闍世) 왕에게 살해되는 비운의 삶을 보내게 됩니다(「남전」제60권, 162쪽). 이 왕은 붓다에게 귀의하고 죽림정사를 비구 승단에 기증한 불교신자로, 『숫타니파타』에는 사문 고따마에게 출가의 뜻을 접을 것을 권유한 에피소드가 전하고 있지요.

> 당신은 어리고 젊음에 넘치며, 인생의 처음에 있는 청년입니다. 용모도 수려하고, 귀한 태생 크샤트리아(왕족)인 것 같습니다. (『숫타니파타』 제420게송)

> 코끼리의 무리를 선두로 하는 위풍당당한 군대를 정비해서, 나는 당신에게 재물을 주겠습니다. 그것을 받아 주십시오. 나는 당신에게 태생을 묻습니다. 이것을 말해 주십시오. (『숫타니파타』 제421게송)

마가다국 빔비싸라왕은 사문 고따마에게 이와 같이 말하고, 석가족의 태자에게 코끼리 군대 등을 주고자 권유한 것 같습니다. 이 왕이 권유한 배경에는 다음과 같은 사정이 있었음을 추측해 볼 수 있

---

* Ja I, p.66 이하. 「남전」 제28권, 141-142쪽. 『수행본기경』 권하, 「대정장」 제3권, 469쪽 이하.

습니다.

당시 인도는 동쪽의 마가다국과 서북쪽의 코살라국이 국력을 다투던 시기입니다. 석가족은 코살라국의 속국(『숫타니파타』 제422게송)으로서 그 지배하에 있었는데, 빔비싸라왕이 사문 고따마에게 코끼리 군대를 주고자 한 것은 석가족과 협력해서 코살라국을 공격해 영토를 확장하려는 의도가 있었다고 보입니다. 사문 고따마가 이 권유를 받아들이지 않았던 것은

> 모든 욕망에는 재난이 있음을 보고 또 벗어남이야말로 안온이라고 보고, 열심히 정진하기 위해서 나아가고자 합니다. 내 마음은 이것을 즐거워하고 있습니다. (『숫타니파타』 제424게송)

라고 그 심경을 전하고 있지요. 사문 고따마의 솔직한 기분은 앞의 제422~423게송에서 전하듯이, '예부터 코살라국의 주민이고, 그 [석가족의] 집에서 출가했기에, 욕망을 충족시키기 위함은 아닙니다'라고 밝히고 있는 것입니다. 이것은 『숫타니파타』 제1장 제6경 「파멸의 경」에 보이는

> 크샤트리야(왕족)의 가문에 태어난 사람이 재력이 적은 데도 욕망은 커서, 이 세상에서 왕위를 얻고자 욕심 부리면, 이것은 파멸로 가는 문이다. (『숫타니파타』 제114게송)

라는 게송과 연관해서 보면, 국왕이 권력다툼으로 나날을 보내는

당시의 상황에 대해 석존 스스로 석가족의 위치를 어느 정도 알고 있었다고 생각합니다. 빔비싸라왕의 권유를 받아들여 군대를 보강한다 해도, 다시금 전쟁을 초래하여 권력다툼에 내몰릴 수밖에 없음을 알았을 것입니다.

욕망을 버리는 마음

"모든 욕망에는 재난이 있음을 보고, 또 떠남이야말로 안온이라고 보고"(『숫타니파타』 제424게송)라는 이 게송에서 석존이 출가한 이유가 잘 나타나 있습니다. 이 게송은 바로 앞에 "나는 그 집에서 출가한 것입니다. 욕망을 채우기 위함이 아닙니다"(같은 책, 제423게송)와 중복되는 것으로, 떠남이야말로 안온이라는 확신을 엿볼 수 있지요. 떠남 = 안온 = 열반의 추구야말로 최상의 즐거움이라서, 사문 고따마는 그것을 목표로 노력 정진한 것이지 모든 욕망을 만족시키기 위함은 아니었던 것입니다.

제5장 '꽂힌 화살'에서 말씀드렸듯이, 인간은 욕망이라는 이름의 화살에 맞고서도 그것을 모른 채 고뇌의 바다에 더욱더 깊이 빠져들어 방황하는 존재입니다. 어찌 어찌 해서 부와 재물을 얻었다고 해도 인간은 만족할 줄 몰라요. 그것은 마치 뜨거운 불길 속에서 한창 타오르는 장작불과 같은 것이어서 어떻게 할 수가 없습니다. 불제자 랏타빠라(Ratthapāla) 장로의 고백에

　　세상에서 재산 있는 사람들을 보니, 그들은 재산을 얻어도 미망에

사로잡힌 까닭에 베풀지 않는다. 그들은 탐욕을 부려 재산을 쌓아서 더욱더 쾌락을 추구한다. (『테라가타』 제776게송)

　국왕은 무력으로 대지를 정복하고, 해변에 이르는 지역을 차지하지만, 바다의 이쪽만으로는 만족하지 못하고, 바다 건너편까지도 갖고 싶어한다. (『테라가타』 제777게송)

　왕자도 다른 많은 사람들도, 애욕을 버리지 않기에 죽음을 만난다. 무엇인가 불만이 있는 사람처럼 몸을 버린다. 생각해 보면, 이 세상에서 갖가지 욕망을 채운다는 것은 있을 수 없는 일이다. (『테라가타』 제778게송)

　바로 이 장로도 붓다와 마찬가지로 "모든 욕망의 대상 속에 재난이 있음을 보고, 왕이시여! 그 까닭에 나는 출가했습니다"(『테라가타』 제787게송)라고 고백하고, "스승(붓다)을 모시고, 붓다의 가르침[의 실천]을 성취하여", "그 (= 출가의) 목적을 나는 달성했습니다"(같은 책, 제792~793게송)라고 유게에서 말하고 있지요.
　이렇게 보면, 석존 출가와 불제자들의 출가 사이에는 공통된 문제의식이 있었음을 알게 됩니다. 그것은 바로 '떠남(nekkhamma)' * 이라는 행위입니다. 그 내용은 모든 욕망에는 반드시 재난이 따르기에, 그것을 분명히 알아 욕망의 집착으로부터 벗어나는 것이지

---

* 이 말은 한역으로 출리(出離) 혹은 이욕(離欲)으로 번역된다. 즉, 욕망으로부터 떠남 혹은 벗어남을 의미한다. - 옮긴이

요. 원시불전은 일관되게 생·노·병·사의 네 가지 고통과 마주하며, 이들 네 가지 고통의 원인을 묻는 가운데 욕망으로부터의 떠남을 말하고 있습니다.

> 늙은 사람을 보고, 고통스러워하는 사람을 보고, 병든 사람을 보고, 또 수명이 다해 죽은 사람을 보고, 거기에서 나는 마음을 편안히 하여, 여러 욕망의 대상을 버리고, 집을 나와 편력의 몸이 되었습니다. (『테라가타』 제73게송)

라고 마나바(Māṇava) 장로는 유게에서 말하고 있지요.

이상 『숫타니파타』 제3장 제1경 「출가경」의 핵심을 말씀드렸습니다. 본 경의 내용에 상응하는 자료로서 아래의 세 가지를 적어 둡니다.

①『사분율』 권31(「대정장」 제22권, 779쪽 상~780쪽 상). 법장부 계통.

②『마하바스뚜(大事)』 II, 199~200쪽. 대중부 가운데 설출세부 계통.

③『근본설일체유부비나야파승사(根本說一切有部毘奈耶破僧事)』 권4(「대정장」 제24권, 118쪽 중~119쪽 상). 산스끄리뜨본 『상가브헤다바스뚜(Saṃghabhedavasutu)』, 94-96쪽.

악마와의 대화

석존이 성도하기 전에 매우 힘든 고행을 계속했다는 전승*은 다들 잘 아실 겁니다. 고행 장소는 붓다가야 근처 우루벨라의 세나니 마을 옆을 흐르는 네란자라강(尼蓮禪河)을 사이에 두고 강 건너가 보이는 전정각(前正覺, pabodhi)이라는 산속이고요. 여기에서 6년간 힘든 고행을 거쳐 산을 내려와 네란자라강에서 목욕한 뒤, 우루벨라의 세나니 마을에 사는 처녀 수자타가 공양한 우유죽(pāyāsa)을 드시고 기력을 회복해서 보리수 아래에서 명상을 계속했다는 것이 불전의 공통된 전승입니다.

그런데 고행을 포기하고 명상을 계속하던 붓다를 악마가 유혹했다고 하는 전승, 그리고 이 악마의 유혹을 물리치고 깨달음을 열었다고 하는 전승은 도대체 무슨 의미일까요? 원래 악마란 무엇이었을까요? 그리고 붓다에게 악마는 어떤 의미를 지녔을까요? 이것은 붓다의 생애에서도 전환점이 되는 사건이라고 생각됩니다.

붓다와 악마의 대화를 전하는 원시불전에는 두 종류가 있습니다. 하나는 『숫타니파타』 제3장 제2경 「정근경(Padhānasutta)」이고, 다른 하나는 빠알리 성전 『상응부』 제1권 「유게품(有偈品, Sagātha-vagga)」의 「악마상응」**입니다.

전자에 해당하는 한역은 없지만, 후자에는 25경에 해당하는 한역이 『잡아함』이나 『별역잡아함』에 모두 포함되어 있지요. 「유게품」

---

* MN 제36경 *Mahāsaccakasutta* 등.
** SN I, pp.103-127. 「남전」 제12권, 176-218쪽. 전부 25경으로 되어 있다.

에 실려 있는 악마전승은 원시불전 중 고층(古層)에 위치하는 것인데, 『숫타니파타』의 악마전승과는 어떤 관계가 있는지 우선 생각해 보고자 합니다.

먼저 「악마상응」의 25경을 내용적으로 분석해 보면 네 가지의 큰 줄기로 이루어져 있습니다. 그것은

(1) 고행을 포기한 붓다에 대한 비난
(2) 성도해도 악마의 굴레에 얽매여 있다는 악마의 비난
(3) 대중을 향해 전도하고자 하는 붓다에 대한 비난
(4) 깨달은 붓다에게 '그대 홀로 가라'고 충고하는 악마

의 네 가지입니다. 이 중에서 『상응부』「유게품」 4·1, 제1경「고행」(「대정장」 제2권, 287쪽 하)이 『숫타니파타』의 「정근경」과 비교될 수 있는 자료입니다.

『숫타니파타』 제3장 제2경 「정근경」에 전하고 있는 악마 나무치(Namuci)와 세존(붓다)의 대화를 보면

(악마) 나무치는 위로의 말을 하면서 다가와 말했다. '당신은 야위었고 안색은 나쁩니다. 당신은 죽음에 다가서 있습니다.' (『숫타니파타』 제426게송)

당신이 죽지 않고 살 수 있는 가능성은 천 분의 일입니다. 그대여! 사시오. 사는 편이 좋습니다. 목숨이 있어야만 모든 선행을 할 수도 있는 것입니다. (『숫타니파타』 제427게송)

라고 고행으로 야윈 사문 고따마에게 충고하면서 애써 고행하기보다 "베다를 배우는 학생으로서 청정한 행위(= 梵行)를 하고 성스러운 불에 공양물을 바치는 것이야말로 많은 공덕을 쌓을 수 있습니다"(『숫타니파타』 제428게송)라고 말합니다. 여기서 악마의 발언은 전통적 종교의 입장에 선 것임을 알 수 있지요. 이에 대해 세존은

> 나에게는 신념(= saddhā)이 있고 노력(= viriya)이 있고 또 지혜(= paññā)가 있다. 이처럼 마음을 올곧게 다잡고 있는 나에게 그대는 어째서 생명을 보존하는 것을 묻는가?(『숫타니파타』 제432게송)

라고 응답하고 있고요. 여기에서 불교라는 새로운 종교의 입장을 볼 수 있습니다. 신념, 노력, 지혜라는 방식은 출가자의 실천으로서 신(信)·근(勤)·염(念)·정(定)·혜(慧)(제7장 참조)의 최초기의 체계라고 생각할 수 있겠지요. 그래서 세존이

> 신들도 세상 사람들도 그대의 군대를 정복할 수 없지만, 나는 지혜의 힘으로 그대의 군대를 무너뜨린다. 불에 굽지 않은 발우를 돌로 부수듯이. (『숫타니파타』 제443게송)

> 스스로 사유(saṃkappa)를 제어하고 알아차림을 잘 확립하여, 이 나라 저 나라로 편력할 것이다. 가르침을 듣는 사람들을 널리 이끌면서. (『숫타니파타』 제444게송)

라고 그 심정과 결의를 보이고 있습니다. 이 악마의 군대를 『숫타니파타』 제436~438게송에서는 ①욕망, ②염오, ③기갈, ④망집, ⑤나른함 혹은 수면, ⑥공포, ⑦의혹, ⑧기만과 억지, 잘못 얻은 이득과 명성과 존경과 명예, 그리고 자신을 칭찬한 끝에 다른 사람을 경시하는 것으로 표현하고 있는데, 붓다는 그것을 지혜의 힘으로 깨뜨렸다고 말하고 있는 것입니다. 그리고 최후에

> 나는 7년간이나 세존을 한 발짝 한 발짝마다 따라다녔다. 그러나 잘 알아차리신 정각자에게는 허점을 틈타 다가갈 틈(= otāra. 기회)을 찾아낼 수 없었다.*

라고 악마 나무치는 말했다고 전하고 있습니다.

그런데 도대체 악마란 무엇이었을까요? 불전에 등장하는 악마의 개념을 살펴보겠습니다.

(1) '나무치'에 대해서. 베다 성전이나 인도의 서사시 『마하바라타』에서는 인드라신과 싸워서 정복당한 악마의 이름. 원시불전에서는 악마를 일반적으로 '마라'라고 부름.

(2) '마라'란 '죽다'라는 동사의 사역형, 즉 '죽게 하다'에서 파생된 명사.

(3) 죽이는 자. 죽음을 부르는 자.

(4) 따라서 '마라'는 죽음을 의미.

---

* 같은 책, 제446게송. 『상응부』 1, 122쪽 참조. 「남전」 제12권, 207쪽.

(5) 일반적으로는 '악마 파순(Mārapāpimant)'이라고 불러서 사악한 자를 의미.

(6) 검은 자, 검은 악마(kampa).

(7) 사신(死神), 사마(死魔), 멸망을 초래하는 자(amtaka)

(8) 방일한 자의 친족.

(9) 주(主), 주권자(主權者), 지배자.

등 많은 동의이어(同義異語)로 불리고 있습니다.

또 빠알리 성전의 주석(『상응부 주』 1, 169쪽)에서는

(1) 자신의 영역을 넘고자 하는 사람들을 죽이기에 '마라'라고 한다.

(2) '악마 파순'이란 다른 악을 재촉하거나, 또는 스스로 악을 선동하기에 사악한 자이다.

라고 해석하고 있고요. 따라서 악마는 죽음을 초래하는 '사마(死魔)'라는 신입니다. 빠알리 성전에는 ① '사마의 영역', ② '악마의 군대', ③ '악마의 속박' 등의 표현이 보이지요.

그러면 악마의 항복이 지닌 참뜻은 무엇일까요? 그것은 첫째로 당시의 많은 수행자들의 일반적인 수행법은 고행이었는데, 그것을 포기하는 데 대한 망설임과 같은 심정을 극복했다는 점, 둘째로 인간 내면의 악한 것, 마음에 자리잡고 있는 방해자를 항복시켰다는 점, 셋째로 고행보다 신념, 정진, 그리고 지혜의 실천이야말로 최고의 안락을 얻는 길임을 확립하고자 했던 점입니다.

첫째 관점은, "고행을 해도 일체지를 얻을 수 없었는데, 자양분 있는 음식을 얻어 어찌 일체지를 얻을 수 있겠는가?"(『자따까』 1,

(68쪽)라고, 사문 고따마와 함께 고행을 하던 5명의 수행자(나중에 다섯 비구가 된다)가 등 뒤에서 비난했던 소리가 마음 어딘가에 남아 있었다는 것입니다.

둘째 관점은, "악마 파순이 갈애, 불쾌, 탐욕이라는 세 딸을 명상 중인 사문 고따마에게 주면서 유혹의 손길을 내밀었다"*고 하는 말에서 볼 수 있듯이, 인간의 마음속 깊이 자리잡고 있는 악마와의 대결입니다.

셋째 관점은, 앞에서 든 제432게송에서 보이는 신(信)·근(勤)·혜(慧)라는 실천의 확립입니다.

이처럼 고행의 포기를 전하는 『숫타니파타』 제3장 제2경 「정근경」의 전승을 분석해 보면, 악마의 군대와 베다 독송을 권하는 악마의 속삭임은 무엇보다도 당시의 수행법과 인간 내면에 있는 사악한 자의 속삭임이었음을 알려주지요.

그리고 자기 지혜의 힘으로 악마의 속삭임을 떨쳐버린 채 여러 나라를 편력하고, 가르침을 사람들에게 널리 펼친다는 고따마 붓다의 전도에 대한 결의도 엿볼 수 있습니다.

범천과의 대화와 전도 결의

성도 후 고따마 붓다가 80세로 입멸하기까지 45년간 전도의 생애를 보냈다는 것은 남북전의 일치된 견해입니다. 원시불전에는 성도

---

* 『상응부』 1, 124-127쪽. 「남전」 제12권, 209-213쪽.

직후 붓다가 전도를 결심하기까지에 나눈 범천과의 대화를 전하고 있고요. 이 전승은 악마와의 대화 전승과 함께 붓다의 생애를 장식하는 중요한 요소라서 그 전승의 개략을 말씀드리겠습니다.

『숫타니파타』와 함께 원시불전의 고층에 위치하는 것 중의 하나로 『상응부』의 「범천상응」*이 있습니다.

그 가운데 붓다가 "자신이 깨달은 법(진리)은 깊어서 보기가 어렵기 때문에, 집착하기 좋아하는 사람들은 이해하기 어렵다. 이해하지 못하면 나에게는 피로만 있을 뿐이다"라며 설법하기를 주저한 대목이 나옵니다. 그때, 세계의 지배자[娑婆主]인 범천이 세존의 마음을 헤아리고서 설법을 하실 것을 권하지요. 그 범천의 말을 보면

> 세존이시여! 법을 설하소서. 이 세계에는 번뇌에 적게 물든 사람들이 있습니다. 그들이 법을 듣지 못한다면 퇴보해버릴 것입니다. 들으면 법을 깨달은 사람이 될 것입니다.…… 떨쳐 일어나소서, 용사시여! 전승자시여! 세계를 유행하소서. 진리를 깨칠 사람이 있을 것입니다.

라고 권청한 것입니다. 이 소리를 들은 붓다는 사람들에 대한 연민의 마음에서 부처의 눈으로 세계를 관찰하고 붓다 자신의 우다나(감흥어)를 노래합니다.

---

* *SN* I, pp.136-159. 「남전」 제12권, 234-269쪽. 전부 15경으로 되어 있다.

귀 있는 자들에게 감로의 문은 열렸다. 각자 믿음을 일으켜라. 범천이여! 사람들을 귀찮게 할까봐 나는 미묘한 법을 사람들에게 설하지 않았던 것이다.

이것을 들은 세계의 지배자인 범천은 "나는 세존께서 가르침을 설하실 기회를 만들었다"고 여기고는 세존에게 인사를 드리고 떠났다는 것이 『상응부』(1, 136쪽 이하)의 대강의 내용이지요.

이것이 유명한 '범천권청(梵天勸請)'이라는 전승으로 『비나야』 등**과 같은 여러 자료에 전하고 있습니다. 범천은 당시 민간신앙에서 숭배되던 최고신이었는데, 그 범천이 붓다에게 설법을 권청했다는 전승도 꽤나 드라마틱하지요.

그런데 성도 후 붓다의 전도 결심의 배경을 전하는 또 하나의 전승이 있는데, 앞서 든 악마와의 대화에 이은 중요한 대목이므로 여기서 그 내용을 소개하겠습니다. 『상응부』의 「유게품」 4·2, 제2경 「사자」에, 세존이 사위성의 제타 숲에서 많은 무리에게 둘러싸여 법을 설하고 있음을 보고 악마는 이렇게 말했어요.

"당신이 큰 무리 가운데서 두려워함 없이 사자가 포효하듯이 말씀하고 있는 것은 무엇 때문입니까?"

이에 세존은

"위대한 용사들은 큰 무리 가운데 있어도 두려움 없이 마음은 즐

** *Vn* I, pp.5-7. 「남전」 제3권, 9-12쪽. 『증일아함』 권10 「권청품」 「대정장」 제2권, 539쪽. 『사분율』 「대정장」 제22권, 786쪽 중-787쪽 하. 『근본설일체유부비나야파승사』 「대정장」 제24권, 126쪽 중-하.

겁고, 모든 수행을 완성한 사람(여래)은 지혜의 힘을 얻어 세계에 존재하면서 집착을 초월해 있기"* 때문이라고 답합니다. 이상이 이 경의 내용인데, 이 경과 관계 있는 「유게품」 4・2, 제4경 「어울리는 것」**에서는

> 악마: 다른 사람을 가르친다는 것은 당신에게 어울리는 일이 아닙니다. 그것을 행해서, [찬동자의] 순응과 [반대자의] 반론에 집착하지 마시오.
> 세존: 완전히 깨달음을 연 사람이 다른 사람을 가르치고 지도하는 것은 사람의 이익을 생각하고 연민하기 때문이다. 수행을 완성한 사람은 순응과 반론에서 해탈해 있다.***

와 같은 대화가 있습니다. 그럼, 이들 경전에 전하는 악마와 붓다의 대화는 무엇을 의미하는 것일까요?

역사적으로 짚어 보면, 불교흥기 이전의 우빠니샤드 철학에서는 우빠니샤드(가까이 앉음)라는 말이 의미하듯이, 스승 면전에 앉아 일대일로 가르침을 청하여 주체적으로 심화시키는 방법이 일반적이었습니다. 붓다가 대중 속에서 전도한다는 형식은 아무래도 그러한 전통에 어긋나는 것이라서 전통에 대한 주저함이 붓다의 마음속에 있었다고도 생각해 볼 수 있겠고요. 그래서 그 마음의 흔들림을

---

* *SN* I, pp.109-110. 「남전」 제12권, 186-187쪽.
** 『잡아함』 39・17 「자응(自應)」. 「대정장」 제2권, 288쪽.
*** *SN* I, p.111. 「남전」 제12권, 189쪽.

범천권청을 묘사한 부조. 범천의 권청에 법을 설할 결심을 한 석존. (나가르주나콘다 고고박물관 소장)

악마와의 대화라는 형식으로 상징화한 것이라고 저는 생각합니다.

악마가 "만약 그대가 안정되고 평온해서 불사(열반)에 이르는 길을 깨달았다면, 가라! 홀로 가라. 왜 다른 사람을 가르치고 지도하는가!"라고 말하자, 세존은 "피안에 이르고자 하는 사람들은 불사의 경지를 묻고 있다. 그들이 질문한, 모든 것이 멈춘 생존의 요소가 없는 경지를 나는 설한다"****라는 이 대화는 『숫타니파타』 제444게송의 "이 나라 저 나라로 유행하자. 가르침을 듣는 사람들을 널리 안내하면서"라는 내용으로 설해지고 있습니다.

붓다는 성도 후 설법과 전도에 대한 망설임이라는 위기에서 벗어나기 위해서는 긴 침묵에서 벗어나는 것이 필요했을 겁니다. 그것을 재촉한 것은 '법'이라는 진리의 재확인이었다고 말할 수 있겠

**** *SN* I, p.123. 「남전」 제12권, 208쪽.

지요.

과거에 깨달음을 연 부처님들. 미래에 깨달음을 열 부처님들, 또 많은 사람들의 근심을 없애주는 현재의 부처님.…… 그렇기에, 이 세상에서 이익됨을 얻고자 하고, 위대한 경지를 바라는 사람은 부처님의 가르침을 마음속에 새기고, 정법을 존중해야 한다.*

위 게송처럼, 과거의 모든 부처님도 그러했듯이 '법'에 대한 공경이야말로 붓다에게는 '믿음'이고 의지처였던 것입니다. 열반에 드시기 직전에 법을 의지처로 삼도록 아난다에게 유언으로 말씀하신 것도 여기에 의의가 있다고 하겠습니다.

바꾸어 말하면, 악마와의 대화에서 "가라! 홀로 가라. 다른 사람을 가르치지 말라"고 한 악마 마라의 말이, 자칫 부정적으로 기울 뻔한 붓다의 설법 의지를 반전시킨 것이지요. 이것은 어쨌든 전도를 결심하게 되는 계기가 필수불가결한 것이었음을 알려줍니다. 범천과의 대화는 매우 신비적이고 비유적이지만, 스스로 깨달은 진리(법)를 전도하는 일에 의미를 부여하기 위해서는 다른 사람에 의한 정당화와 객관화가 필요했던 겁니다. 그래서 그 매개로서 범천권청이라는 전승이 불전의 중요한 요인으로 전하고 있는 것은 아닐까요?

---

* *SN* I, p.140. 「남전」 제12권, 239-240쪽.

이상, 『숫타니파타』가 전하는 불전자료인 「출가경」과 「정근경」에 대해서 다른 관련 자료와 함께 말씀드렸습니다. 석존의 출가 동기를 돌이켜 보면, 어디까지나 자신의 고뇌 해결이 중심이었지 다른 사람들을 위한다고 하는 목적은 전도 선언을 통해 비로소 말해진 것 같습니다. 그러나『숫타니파타』에서 이미 사람들에 대한 전도 의지를 충분히 헤아릴 수 있다는 점에서, 한편으로 그것은 『숫타니파타』가 불전 가운데 가장 오랜 자료로 볼 만한 하나의 증거가 될 수 있지 않을까요? 어쨌거나 성도 후의 붓다에게 전도란 매우 중요했고, 그 결심을 확고히 하기까지의 과정이 중요했다고 봐야 할 것입니다. '불법수립(佛法竪立)', 즉 처음으로 불교라는 '종'이 생겨나서 완성되기까지의 과정을 생각하면, 범천과의 대화, 악마와의 대화라는 전승은 그 의미가 무척 크다고 하겠습니다.

　그리고 붓다의 탄생에 관한 것으로서, 『숫타니파타』제3장 제11경 「나라까」경이 있습니다. 이 경은 전반부의 20게송(제679~698게송)과 후반부의 25게송(제699~723게송)으로 이루어져 있는데, 전반부에서는 아시타 선인의 예언을 중심으로, 후반부는 부처님 곁에서 모니(성자)의 엄격한 수행생활을 하는 아시타 선인의 조카 나라까의 '소욕지족(少欲知足)'의 '두타행(頭陀行)'을 말하고 있지요.

　또한 석존의 입멸에 관해서는 원시불전 중『장부』제16경 「대반열반경」**에 상세히 전하고 있으니 참고하시기 바랍니다.

** 「남전」 제7권 『장부경전』 2.

제9장 '생'을 통해 '죽음'을 본다

생사는 인생 최대의 과제

현대는 생명을 둘러싼 문제가 활발히 대두되고 있는 사회입니다. DNA 연구를 통한 인간의 유전정보(인간 게놈)의 해석이 추진되는 한편, 뇌사판정의 시비와 장기이식을 둘러싼 문제가 논의되기도 하지요. 생명과학 연구로 생명의 신비가 한꺼번에 무너져버릴지도 모르는 요즈음, 도대체 생명이란 무엇이고, 산다는 것, 죽음이라는 것은 인간에게 어떤 의미를 가질까요?

불교의 가장 큰 과제는 생사문제에 대한 우리의 이해방식과 수용방식이라고 해도 과언은 아닐 겁니다. 사람은 세상에 태어나 한평생을 살면서, 때로는 무엇을 위해 살아갈지를 자문자답하기도 하고, 때로는 용기를 내어 보람 있는 삶을 모색하기도 하면서 자기 정체성을 확립하려고 노력하는 존재이지요. 그리고 각자 나름의 인생을 살면서 나이가 들면 어느덧 '죽음'을 의식하게 되고, 이 피할 수 없는 '죽음'을 어떻게 받아들여야 할지를 고민하게 됩니다. 삶과 죽음이라는, 인생의 처음과 끝을 끊임없이 자문하면서 한 사람 한 사람이 자기 역사를 만들어 가는 것이 인생이라 하겠습니다.

산다는 것은 자신의 이야기를 만드는 것이라고도 하는데, 불교는 '삶'과 '죽음'에 대해서 우리에게 어떻게 말하고 있을까요? 그럼, 먼저 원시불전부터 살짝 보도록 하겠습니다.

불교에서 '삶'이란 무엇인가

불교는 대략 세 가지 패턴을 통해 인간의 삶을 해석하지요. 첫째는 어디까지나 생·노·병·사라는 범주 속에서 이해하는 방식입니다. 둘째는 인간으로 태어나는 것, 즉 탄생에 초점을 두는 발상이고요. 그리고 셋째는 생명, 목숨, 혹은 영적 존재로서 이해하느냐 마느냐의 입장입니다.

우선 첫째 입장은 "태어남에 의해 늙음과 죽음이 있다. [그 태어남은] 생존·존재[有]에 의해서 태어남이 있다"*와 같이, '12연기'라는 '인연생기(因緣生起)'의 입장에서 이해하는 것입니다. 이것이 원시불교의 기본적 입장이지요. 여기서는 '태어남'과 '죽음'을 따로 떼어놓고 생각하는 게 아니라, '태어남이 있을 때 죽음이 있다'와 같이 태어남과 죽음을 상호의존적 관계 속에서 파악하지요. 즉, '태어남'과 '죽음'을 서로 대립하는 것이 아니라 동전의 양면으로 이해하는 방식입니다.

둘째 입장은 바로 이 세상에 태어난 탄생으로서의 삶(jāti)으로,

---

* *SN* 2, p.25. 「남전」 제13권, 36쪽.

"각각의 사람들의 출생, 출산, 입태, 탄생, 오온으로 나타나는 것"**과 같이 해석하는 것입니다. 그래서 늙음과 죽음에 대해서도 "각각의 사람들의 노쇠와 수명의 감소"로써 이해하는 것이지요.

셋째 입장은 인간을 하나의 영적 존재로서 생각하느냐 마느냐의 발상입니다. 이 배경에는 신체(sarīra)와 생명·영혼(jīva)은 하나일까, 그렇지 않으면 다른 것일까 하는 석존 재세시의 이교도들의 논의와 관련되어 있어요. 특히 '육사외도'(제1장 참조)의 한 사람인 아지따 께싸깜발라(께싸깜발린)가 '신체는 영혼'이라고 주장한 것이 그 배경입니다(감각적 유물론). 석존은 그러한 영혼 존재의 유·무에 관해서는 '청정한 행위와 관계가 없다'***고 단언했는데, 이것이 불교의 기본 입장입니다.

이를 근거로 해서, 석존의 가르침에 가장 가까운 원시불교 이래 일관되게 '오온', 즉 인간을 구성하는 색온(色蘊)·수온(受蘊)·상온(想蘊)·행온(行蘊)·식온(識蘊)이 임시로 화합해 있는[五蘊假和合] 것을 인간이라고 보는 겁니다. 그것은 인간을 육체(색)와 정신(수·상·행·식)으로 나누어 본 것이며, 임시로 화합한 것이기에 인(因, 직접원인)과 연(緣, 간접원인)이 무너질 때가 반드시 있는 것입니다. 따라서 모든 존재는 무상하며, 영원한 어떤 존재도 인정하지 않는 것이 본래의 입장이지요.

이상이 '태어남'에 관한 최초기 불교의 입장인데, 후대에 들어 인도의 여러 사상과 민간신앙의 관계 속에서 불교사상의 흐름에도

** *SN* 2, p.3. 「남전」 제13권, 3-4쪽.
*** *SN* II, p.61. 「남전」 제13권, 89쪽.

변화가 생겨 '중유(中有)' 라는 사고방식이 나타나게 됩니다.

일상습관에 관계되는 중유 사상

여기서 '중유' 라는 사고방식은 인간의 '태어남' 을 이번 생으로 한정하지 않고 내세(다음 생)로의 윤회전생을 의식한 발상이기 때문에, 죽어서 다음 생을 얻을 때까지 그 사이에 '중유' 라는 존재를 생각하게 된 것입니다. 그래서 인간의 생존상태를 죽어서 다음 생을 받기까지의 '중유', 생을 받은 순간의 '생유(生有)', 태어나서 죽을 때까지의 '본유(本有)', 그리고 바야흐로 죽음을 맞이하는 임종시의 '사유(死有)' 의 네 가지 존재상태, 즉 '사유(四有)' 를 말하게 된 것이고요.

그런데 이 사유 중에서 우리의 일상생활과 관계되는 것이 '중유' 사상입니다. 사람이 죽은 지 49일째 되는 날에 '만중음(滿中陰)' 이라 부르는 탈상(脫喪) 의식을 행하는데, 그것은 이 '중유' 라는 사고방식의 영향이지요. 그리고 이 중음 동안에는 향기 있는 음식을 먹고 사는 향식신(香食神, Gandhabba, Gandharva)으로 존재하고, 이것이 다음의 '생유' 로 이어진다는 것입니다. 이러한 사고방식은 후대의 불교, 특히 아비다르마 불교＝설일체유부에서 발달한 사고입니다.

인간의 생명을 유지하는 '명근'

또 하나, '명근(命根)'이라는 발상이 있습니다. 인간의 생명을 유지하는 것인데, 인간이 살아 있는 동안은 '수(壽: 수명)', '난(煖: 체온, 따뜻한 기운)', '식(識: 의식)'의 세 가지로 이루어져 있고, 그 구성의 결합이 무너져버리는 것이 '죽음'이라는 겁니다. '명근(Jīvaindriya)'은 바로 인간의 생명을 유지하는 것이기에 '명근을 끊어 상속을 파괴한다'*거나, 또 '명근과 존속은 같은 뜻이다'**라고 말하고 있지요.

이렇듯, 후대로 내려오면서 인간의 생명이 시작되는 '생유'와 다음 생으로 이어지는 '중유', 그리고 살아 있는 동안의 '본유'라는 형태로 '생'을 탐색했고, 거기서 생명을 유지하는 명근이라는 개념이 등장하게 된 것입니다. 인간은 '이 신체의 존속, 유지를 위해 명근을 활동시킨다'(『淸淨道論』)고 말하고 있어, 생명 에너지가 곧 '명근'의 내용인 것입니다.

인연에 의해 생이 있다

그럼, 후대의 불교는 논외로 하고, 최초기 불교는 인간의 '생'을 어떻게 이해하고 있었을까요? 여기에서 후대의 해석과 관련된 경전과 최초기의 독자적인 경전 두 가지를 소개하겠습니다.

---

* *Vin* III, p.73. 「남전」 제1권, 121쪽.
** *Visuddhimagga* I, p.32. 「남전」 제62권, 59쪽.

비구들이여! 이 신체는 그대들의 것이 아니다. 또 다른 사람의 것도 아니다. 비구들이여! 이것은 선업(先業)[에 의해] 만들어진 것, 사념된 것, 감수된 것이라고 알아야 한다.*

라는 문장이 있습니다. 즉, 인간의 신체는 태어나기 이전의 업·선업(purāṇakamma)으로 만들어졌다는 발상입니다. 여기에서 문제가 되는 '선업(先業)'이란 무엇을 가리키는 것일까요? 이 문장에 대한 주석을 보면

이 신체는 선업으로 생기한 것이다. 그러므로 연(緣)·조연(助緣, paccaya)이라는 일반적 관용어로 이렇게 말한 것이다.**

라고 해석하고 있습니다. 그래서 이 '선업'을 후대의 불교 이해처럼 '전생의 업'이라든가 '숙세의 업'으로 보는 것은 적절치 못합니다. 사실, 위의 문장에 이은 경문은 "이것이 있을 때 저것이 있다. 이것이 일어날 때 저것이 일어난다. 이것이 없을 때 저것이 없다. 이것이 멸하므로 저것이 멸한다. 즉, 무명에 의해 행이 있고……"***라는, 연기를 말하는 정형구로 맺고 있어요.

그럼, 불교 본래의 해석은 어떨까요? 『상응부』 12, 제20경 「연(緣)」에

---

* *SN* II, pp.64-65. 「남전」 제13권, 95쪽.
** *Spk* II, p.70.
*** *SN* II, p.65

비구들이여! 태어남에 의해 늙음과 죽음이 있다. 여래가 세상에 출현하든 출현하지 않든, 이것은 정해져 있고, 법으로 정해져 있고, 법으로 확립되어 있는 상의성(相依性)이다. 여래는 이것을 잘 깨달아서 [이것을] 알고 있다. [이것을] 잘 깨달아서 [이것을] 알아 가르치고, 보이고, 선포하고, 자세히 설하고, 덮여 있는 것을 걷어내고, 분별하고, 분명히 하고, [그리고] '그대들은 보라'고 말한다.****

라고 하고, 이어서

삶은 무상하고, 유위(만들어진 것)이고, 연생(緣生: 연에 의해서 생겨난 것)이고, 멸진의 법(인연이 다하면 없어지는 것)이고, 탐욕을 떠난 법이고, 소멸의 법이다.*****

라고 말하고 있습니다. 따라서 '생'이라는 주어진 현실을 어떻게 이해할지가 본래의 테마이고, 그 '생'은 바로 지금 여기에 살고 있는 자신의 존재방식을 묻고 있는 것이지요.

그것은 오온이 임시로 화합한 이 존재에 대해 '내 것'이라고 하는 집착을 배척하고, '생'역시 무상이며, 고통이며, 무아라는 이해 방식을 강조한 것입니다.

이렇듯, 불교에서 인간의 '생'을 말하는 경우, 생과 같이 움직이는 죽음, 즉 생사의 문제가 주류였다고 하겠습니다. 그것은 우리 개

**** SN II, p. 25. 「남전」 제13권, 36쪽.
***** SN II, p. 26. 「남전」 제13권, 37쪽.

개인이 자신의 '생'을 어떻게 받아들이는가 하는 데 응축되어 있다고 생각합니다.

인간이란 집착하는 존재

인도어에서 인간이라는 일상용어에 해당하는 단어는 그 형태가 다양합니다. 예를 들면, '인간'을 의미하는 산스끄리뜨어는 '마누시야(manuṣya)', '살아 있는 것'·'숨쉬는 것'을 의미하는 '뿌라닌(purāṇin)', '생겨난 것'을 의미하는 '부따(bhūta)'와 '잔뚜(jantu)', 그리고 '존재하는 것'을 의미하는 '삿뜨바(sattva)', 거기에 한 개인의 '인격'을 의미하는 '뿌드갈라(pudgala)', 인간을 포함해서 '살아 있는 것'·'생명'을 의미하는 '자바(jāva)', '죽어야 할 것'을 의미하는 '마르띠야(martya)', 일반적으로 '사람'을 의미하는 '나라(nara)'와 '뿌루샤(puruṣa)' 등등, 참으로 다양합니다.

그 중에 우리가 불전에서 가장 흔하게 접하는 한역어는 '중생(衆生)', '유정(有情)'이라는 말입니다. 이 한역어에 해당하는 산스끄리뜨어는 '삿뜨바', 빠알리어로는 '삿따(satta)'인데, 이 말에 대해서 원시불전은 '존재하는 것(sat)'보다 '집착하는 것'(동사어근 √sañj의 과거분사형)이라는 해석을 택하고 있지요. 이는 인간을 '존재하는 것'으로 보는 게 아니라, '집착하는 존재'로 이해하고 있음을 특징적으로 보여주고 있습니다.

중생·유정(삿따)이라고 일컫는데, 왜 중생이라고 일컫는 것인가?

오온(인간을 구성하는 다섯 가지 요소의 집합)에 대해서 욕심 부리고, 탐내고, 갈망하고, 집착하기 때문에 중생·유정이라고 일컫는다.*

그런데 『숫타니파타』 제3장 제12경 「두 가지 관찰의 경」에

집착을 조건으로 해서 존재가 일어난다. 존재하는 자는 고통을 받는다. 태어난 자는 죽게 된다. 이것이 고통이 일어나는 원인이다. (『숫타니파타』 제742게송)

그러므로 모든 현자는 집착의 소멸에 대해 바르게 알고, 태어남의 소멸을 잘 알아서, 다시는 미혹한 생존으로 돌아가지 않는다. (『숫타니파타』 제743게송)

위의 경은 다음 장에서 다룰 '12지연기(十二支緣起)' 의 옛 형태[古形態]를 보여주는데, 12지의 '유(有)', '생(生)', '노사고(老死苦)' 의 계열을 말하고 있는 것입니다. 우리의 '태어남' 은 인간계라는 존재[有]에 근거하기 때문에, '태어남' 을 말할 때는 반드시 '유' 와 '생' 에 이어서 '노사고' 라는 연기의 입장(제10, 11, 12 각각의 지분)이 항상 의도되어 있음을 알아야겠지요.

---

* SN III, p.190. 「남전」 제14권, 299쪽. 「대정장」 제2권, 40쪽 참조.

해탈하지 않는 한 생사윤회는 끝이 없다

아! 짧구나 사람의 목숨이여! 백세도 못 채우고 죽는구나. 만약 그보다 오래 산다 해도, 결국 늙고 쇠약해져서 죽는구나. (『숫타니파타』 제804게송)

『숫타니파타』는 '늙음과 죽음'을 '태어남'과의 관계 속에서 이해하고 있기에, '태어남, 늙음, 죽음' 또는 '태어남과 늙고 죽음을 다하여, 초월한다' 라든가 '생사윤회' 라는 술어가 등장합니다. 그에 대한 몇 가지 예를 소개하지요.

우선, 학생 멧따구에게

이렇게 해서 잘 알아차리고, 방일하지 않는 수행자는 내 것이라고 간주해서 고집한 것을 버리고, 태어남과 늙음, 근심과 슬픔도 버리고, 이 세상에서 지혜로운 자가 되어 고통을 버릴 것이다. (『숫타니파타』 제1056게송)

라고 스승 붓다는 대답하셨다.

또, 다른 학생이 질문한다.

풍부한 지혜를 지닌 분이시여! 지혜가 적은 저에게 법의 이치를 설하여 주소서.…… 이 세상에서 태어남과 늙음을 버리고 가는 것을. (『숫타니파타』 제1097게송)

저는 나이를 먹어서 힘도 없고, 용모도 볼품없습니다.…… 어떻게 하면, 이 세상에서 태어남과 늙음을 버릴 수 있는지, 그 도리를 설하여 주소서. 그것을 저는 알고 싶습니다. (『숫타니파타』 제1120게송)

위의 두 게송은 바바리의 제자들이 붓다에게 가르침을 청한 것으로, 인간이 태어남과 늙음 사이에서 괴로워하는 모습을 엿볼 수 있습니다.

인간은 해탈하지 않는 한 삶의 방황에서 벗어날 수 없을 뿐만 아니라, 영원히 윤회전생한다는 사고방식이 불교에 정착되어 있어요. 이 점에 대해서 원시불전의 고층에 위치하는 『숫타니파타』는 어떻게 말하고 있을까요?

'생사윤회(Jātimaraṇa-saṃsāra)'라는 술어는 『숫타니파타』의 다음 게송에서 보이는데, 그것을 실마리로 하여 생사와 윤회의 관련을 살펴보고자 합니다.

이 상태에서 다른 상태로, 반복해서 생사윤회로 향해 가는 사람들은 그 귀착점에 무명만이 존재할 뿐. (『숫타니파타』 제729게송)

이 무명이란 커다란 미혹이고, 그로 인해 오랫동안 이처럼 윤회하고 있다. 그러나 밝은 지혜에 이른 존재들은 다시 미혹한 존재로 돌아가지 않는다. (『숫타니파타』 제730게송)

위의 두 게송을 간략히 보이면

$$\left\{\begin{array}{l}\text{무명으로 인한 생사의 고통 = 미혹의 생존} \rightarrow \text{생사를 윤회한다} \\ \text{밝은 지혜로 미혹의 생존에서 해탈} \rightarrow \text{생사를 윤회하지 않는다}\end{array}\right\}$$

가 되겠습니다. 불제자 밧다(Vaddha) 장로의 유게에

> 고통은 끝났네. 모든 요소의 집합으로 이루어진 이 육신 — 태어남과 죽음의 윤회에 구애받는 — 은 이제 마지막이네. 이제야 미혹한 생존을 두 번 다시 반복하지 않게 되었네. (『테라가타』제339게송)

라고 고백하듯이, 또한

> 나는 미망을 모두 버렸네. 생존에 대한 그릇된 집착을 깨부수어, 태어남을 반복하는 미혹한 생존은 멸해버렸네. 이제야 미혹한 생존을 두 번 다시 반복하지 않게 되었네. (『테라가타』제344게송)

라고 고백하는 나디깟싸빠(Nadīkassapa) 장로의 심경은 생사윤회의 원인을 잘 표현하고 있다 하겠습니다.

늙음·병듦·죽음에 대한 고따마 붓다의 회상

그런데 고따마 붓다는 늙음·병듦·죽음을 어떻게 보고 있었을까요? 제가 이미 말씀드린 맥락에서 충분히 짐작하셨겠지만, 아래에서 청년시절 고따마의 회상을 소개하겠습니다. 저는 개인적으로

이것을 회상경전이라고 부르지요.

나(석존)는 괴로움이라고는 없는 유복함과 아주 유연한 신체를 지니고 있었는데, (어느 날 — 옮긴이) 이러한 생각이 들었다. 진리를 보지 못하는 어리석은 사람들은 자신이 늙어가며 또 늙음을 피할 수 없는데도, 다른 사람이 늙고 쇠약해져 감을 보고 괴로워하고 싫어한다. 자기 자신도 또한 늙어가며 늙음을 피할 수 없는데도, 다른 사람이 늙어 있음을 보고는 늙음을 혐오한다. 그런 것은 나에게 어울리지 않는다. 그렇게 생각했을 때, 젊은 청춘기에 가졌던 장년의 교만, 젊음의 교만이 완전하게 잘려나가버렸다.

또, 어리석은 사람들은 병들고 또 병듦을 피할 수 없는데도, 다른 사람이 병든 것을 보고는 괴로워하고 싫어한다. 자기 자신도 또한 병이 들고, 병듦을 피할 수 없는데도, 다른 사람이 병든 것을 보고는 괴로워하고 혐오한다. 그런 것은 나에게 어울리지 않는다. 그렇게 생각했을 때, 병이 없을 때의 건강에 대한 교만이 완전하게 잘려나가버렸다.

또, 어리석은 사람들은 죽음을 피할 수 없는데도, 다른 사람이 죽는 것을 보고는 괴로워하고 싫어한다. 자기 자신도 또한 죽음을 피할 수 없는데도, 다른 사람이 죽는 것을 보고는 괴로워하고 혐오한다. 그런 것은 나에게 어울리지 않는다. 그렇게 생각했을 때, 살아 있다는 교만이 완전하게 잘려나가버렸다.*

---

* AN I, pp. 145-146. 「남전」 제17권, 235-236쪽.

이 얼마나 솔직한 자기고백이며 자기비판입니까! 노인을 보고서는 젊음에 대한 교만, 병자를 보고서는 자신이 건강하다고 하는 교만, 그리고 죽은 사람을 보고서는 자신은 살아 있다고 하는 교만을 가졌다고 청년 고따마는 고백하고 있는 것입니다. 하지만 그러한 세 가지의 교만을 알아차렸을 때, 교만을 부리는 것은 자신에게 어울리지 않는다고 자각했던 것입니다.

이러한 생각은 청춘시절에는 누구나 갖는 것이겠지요. 젊을 때는 바로 눈앞에서 노인과 병자, 죽은 사람을 보아도 하나의 이미지로서 강 건너 불구경 하듯이 이해할 뿐, 직접적으로는 관계없는 일로 받아들이곤 합니다. 어쩌면 이것이 지극히 당연한 일인지도 모르겠어요.

그러나 살아 있는 지금의 우리에게 늙음, 병듦 그리고 죽음은 결코 먼 세상 이야기가 아닙니다. 그래서 '생을 인연으로 해서 늙음과 죽음이 있다', '태어남이 있을 때 죽음이 있다'고 하는 연기의 입장이 강조되는 것입니다.

생과 사는 단풍잎의 양면

료칸(良寬, 1758~1831: 일본 에도시대 후기의 선승)의 시에, "뒤를 보였다 앞을 보였다 하며 나부끼는 단풍잎"이라는 구절이 있습니다. 단풍잎은 바로 떨어지지 않고 바람에 흩날리고 뒤집히며 앞뒤를 보이면서 떨어지지요. 그 모습을 읊은 시구인데, '삶'과 '죽음'은 바로 단풍잎의 앞면과 뒷면의 관계 같은 것입니다.

우리는 자칫 '삶'과 '죽음'을 서로 대립하는 것으로, 대조적인 것으로 이해하기 쉽습니다. 그러나 한치 앞도 못 본다는 말처럼, 갑자기 무슨 일이 닥칠지 아무도 모르지요. 그래서 현실 속에서 '죽음'을 강 건너 일로 나 몰라라 하지 않고, 항상 '삶' 속에서 '죽음'을 의식하며 살아가야 하지 않을까요?

이처럼 저는 제 자신에게 물으면서 해를 거듭하며 '늙음'과 '죽음'을 받아들이는 날들을 보내고 있습니다. 그러면서 문득 제 자신에게 이렇게 묻고 싶어집니다. 도대체 늙음이란 무엇이고, 죽음이란 무엇일까? 그리고 왜 인간은 늙음과 죽음을 문제시할까?

사람은 분명 나이를 먹을수록 육체적, 물리적으로 늙는다는 느낌을 지울 수 없는데, 늙는다는 것은 자기 자신이 결정할 문제이지 타인이 결정할 문제는 아닙니다. 육체적으로 늙는다는 것은 부정할 수 없지만, 정신적으로 젊음을 유지하는 것은 각자의 내적인 문제이니까요. 그 정신적인 에너지의 불이 꺼지지 않는 한, 사람은 정신적인 젊음을 유지할 수 있는 겁니다. 자신의 늙음은 자기 스스로 결정한다고 말씀드린 것은 그런 의미입니다. '늙음'은 늙음을 의식했을 때 시작되는 것입니다.

한편으로는 '죽음'에 대해서도 똑같이 말할 수 있겠지요. 부모·형제·자매, 그리고 절친한 사람의 죽음을 목격하면, 누구라도 자기 역시 죽음의 연못에 발을 담그고 있음을 의식하게 됩니다. 반대로, 죽음을 받아들이는 마음과는 달리 사람은 때로 '죽음'을 망각한 채 '삶'의 쾌락을 추구하기도 하고요. 또 그러다가도 문득 덧없음을 느끼면서 살아가는 것의 의미를 찾아 삶에 충실하며 보람을 추구하는 것도 인간입니다. 그래도 '죽음'은 항상 우리의 등뒤에서 쫓아오고 있음을 알고 받아들이는 자세야말로 중요하지 않을까요?

독자 여러분 중에는 인도를 여행해 본 분도 많으리라 생각합니다. 그리고 저 힌두교의 성지 베나레스(붓다 시대의 바라나시. 카쉬국 수도)에 직접 다녀오신 분도 계실 겁니다.

제가 베나레스에 처음 간 것은 1961년 8월이었습니다. 당시 저는 오스트리아 빈대학에 부임차 가던 길에 인도를 여행했는데, 베나레스에 첫발을 내디딘 순간 인도 특유의 냄새에 압도되었던 기억이 아직도 생생하군요. 그리고 갠지스강의 강변에서 시체를 화장하는 모습을 직접 목격한 인상은 너무나 강렬해서 역시 아직도 눈에 선합니다.

그 후로 저는 인도를 몇 번인가 더 갔었는데, 그때마다 시체를 나르는 사람, 화장하는 사람, 그리고 그 갠지스강에서 목욕하는 사람의 모습들을 보았지요. 갠지스강에서 탄생을 축복하고, 인생의 마지막을 갠지스강에서 맞이하는 힌두교의 풍습은 정말이지 이방인들에게는 신기하면서도 이해할 수 없는 광경으로 비칠 뿐만 아니라, 이 나라에서는 '삶'과 '죽음'이 영원 속의 한 점으로 여겨지는구나 하는 인상을 받았습니다. 목욕을 하는 사람, 탄생을 축복하는 사람, 몸을 깨끗이 하는 사람, 시체를 화장하는 사람, 유체가 한 줄기 연기가 되어 하늘로 올라가는 사람 등등, '삶'과 '죽음'이 혼연일체가 되어 아무런 저항도 없이 같은 풍경 속에 그려지고 있음을 실감했습니다.

흔히 듣는 말이지만, 모든 종교는 '죽음이라는 현상을 통로로 해서 자각한 인간의 문화'이고, '죽음을 매개로 인간의 삶을 묻는 것'이라고 합니다. 그렇다면, 모든 종교는 죽음을 응시함으로써 삶의 의의를 묻는다는 점에서 같은 지평을 지니고 있다 하겠습니다.

그럼, 불교는 이 명제에 대해 어떻게 응답하고 있을까요? 다음은 붓다의 생사관(生死觀)에 대해 말씀드리겠습니다.

붓다의 생사관

고따마 붓다는 죽음에 임박해서 제자들과 임종의 땅에 모인 각지의 재가자들에게 최후의 가르침을 보이셨다(「대반열반경」)고 전하고 있습니다. 그 가르침의 근본은 '유위법(有爲法)은 영원하지 않다', 즉 인연에 의해 임시로 화합한 것은 모두 사라질 수밖에 없는 존재라는 가르침입니다. 그렇기 때문에 제행무상(諸行無常)과 애별리고(愛別離苦)는 세상의 법칙이기에 나와의 헤어짐을 슬퍼해서는 안 된다고 가르치고 있는 것이지요. 이 가르침의 근저에는 원시불교의 기본 입장인 '연기', '무상', '무아'라는 가르침이 있습니다. 그런 의미에서도 석존이 어떻게 '삶'을 보고, '죽음'을 보았는지를 읽을 수 있겠지요.

불교를 꿰뚫는 생사관의 기초가 되는 것은 고따마 붓다의 가르침 속에 잘 나타나 있습니다. 그 중심이 되는 것은 지금껏 말씀드렸듯이, '생기(生起)한 것은 그 어떤 것이라도 모두 소멸한다'는 것입니다. 즉, 인간존재로서의 '생'은 본래 인연화합[五蘊假和合]으로 이루어진 것이라서 그 인연이 다하면 소멸하는 것이 당연하다는 겁니다. 따라서 '삶' 과 '죽음' 은 서로 대립하는 것처럼 보여도, 본래는 '삶이 있을 때 죽음이 있다' 고 하는 연기의 법칙을 벗어나 있는 것은 아니지요. 그런데도 불구하고 사람은 왜 '죽음' 에 구애받고, '죽음' 을 기피하고 혐오하는 것일까 하는 명제에 직면하게 되는데, 그때 석존의 생사관이 전개됩니다.

앞에서도 다루었지만, 석존이 만년에 이르러 제자들에게 말씀하신 젊은 날의 고백이 있습니다. 즉, 피할 수 없는 늙음·병듦·죽음에 대해, 노인을 보고서는 젊음이라는 교만, 병자를 보고서는 건강이라는 교만, 죽은 자를 보고서는 살아 있다는 교만이라는 세 가지의 교만을 가졌음을 스스로 비판한 것이지요.

이 체험을 기반으로, 자신의 존재방식을 통찰하고 그 느낌을 있는 그대로 말한 것이 바로 『숫타니파타』이고, 『담마빠다』(法句)라는 성전입니다. 그리고 붓다의 가르침에 따라 수행의 길을 걷는 불제자들의 고백을 전한 것이 『테라가타』(장로게)이고, 『테리가타』(장로니게)입니다. 이제, 이들 성전에 나타난 삶과 죽음에 관계된 게송을 열거해 보겠습니다.

    태어난 것들은 죽음을 면할 수 없다. 결국 늙음에 이르러 죽고 만다. 참으로 살아 있는 자의 운명은 이러하다. (『숫타니파타』 제575게송)

    젊은이도 장년도, 어리석은 사람도 현명한 사람도, 모두 죽음에 굴복하고 만다. 모든 사람은 반드시 죽음에 이르게 된다. (『숫타니파타』 제578게송)

죽음과 병듦과 늙음, 이 셋은 마치 불꽃처럼 쫓아온다. 이것에 저항할 힘은 없다. 이것으로부터 도망칠 수 있는 빠름은 없다. (『테라가타』 제450게송)

이 육체는 물병과 같이 부서지기 쉬운 것임을 알아서, 이 마음을 성곽처럼 [견고하게] 세워서, 지혜의 무기를 가지고, 악마와 싸워라. 승리해 얻은 것을 지켜라. ― 그러나 그것에 집착하지는 말라. (『담마빠다』 제40게송)

이처럼 세상 사람들은 죽음과 늙음에 파괴된다. 그렇기에 현명한 사람은 세상의 이치를 알아서 슬퍼하지 않는다. (『숫타니파타』 제581게송)

이들 게송에서 붓다와 그 제자들은 어떻게 삶과 죽음을 응시했고, 또 불도를 걷는 마음의 준비를 확고히 했는지를 엿볼 수 있습니다. 그 기본적 자세로 강조되고 있는 것이 바로 피할 수 없는 늙음·병듦·죽음에 대해서 자신만이 그 예외였으면 하는 착각을 버리는 것입니다. 그렇기에

사람이 '이것은 내 것이다'라고 생각하는 물건 ― 그것은 (그 사람의) 죽음으로 잃게 된다. 나를 따르는 사람은 [출가자이건 재가자이건] 현명하게 이 이치를 알아서, 내 것이라고 하는 관념에 굴복하지 말아야 한다. (『숫타니파타』 제806게송)

고 아집을 경계한 것이지요.

고따마 붓다의 말씀에 "나에게 법을 보는 눈이 생겼다", "법이 뚜렷해졌다"라는 대목이 있습니다. 사물의 참된 모습을 볼 수 있는 눈을 갖추었다는 것, 그리고 대상의 있는 그대로의 모습을 볼 수 있었다는 것이지요. 그래서 입멸 때 "법을 의지처로 삼고, 법을 섬으로 삼아라"고 제자들에게 당부하신 것이고요.

이처럼 붓다가 지닌 생사관의 원점은 이미 언급했듯이 죽음을 삶과 대립하는 것으로 보지 않고, 어디까지나 '삶이 있을 때 죽음이 있다'는 입장입니다. '생사일여'와 같은 술어의 의미가 바로 그것이지요.

붓다 시대의 수행자는 나무 아래나 한적한 수풀 속의 고요한 곳[閑林靜處]을 택하여 사람과 마을을 떠난 장소에서 수행하는 것이 일반적인 경향이었답니다. 그런데 붓다는 제자들에게 묘지나 시체 버리는 곳[寒林]을 수행 장소로 추천하고 있습니다.

> [시체를 버리는] 한림(= sītavana)으로 떠난 수행자는 홀로 가서 만족하고, 마음을 안정시키는 승리자이고, 몸의 털이 곤두섬도 없이, 신체에 대해서 생각을 한결같이 집중하는 강인한 사람이다. (『테라가타』 제6게송)

> 수행자는 세상을 싫어하고, 사람이 없는 앉을 곳이나 나무 밑이나 묘지 혹은 산중의 동굴 속에 있네. (『숫타니파타』 제958게송)

이들 게송에서는 '죽음'을 응시하면서 수행을 통해 '생'을 묻고, '생'의 내용을 확인해 가면서 한순간이라도 나태하지 않는 수행자의 엄격한 자세가 느껴지는 듯합니다.

내 몸의 부정한 모습을 관찰해서 죽음을 혐오하지 않으며, 죽음의 현실에서 눈을 돌리지 않고 수행한다는 것은 자신이 죽음과 연결되어 있음을 자각하는 것입니다. 붓다는 그 자각을 통해서 하루하루의 삶을 충실한 자세로 살고 있는지를 묻고 있었던 것이지요.

열반이란 영원한 평온

사람은 누구나 어떤 생활환경에 있든 평온을 추구합니다. 자기 자신은 물론 가족이나 주변의 모든 사람들이 평온한 생활을 하길 바라지요. 그럼, 도대체 평온이란 무엇일까요? 사회적 지위라든가 명예라든가 재물로 만족하는 것이 평온일까요? 만약 그것으로 평온을 얻을 수 있다면, 어째서 붓다는 사문 고따마로서 출가생활을 선택한 것일까요?

제8장에서도 말씀드렸지만, 붓다는 "이 재가의 생활은 옹색하고 괴롭고, 티끌이 쌓이는 곳"(『숫타니파타』 제406게송)이고, "모든 욕망에는 재난이 있음을 보고, 또 벗어남이야말로 안온이다"(같은 책, 제424게송)라고 말하고 있습니다.

확실히 이 재가의 생활은 번잡하고 장애가 많은 세계이며 욕망이 소용돌이치는 곳입니다. 설령 명예나 재산, 권력이나 지위가 인간의 소망이라고 해도, 그것을 이루는 과정에는 본의 아니게 다른 사람의 마음을 다치게 할 수도 있어요. 그래서 그것을 바라는 바대로 이루었다고 해도, 그것으로 영원한 평온을 얻을 수 있을까요?

반면에, 세상에는 부귀나 명예, 권세와는 무관하게 마음이 평온한 사람이 많습니다. 그럼, 과연 평온이란 무엇일까요?

> 많은 신들과 인간들은 행복(maṅgala)을 소망하고 생각합니다. 최상의 행복을 설해 주소서. (『숫타니파타』 제258게송)

이에 대해서는 다음과 같이 설합니다.

> 세속의 일(= 이득, 불이득. 명예, 불명예. 칭찬, 비난. 즐거움, 괴로움의 여덟 가지 세속법)에 부딪혀도 그 사람의 마음이 흔들리지 않고, 근심 없이, 티끌을 털고, 안온(= khema)한 것, 이것이 더없는 행복이다. (『숫타니파타』 제268게송)

여기에서 『숫타니파타』는 재가생활을 영위하는 우리에게 한 가지 방향을 제시하고 있다 하겠습니다. 그럼, 재가생활을 떠나 출가자의 길을 걸었던 석존에게 영원한 평온이란 어떤 것이었을까요?

다시 말씀드릴 필요는 없겠지만, 출가자가 구하는 경지는 열반의 경지입니다. 출가 후의 석존은 당시의 선정가들이 목표로 삼은 '무소유처천'(無所有處天: 아무것도 소유하지 않는다는 경지를 목표로 함)과 '비상비비상처천'(非想非非想處天: 생각하는 것도 아니고 생각하지 않는 것도 아닌 경지를 목표로 함)을 수행했으나, 그 경지를 비판하고 버렸습니다.

그 이유는 그 경지가 "탐욕을 벗어나, 마음의 적정과 참된 지혜를 얻기 위해서도, 깨달음에도 열반을 위해서도 도움이 되지 않았기 때문"*이라고 회상하고 있지요. 그리고 "나는 모진 고행을 했는데도 성자의 지견을 얻을 수 없었다. 깨달음을 위한 길은 반드시 따로 있음에 틀림없다고 생각했다"**고 극단적인 고행생활을 비판합니다. 또한 당시 사람들의 소망이었던 범천에 태어남(brahma-sahavyatā)***이라는 이상향도 "탐욕을 떠남, 적정, 정각, 열반에 도움이 되지 않는다"****고 술회하듯이, 어쨌든 붓다의 출가 목표는 '정각', '열반'의 경지였음을 알 수 있습니다.

열반을 죽음이라고 한 배경

도대체 '열반'이란 어떤 경지일까요? 우리는 일상생활에서 '열반에 든다'라는 말을 죽음을 맞이한다는 의미로 받아들이기 쉽습니다. 즉, 열반은 곧 죽음이라고 생각하는 것이죠. 원래 붓다의 입멸을 전하는 경전으로 「대반열반경」(『장부』 제16경)이 있고, 또 사찰에서는 2월 15일을 부처님 열반일이라고 해서 '열반회'라는 행

---

* *MN* I, pp. 165-166. 「남전」 제9권, 296-299쪽.
** *MN* I, p. 246. 「남전」 제9권, 430쪽.
*** sahavyatā는 함께 삶, 혹은 함께 머무름을 의미하는데, 한역으로는 공주(共住)라고 한다. 저자도 범천과의 공주라고 했는데, 번역에서는 범천에 태어남이라고 의역했다. — 옮긴이
**** *DN* II, p. 251. 「남전」 제7권, 28쪽.

사를 갖습니다. 그래서 열반을 죽음으로 받아들이는 이유는 분명히 있다고 하겠습니다.

그러나 만약 열반 = 죽음이라는 식으로 열반의 경지를 이해해버리면, 붓다는 '죽음'을 궁극의 목표로 삼아 설법한 셈이 됩니다. 모진 고행도 일부의 선정가들의 수행도, '열반에 도움이 되지 않았다'고 하는 자각은 무의미한 것이 되고 마는 것입니다. 만약 열반은 곧 죽음이라고 한다면, 불교는 '죽음'을 설하는 종교가 됩니다. 그런 면에서 우리는 열반이라는 말을 바르게 이해해야겠지요.

사리불이여! 열반, 열반이라고 하는데, 벗이여! 열반이란 도대체 무엇입니까?

탐욕의 소멸, 성냄의 소멸, 어리석음의 소멸, 이것을 열반이라고 합니다.*

라고 하듯이, 열반이란 번뇌의 불을 불어서 끈다는(nibbāti) 것이 본래 의미입니다. 이 열반의 경지란 번뇌의 불을 진정시킨 것, 끈 상태를 말하지요. 그 동의어로서 '불사(不死)', '감로(甘露)', '안온(安穩)', '적정(寂靜)', '길상(吉祥)', '애진(愛盡)', '무뇌해(無惱害)', '피안(彼岸)', '섬[洲]', '이탐(離貪)', '청정(淸淨)', '무집착(無執着)', '해탈(解脫)' 등이 원시불전에서 볼 수 있는 말들입니다. 따라서 붓다의 입장은 이 현재의 세상에서 열반에 도달한다고 하는

---

* *SN* IV, p. 25. 「남전」 제15권, 38쪽.

'현법열반(現法涅槃)'입니다. 즉, 살아 있는 이 현세에서 번뇌의 불을 끈 경지에 도달하는 것이지, 결코 사후에 도달하는 경지를 목표로 한 것이 아니지요. 그러나 과연 이 현실세계를 살아가면서 '현법열반'이라는 경지를 얻을 수 있을까요? 인간은 살아 있는 한 욕망의 숲에서 벗어날 수 없습니다. "[번뇌의] 숲과 그 잡풀을 잘라서, 숲(=번뇌)에서 벗어난 자가 되어라. 수행자들이여!"(『담마빠다』제283게송)라고 가르치고 있지만, 살아 있는 한 몸의 병이나 고통, 마음의 더러움과 만나지 않을 수 없습니다.

그래서 존재의 요소가 되는 육체를 지니면서 열반한다고 하는 '유여의열반(有餘依涅槃)'과 육체라고 하는 의지처가 없어진, 즉 죽음을 맞이하는 '무여의열반(無餘依涅槃)'이라는 두 가지 열반을 생각해 낸 것입니다. 열반을 죽음이라고 해석한 배경이 바로 여기에 있었던 것이지요.

이 때문에 후대의 불교술어로 '생사즉열반(生死卽涅槃)', '생사상도(生死常道)', '번뇌즉보리(煩惱卽菩提)'라는 말이 생겨나게 됩니다.

> 나에게 죽음의 공포는 없네. 또 삶에 대한 애착도 없네. 확실하게 알고 안정되어 있네. 나는 몸을 버릴 것이라네. (『테라가타』제20게송)

라고 그 심경을 말하고 있는데, 이는 우리에게 생사에 관한 하나의 좋은 본보기를 보여주고 있다고 하겠습니다.

제10장 불교의 근본을 바라보며

삼법인

불교는 무엇을 설하는 종교일까 하는 물음에 대해서는 세 가지의 '법인'(法印: 법·진리의 도장)을 주장하는 견해가 예전부터 정착되어 있습니다. 그 세 가지란 ①인연에 의해 만들어진 것은 모두 무상하다는 법인(제행무상), ②현상계의 모든 사물(제법)에는 영원불변한 실체란 없다는 법인(제법무아), ③모든 미혹이 사라진 깨달음의 경지는 고요하고 평온한 세계라는 법인(열반적정)입니다. 이 세 가지에다 모든 형성된 것은 고(苦)라는 '일체개고'를 덧붙여 '사법인'이라고 일컫는 경우도 있지요.

그런데 이 '삼법인'이 불교경전에 처음 등장한 것은 『잡아함경』 권10*인데, 이 한역경전에 해당하는 빠알리 경전**에는 제행무상과 제법무아 두 가지만 나옵니다. 그러나 원시불전의 고층자료 중 하나인 『담마빠다』(法句)와 『테라가타』(長老偈)를 보면

---

* 「대정장」 제2권, 66쪽.
** *SN* II, 제90경; *SN* III, p.132.

'모든 형성된 것은 무상하다'(제행무상)고 분명한 지혜를 갖고 관할 때에, 사람은 고통에서 멀리 떠나간다. 이것이야말로 사람이 깨끗해지는 길이다. (『담마빠다』 제277게송; 『테라가타』 제676게송)

'모든 형성된 것은 고통이다'(일체개고)라고 분명한 지혜를 갖고 관할 때에, 사람은 고통에서 멀리 떠나간다. 이것이야말로 사람이 깨끗해지는 길이다. (『담마빠다』 제278게송; 『테라가타』 제677게송)

'모든 사물에는 자아라고 할 만한 것이 없다'(제법비아 = 제법무아)고 분명한 지혜를 갖고 관할 때에, 사람은 고통에서 멀리 떠나간다. 이것이야말로 사람이 깨끗해지는 길이다. (『담마빠다』 제279게송; 『테라가타』 제678게송)

라고 무상·고·무아 세 가지를 한 쌍으로 묶어 말하고 있습니다. 더욱이 이 세 가지를 지혜를 갖고 관할 때 고통에서 벗어난다고 하는 청정의 길을 보여주고 있지요.

이 게송들의 발상은 원시불교성전에 정형화된 형식으로 전하고 있습니다.

색 [수·상·행·식](= 五蘊)은 무상하다. 그리고 무상한 것은 고(苦)이다. 고인 것은 무아이다. 무아인 것은, 그것은 내 것이 아니고, 이것은 내가 아니고, 나의 자아가 아니다, 라고 이렇게 이것을 있는 그대로 바른 지혜로 보아야 한다.*

이 무상·고·무아라는 이해방식이 말하자면 '제행무상', '일체개고', '제법무아'라는 불교의 법인으로서 정착한 것입니다. 그러나 우리는 본능적으로 변하지 않는 것을 구하고, 고통보다는 즐거움을 원합니다. 특히, 나의 몸이 언제까지나 계속 살아 있기를 원하지만, 결국은 그런 소망이 헛된 것임을 깨닫게 되지요. 불교의 삼법인 혹은 사법인은 사람의 이같은 욕망을 지혜의 칼, 금강석으로 부수어 진리로서 보여준 것입니다.

그런데 일본의 문화토양에서는 무상관을 불교를 대표하는 사상으로 받아들이는 경향이 강한 듯한데, 그 배경에는 스러져 가는 비애, 덧없음이라는 독자적인 의식구조가 작용하고 있었다고 봅니다.

또 하나는 '무상게(無常偈)'로서 사찰에서 불리는 "제행무상(諸行無常). 시생멸법(是生滅法). 생멸멸이(生滅滅已). 적멸위락(寂滅爲樂)"이라는 구절이 그 배경에 있다고 생각됩니다. 이 '무상게'는 이른바 '설산게(雪山偈)'라고도 하는 것으로, 석존이 입멸하심과 동시에 제석천＝인드라신이 읊은 게송입니다.

제행은 참으로 무상하네.
생멸을 성질로 하는 것이네.
생겨서는 멸해버리네.
그것들의 적멸이 바로 안락이어라.**

---

* SN III, pp. 22-23. 「남전」 제14권, 33-34쪽.
** SN I, p. 158. 「남전」 제12권, 268쪽; DN II, p. 157. 「남전」 제7권, 146쪽.

과연 불교의 무상관은 그러한 비애, 덧없음을 말하는 것이 본래 의미였을까요? 이러한 질문을 포함해서, 『숫타니파타』에서는 어떻게 말하고 있는지 살펴보겠습니다.

네 가지 고귀한 진리

원시불교의 사상을 특징짓는 것으로서 학계에서는 대체로 '사성제', '팔정도(성팔지도)', '십이인연'을 듭니다. 그리고 이 『숫타니파타』는 그 본래의 모습을 우리에게 보여주지요.

『숫타니파타』 제3장 제12경 「두 가지 관찰의 경」은 우리에게 원시불교의 기본적 자세와 인간이 처신해야 할 방향을 제시하고 있는 경입니다. 이 경은 '여시아문'이라는 산문형식으로 된 17경(제2장 참조) 가운데 하나입니다. 그 서문에, 깨달음으로 이끄는 진리를 수행승들이 듣는 것은 "두 가지 진리를 있는 그대로 알기 위해서이다"라고 이 경의 취지를 설명하고, 그 두 가지란 무엇인가에 대해서 "이것은 고통이다. 이것은 고통의 원인이다"라는 하나의 관찰[법]과, "이것은 고통의 소멸이다. 이것은 고통의 소멸에 이르는 길이다"라는 또 하나의 관찰[법]을 말하고 있습니다. 그에 이어서 다음과 같은 가르침이 설해지고 있습니다.

고통을 알지 못하고, 또 고통이 일어나는 것을 알지 못하고, 또 고통이 남김없이 사라진 것도, 또 고통의 소멸에 이르는 길도 알지 못하는 사람들 (『숫타니파타』 제724게송)

그들은 마음의 해탈이 없고, 또 지혜의 해탈이 없다. 그들은 (윤회를) 끝낼 수 없다. 그들은 참으로 나고 늙음을 받는다. (『숫타니파타』 제725게송)

그러나 고통을 알고, 또 고통이 일어나는 것을 알고, 또 고통이 남김 없이 멸하는 것을 알고, 또 고통의 소멸에 이르는 길을 아는 사람들 (『숫타니파타』 제726게송)

그들은 마음의 해탈을 구현하고, 또 지혜의 해탈을 구현한다. 그들은 (윤회를) 끝낼 수 있다. 그들은 나고 늙음을 받지 않는다. (『숫타니파타』 제727게송)

유명한 '사성제(사제)'(고제·집제·멸제·도제)의 원초적 내용이 되는 것입니다. 원시불전의 공통된 해석을 구체적으로 말씀드리면, 미혹한 생존은 고[四苦八苦]라고 하는 진리[苦諦], 욕망[渴愛]과 무지[無明]가 고를 일으킨다는 진리[苦集諦], 욕망과 무지가 소멸된 상태가 고통이 멸한 경지(열반)라는 진리[苦滅諦], 이 고의 소멸에 이르는 것은 바른 실천방법[八正道]에 의한다는 진리[苦滅道諦]입니다.

이 사성제와 도제의 내용인 '팔정도'의 가르침은 붓다가 성도 후에 처음으로 다섯 비구에게 설한 '초전법륜'의 내용입니다. 그 내용은 빠알리 성전*에 자세히 기술되어 있고, 두 단계로 나뉘어 전승

---

* SN 56, 제11~12경 「여래소설(如來所說)」, 「남전」 제16권 하, 339쪽. 빠알리 원문으로는 Tathāgatena vuttā이다. Tathāgata는 여래라는 뜻이고, vuttā는 vuccati(말하

되고 있지요. 우선, 제1단계는 범부의 눈을 열어 지혜를 생기게 하여, 영원한 평온과 바른 깨달음으로 이끄는 것은 고행주의와 욕락에 젖은 쾌락주의의 두 극단[二邊]을 떠난 '중도(中道)'라고 하는 팔정도임을 보이는 것입니다. 제2단계에서는 ①고의 내용, ②고가 일어나는 이유, ③고를 소멸하는 것, ④고를 소멸하는 방법으로서의 팔정도라고 하는 바로 사성제의 내용을 구체적으로 제시하는 것입니다. ①과 ②는 미혹한 상태와 그 원인을, ③과 ④는 깨달음의 상태와 거기에 이르는 방법을 제시한 것으로, 이것으로 미혹과 깨달음의 두 측면이 모두 설해진 것이지요. 그럼, 진리의 내용을 이 경전을 통해 좀 더 구체적으로 알아보겠습니다.

(1) 고(苦)라는 진리. 태어나고, 늙고, 병들고, 죽는 것, 쓸쓸함, 슬픔, 고통, 근심, 번민하는 것도 고이다. 미워하는 사람과 만나는 것도 고통[怨憎會苦], 사랑하는 사람과 헤어진 것도 고통[愛別離苦], 구하는 것을 얻지 못하는 것도 고통[求不得苦]이다. 종합해서 말하면, 이 인생의 면면 모두가 고통[五陰盛苦]이다.

(2) 고가 일어나는 원인이라는 진리. 미혹한 존재를 일으켜 기쁨과 욕심을 동반하고 이르는 곳마다 집착하는 애욕(갈애)이 고를 일으키는 원인이다. 이것은 정욕적인 욕망과 존재에 대한 애욕[有愛], 그리고 존재의 소멸에 대한 애욕[非有愛]이다.

다)의 과거수동분사 형태이다. 따라서, 직역하면 '여래에 의해 말씀된 것'이라는 의미가 된다. 이것을 한자의 의미를 살려 지은이는 「여래소설」이라 했는데, 아래 본문에서는 「여래의 말씀」으로 번역했다. ― 옮긴이

(3) 고를 없애기 위한 진리. 갈애를 남김없이 없애버려 더 이상 집착할 것이 없도록 하는 것이다.

(4) 고를 완전히 없앤 상태에 이르는 방법으로서의 진리. '정견'(正見, 바른 견해), '정사'(正思, 바른 사유), '정어'(正語, 바른 말), '정업'(正業, 바른 행위), '정명'(正命, 바른 생활), '정정진'(正精進, 바른 노력), '정념'(正念, 바른 마음의 안정), '정정'(正定, 바른 정신통일)이다.

이것이 이 경전의 내용입니다.*

그런데 이 경전은 또 한 가지 중요한 사실을 전하고 있기에 그것도 소개하겠습니다. 즉, 사성제 각각에 대해 '고성제(苦聖諦)'는 아는 것이고, '고집성제(苦集聖諦)'는 끊어버리는 것이며, '고멸성제(苦滅聖諦)'는 실제로 증득하는 것이고, '고멸도성제(苦滅道聖諦)'는 실천하는 것이라는 내용입니다. 다시 말해서 지(知)·단(斷)·증(證)·수(修)라는 인식에서 실천으로의 방향성을 제시하고 있는 것입니다. 그리고 네 가지의 진리에 대해

(1) 우선, 고제·집제·멸제·도제란 이러한 것이다 하는 바른 인식,

(2) 사성제는 충분히 알려져야 할 것, 끊어져야 할 것, 증득되어야 할 것, 실천되어야 할 것이라는 작증(作證)의 확인,

(3) 사성제는 충분히 알려졌고, 끊어졌고, 증득되었고, 수행되었다고 하는 실천의 체험

---

* *SN* V, pp.421-422. 「남전」 제16권 하, 339쪽.

을 필요로 한다는 것입니다.* 이것을 사성제의 '삼전십이행상'(三轉十二行相, 네 가지 진리에 대해 각각 인식, 확증, 체험의 세 가지가 쌍을 이룬다)이라고 합니다.

이「여래의 말씀」**에서는 세존의 가르침을 들은 다섯 명의 수행승들이 기뻐하며 그 가르침을 받아 지녔다고 전하고 있습니다.

『법구경』에

> 깨달은 자(=부처)와 진리(=법)와 성자의 모임(=승)에 귀의하는 사람은 바른 지혜를 가지고, 네 가지 존귀한 진리를 본다. 즉 ①고통과 ②고통의 구성과 ③고통의 극복과 ④고통의 소멸에 이르는 여덟 가지의 존귀한 방법[八正道]을 [본다]. (『담마빠다』 제190~191게송)

> 이것은 안온한 의지처(khema-saraṇa)이다. 이것은 최상의 의지처이다. 이 의지처에 기대어서 모든 고뇌로부터 벗어난다. (『담마빠다』 제192게송)

라고 우리에게 고통으로부터의 탈출과 평온한 의지처를 제시하고 있는 것입니다.

이렇게 보면, 무상이라는 불교의 사고방식은 무상·고·무아와 연관된 사상으로, ①우리들이 무상한 존재에 대해 상주불변의 어떤

---

* *SN* V, pp.422-423. 「남전」 제16권 하, 341-342쪽.
** 한역. 「전법륜(轉法輪)」(「대정장」 제2권, 103쪽 하); 「전법륜경」(「대정장」 제2권, 503쪽.)

것을 구하는 데에 잘못이 있음을 지적하는 것이고, ②그야말로 무상이기 때문에 지금 이 순간과 오늘을 충실하게 보내려는 적극성과 전환의 가능성을 시사하고 있음을 알아야 합니다.

원시불교 사상을 대표하는 연기설 – 십이지와 십지

원시불교의 사상을 대표하는 또 하나의 가르침으로서 '연기(緣起)'라는 것이 있음은 다들 잘 아실 겁니다. 또한 '십이연기(十二緣起, 十二支緣起)'라는 말도 자주 들어보셨을 겁니다. 원시불전에는 이 십이지연기 외에 '십지연기', '구지연기', '팔지연기', '오지연기' 등 여러 가지의 연기계열이 보이는데, 그 중에서 구지, 팔지, 오지는 모두 12지분(支分)의 어느 한 지분에서 시작하는 것입니다. 따라서 지분이 가장 잘 정돈된 '십이지연기'와 문헌자료로서 중요성이 있는 '십지연기'가 연기설을 대표하는 것으로 생각해도 좋겠지요. 이것을 바탕으로, 『숫타니파타』 제3장 제12경 「두 가지 관찰의 경」에서는 연기설을 어떻게 말하고 있는지 살펴보겠습니다.

그에 앞서, '십이지연기'에 대해 가장 정돈이 잘된 형태로 전승되는 한 예문을 소개하겠습니다. 바로 성도 직후 붓다가 깨달은 내용을 서술한 것이지요.

십이지연기 = 십이인연

그때 불·세존께서는 네란자라[尼蓮禪] 강변의 보리수 아래에서 깨달음을 열고, 우루벨라 마을에 머물고 계셨다.

세존은 보리수 아래에서 7일간, 결가부좌한 자세로 해탈의 즐거움을 만끽하면서 앉아 계셨다. 그리고 초야에, 깨달은 연기의 진리를 순관(順觀)과 역관(逆觀)으로 관찰하셨다. 즉,

①무명(無知)에 의해서 ②행(行: 인간의 행위를 형성하는 힘. 잠재적 형성력)이 있다. 이 행에 의해서 ③식(識: 식별작용·마음)이 있고, 식에 의해서 ④명색(名色: 명칭과 형태 = 대상)이 있다. 명색에 의해서 ⑤육처(六處: 六入이라고도 함. 마음과 대상을 연결하는 여섯 개의 감각기관으로서 안·이·비·설·신·의)가 있고, 육처에 의해서 ⑥촉(觸: 마음이 대상과 접촉하는 것)이 있다. 촉에 의해서 ⑦수(受: 감수작용)가 있고, 수에 의해서 ⑧애(愛: 갈애. 갈증과 같은 욕망, 망집)가 있다. 애에 의해서 ⑨취(取: 집착)가 있고, 취에 의해서 ⑩유(有: 존재)가 있으며, 존재에 의해서 ⑪생(출생, 태어나는 것)이 있고, 생에 의해서 ⑫노사(老死: 늙어 죽어가는 것), 근심, 슬픔, 고통, 번민이 일어난다(이상을 순관[順觀]·유전[流轉]의 연기라고 한다).

또, 무명을 남김없이 제거하면 행이 멸하고, 행이 멸하면 식이 멸하고, 식이 멸하면 명색의 소멸이 있다. 명색이 멸하면 육처의 멸이 있고, 육처가 멸하면 촉의 멸이 있다. 촉이 멸하면 수의 멸이 있고, 수가 멸하면 애의 멸이 있다. 애가 멸하면 취의 멸이 있고, 취가 멸하면 유의 멸이 있고, 유가 멸하면 생의 멸이 있고, 생이 멸하면 노사, 근심, 슬픔, 고통, 번민이 소멸한다(이것을 역관[逆觀]·환멸[還滅]의 연기라고 한다).

그때 세존은 이 의미를 가지고 다음의 감흥어를 읊으셨다.

참으로 열심히 선정을 닦은 수행자에게 모든 법이 분명히 드러날 때, 그의 의심은 모두 소멸해버리네. 모든 것에는 원인이 있음을 깨달았으므로, 라고.*

여기에서 '무명' 이라는 제1지로 인해서 '행' 이 있고, '태어남' 에 의해서 노사고가 있다는 제12지까지의 계열이 나타나 있습니다. 더욱이 그 12지는 각지의 관계성에서 나타나는 것이고요.

그런데 이 십이지연기를 간략히 하면, '무명에 의해서 노사고가 있고, 무명의 소멸에 의해서 노사고의 소멸이 있다' 가 됩니다. 다시 말하면, 우리들의 나고 늙고 죽는 고통은 무명에서 비롯된다는 것이지요. 그리고 주석서에는 이 무명을 앞 장에서 예로 든 '사성제에 대한 무지'**로 이해하고 있습니다. 그래서 네 가지 진리에 대한 무지를 원인으로 해서, 현실에서 나고, 늙고, 죽는 고통이 있다는 것이 십이연기의 기본 입장입니다.

그러면 연기의 의미는 무엇일까요? 원시불전에

연기를 보는 사람은 법을 본다. 법을 보는 사람은 연기를 본다.***

법을 보는 사람은 나(여래 – 옮긴이)를 본다. 나를 보는 사람은 법을 본다.****

---

* VIN I, pp.1-2. 「남전」 제3권, 1-2쪽.
** SN III, pp.162-163. Vin I, pp.135.
*** MN I, pp.190-191. 「남전」 제9권, 339쪽. 「대정장」 제1권, 476쪽.

라는 유명한 구절이 있습니다. 더욱이 이 연기(=연생법)는 '부처(=여래)가 출현하든 출현하지 하지 않든, 항상 존재하는 것' *입니다.

『상응부』 12, 제41경에

지혜를 통해서 성스러운 진리가 잘 보이고, 잘 알 수 있다는 것은 어떤 뜻인가?

거사여! 성스러운 제자는 연기를 잘 사유하고 있다. 이처럼 '이것이 있을 때 저것이 있고, 이것이 없을 때 저것이 없으며, 이것이 생기므로 저것이 생기고, 이것이 사라지므로 저것이 사라진다.' 즉, 무명을 원인으로 해서 행이 있고, 행을 원인으로 해서 식이 있는 것이다. [또, 태어남을 원인으로 해서 늙고 죽는 고통이 있는 것이다.] 이처럼, 모든 고통의 모임이 일어난다.

그러나 무명의 남김없는 이탐(離貪)과 소멸로부터 행의 소멸이 있다. 행의 소멸로부터 식의 소멸이 있다. [또, 태어남의 소멸로부터 늙고 죽는 고통의 소멸이 있다.] 이처럼 모든 고통의 모임의 소멸이 있다.**

여기에서 '이것'과 '저것'이란 상관성, 상호의존의 관계를 나타내고 있는 것입니다. 한역의 '此有故彼有'는 문자 그대로 '이것이

**** SN III, p.120. 「남전」 제14권, 190쪽.
* SN II, p.25. 「남전」 제13권, 37쪽. 「대정장」 제2권, 84쪽 중.
** SN II, p.70. 「남전」 제13권, 102-103쪽.

있기에 저것이 있다'고 읽을 수 있는데, 빠알리 성전의 원어로는 '이것이 있을 때 저것이 있고, 이것이 없을 때 저것이 없다'로, A가 있을 때 B가 있고, A가 없을 때 B는 없다는 형식이지요. 따라서 연기란 의존해서 발생하는 것을 말합니다. 이것을 '인연법(因緣法)'이라 일컫는 것은 사물에는 '인'(因, 직접원인)과 '연'(緣, 간접원인)이 있어서 존재한다는 의미입니다. 그래서 인과론과는 구별해야겠지요.

십지연기

그런데 연기법의 다른 하나인 '십지연기'는 십이지의 '무명'과 '행'을 제외한 '식'이하 '노사고'로 이어지는 계열입니다. 이 계열을 설한 경전***은 '십지연기'와 '사성제'를 같이 설하고 있고, 게다가 '팔정도'를 과거의 부처님이 걸은 옛 선인의 길로서 전하고 있다는 점에서 특징적인 문헌자료이지요. 그 내용은 제1단에서 십지연기의 순관과 역관을 설하고, 제2단에서 옛 선인의 길로서의 팔정도를 기술하고 있는데, 그럼 이 경의 개요를 말씀드리겠습니다.

이 경은 "내(세존)가 아직 깨달음을 얻지 못한 보살이었을 때, 늙음과 죽음의 고통으로부터 어떻게 하면 헤어날 수 있는지를 묻고, 나는 이렇게 생각했다"를 시작으로 제자들에게 다음과 같이 말하고 있습니다.

*** SN 12, 제65경 「성읍」. 「대정장」 제2권, 80-81쪽 상.

제1단

'무엇이 있을 때, 늙음과 죽음이 있고, 무엇에 의해서 늙음과 죽음이 있을까?' 라고.

나는 지혜로써 '태어남이 있을 때, 늙음과 죽음이 있고, 태어남에 의해서 늙음과 죽음이 있다' 는 것을 깨달았다. 그리고 차례로 유, 취, 애, 수, 촉, 육처, 명색을 생각했고, '무엇이 있을 때 명색이 있고, 무엇에 의해서 명색이 있을까' 를 생각했다. 그리고 지혜로써 '식이 있을 때 명색이 있고, 식에 의해서 명색이 있다' 는 것을 깨달았다.……

비구들이여! 거기에서 나는 이렇게 생각했다. '이 식은 여기에서 물러나서, 명색을 초월해서 진행하지 않는다.* 이러한 한에서 늙고, 태어나고, 쇠퇴하고, 죽고, 그리하여 재생한다. 즉, 이 명색에 의해서 식이 있고, 식에 의해서 명색이 있다. 또한 육처, 촉, [늙음과 죽음이 있다.] 이처럼 모든 고통의 모임이 일어나는 것이다.

그때 나는 이렇게 생각했다. '무엇이 없을 때, 늙고 죽음이 없고, 무엇이 멸함으로써 늙음과 죽음이 멸할까?' 라고. 나는 지혜로써 '태어남이 없을 때 늙음과 죽음이 없고, 태어남의 멸함에 의해서 늙음과 죽음의 멸함이 있다' 고 깨달았다. 또 '무엇이 없을 때 명색이 없고, 무엇의 멸함에 의해서 명색의 멸함이 있을까?' 라고. 나는 지혜로써 '식이 없을 때 명색이 없고, 명색의 멸함에 의해서 식의 멸함이 있다' 고 깨달았다. 또, 태어남의 멸함으로부터 늙음과 죽음의 멸함이 있다. 이것이 모든 고통의 모임의 소멸이다, 라고.……

---

*한역. 齊 ~ 識而還不 ~ 能 ~ 過 ~ 彼. 謂緣 ~ 識名色. 「대정장」 제2권, 80쪽 하.

제2단

비구들이여! 나(세존)는 또 그[古人]와 똑같이 과거의 정각자[過去佛]가 다다른 옛길을 발견했다. 이 옛길이란 바로 팔정도, 즉 바른 견해 또는 바른 정신통일이다. 나는 그 길을 따라 가면서, 늙음과 죽음의 [고통]을 알고, 늙음과 죽음의 [고통]의 일어남을 알고, 늙음과 죽음의 [고통]의 소멸을 알고, 늙음과 죽음의 [고통]의 소멸에 이르는 길을 알았다. 또, 식을 알고, 식의 일어남, 식의 멸함, 식의 멸함에 이르는 길을 알았다.**

이 경전은 석존이 과거의 부처님들이 걸은 옛길을 찾아가는 중에 발견한 것이 '사성제', '연기법'이라고 전하고 있습니다. 즉, 연기법은 발견한 것이지 만든 것이 아니라는 것이지요. 진리의 가르침은 시공을 초월한 보편적인 것이라는 말입니다. 그래서 '이 연기법은 여래가 출현하거나 출현하지 않거나에 상관없이 항상 존재하는 것이다'***라고 전하고 있는 것입니다. 그리고 이 십지연기는 이 외에 『장부』 제14경 「마하빠다나경」(한역 「대본경」)에도 보입니다. 특히, 후자는 과거칠불 가운데 비파시불[毘婆尸佛]의 경험을 전하고 있다는 점에서 자료적 가치가 있다고 하겠습니다.

이상, 원시불교 사상을 대표하는 '사성제'와 '십이지연기'에 대해서 말씀드렸습니다. 인간에게 무엇이 고통인가 하는 현실인식과 함께 그 고통의 원인은 무엇이고, 무엇에 의해 일어나며, 어떻게 하

** *SN* II, p.106. 「남전」 제13권, 150-155쪽.
*** *SN* II, p.25. 「대정장」 제2권, 84쪽.

면 소멸할 수 있는가 하는 고통의 발생과 소멸이 근간이 되고 있음을 독자 여러분도 이해하셨을 겁니다.

두 가지 관찰법의 실천

『숫타니파타』 제3장 제12경 「두 가지 관찰의 경」은 정해진 문구의 산문과 그와 연관된 운문(게송)을 병기한 체재를 갖추고 있고, 내용은 '고통'과 '고통의 소멸의 관찰'에 여러 항목을 제시하고 있는 경입니다. 거기에서 '사성제'와 '연기설'의 원형이 보이지만, 이른바 연기의 계열을 나열한 것은 아닙니다. 다만 고통의 원인으로서 여러 항목을 제시하고 있을 뿐이죠. 경전의 시게(詩偈)들은 다른 경전, 예를 들면 『상응부』나 『중지부』, 『소부』의 『이띠부따까』(如是語), 한역 「잡아함경」과 유사한 반면, 산문은 독자적인 것입니다. 그래서 산문에 대한 본 경의 시게는 고층의 자료라고 생각해도 좋겠지요. 아래에서 여러 항목들 가운데 특히 연기설과 관련 있는 것을 열거하고, 그 내용을 살펴보겠습니다.

우선, "사성제를 알지 못하는 사람은 마음의 해탈, 지혜의 해탈을 이룰 수 없다"(『숫타니파타』 제724~725게송), 그러나 "사성제를 아는 사람은 마음의 해탈을 구현하고, 지혜의 해탈을 구현한다"(같은 책, 제726~727게송)고 말하고, 그 이하에서는 고통이 발생하는 것은 무엇 때문인가 하는 제1의 관찰법과, 어떻게 하면 고통이 발생하지 않는가 하는 제2의 관찰법으로 여러 가지 항목을 열거하고 있습니다. 그럼, 두 종류의 관찰과 관련된 시게를 살펴보도록 하지요.

(1) ……"대개 고통이 생기는 것은 모두 (＝생존의) 토대(＝upadhi)*에 의지해서 일어나는 것이다"라는 것이 하나의 관찰[법]이다. "그러나 토대가 남김없이 떨어져 소멸해버리면 고통의 발생은 없다"고 하는 것이 둘째 관찰[법]이다.…… 『숫타니파타』 제728게송의 전문(前文).

(2) ……"어떤 고통이 생겨도 모두 무명에 의해서 일어나는 것이다"라는 것이 하나의 관찰[법]이다. "그러나 무명이 남김없이 떨어져 소멸해버리면 고통의 발생은 없다"고 하는 것이 둘째 관찰[법]이다.…… 같은 책, 제729~730게송의 전문.

(3) ……"대개 고통이 생기는 것은 모두 잠재적 형성력(＝행)에 의지해서 일어나는 것이다"라는 것이 하나의 관찰[법]이다. "그러나 잠재적 형성력이 남김없이 떨어져 소멸해버리면 고통의 발생은 없다"고 하는 것이 둘째 관찰[법]이다.…… 같은 책, 제731~733게송의 전문.

(4) ……"대개 고통이 생기는 것은 모두 식별작용[識]에 의지해서 일어나는 것이다"라는 것이 하나의 관찰[법]이다. "그러나 식별작용이 남김없이 떨어져 소멸해버리면 고통의 발생은 없다"고 하는 것이 둘째 관찰[법]이다.…… 같은 책, 제734~735게송의 전문.

(5) 고통이 생기는 것은 접촉(＝觸)에 기인한다(첫째 관찰). 접촉이 소멸하면 고통의 발생은 없다(둘째 관찰). 같은 책, 제736~

---

* 저자는 upadhi를 '소인(素因)'으로 번역하고 있다. 그 원뜻을 보면, '재생의 토대, 기초'의 의미가 강하다. 그래서 '토대'로 번역했다. ― 옮긴이

737게송의 전문 참조.

(6) 고통이 생기는 것은 감수(＝受)에 기인한다(첫째 관찰). 감수가 소멸하면 고통의 발생은 없다(둘째 관찰). 같은 책, 제738~739게송의 전문 참조.

(7) 고통이 생기는 것은 망집(愛執＝taṇhā)에 기인한다(첫째 관찰). 망집이 소멸하면 고통의 발생은 없다(둘째 관찰). 같은 책, 제740~741게송의 전문 참조.

(8) 고통이 생기는 것은 집착(＝取)에 기인한다(첫째 관찰). 집착이 소멸하면 고통의 발생은 없다(둘째 관찰). 같은 책, 제742~743게송의 전문 참조.

(9) 고통이 생기는 것은 동기(＝악착. ārambha)에 기인한다(첫째 관찰). 동기가 소멸하면 고통의 발생은 없다(둘째 관찰). 같은 책, 제744~746게송의 전문 참조.

(10) 고통이 생기는 것은 음식(＝āhāra)에 기인한다(첫째 관찰). 음식이 소멸하면 고통의 발생은 없다(둘째 관찰). 같은 책, 제747~749게송의 전문 참조.

(11) 고통이 생기는 것은 [망집의] 동요(＝iñjita)에 기인한다(첫째 관찰). 동요가 소멸하면 고통의 발생은 없다(둘째 관찰). 같은 책, 제750~751게송의 전문 참조.

여기에서 문제가 되는 관찰은 (1)의 'upadhi(생존의 토대)'라는 술어입니다. 한역에서는 '億波提'라고 음사되는데, '依著' 즉 존재의 기초라는 의미입니다. 『상응부』12, 제66경에

갈애(taṇhā)를 버린 자는 우빠디를 버리고, 우빠디를 버린 자는 고통을 버린다. 고통을 버린 자는 태어남·늙음과 죽음·근심·슬픔·고통·번민에서 해탈한다.*

라고 말하고 있습니다. 혹은 "우빠디는 고통의 근본임을 알아, 의지하지 않고, 우빠디를 멸함으로써 해탈한다"**고 말하지요. 그리고 "고통이 발생하는 근원을 본 사람은 재생의 토대(= 집착)를 만들지 않는다"(『숫타니파타』 제1051게송)고 말하고요. 주석***에서는 그 토대를 "갈애 등의 집착을 원인으로 해서"라고 설명하고 있어, 아래의 이해가 가능하리라 봅니다. 사람은 생존의 기반, 토대가 있어서 집착하고, 집착하기에 기뻐하거나 근심한다(『숫타니파타』 제33~34게송)는 것입니다. 따라서 우빠디는 집착의 근본인 것이지요. 결국 붓다는 "생존의 토대를 초월하고, 모든 번뇌의 더러움을 없앤"**** 스승으로서 제자들로부터 예배받는 것입니다.

두 극단을 떠난 중도 = 팔정도

지금껏 원시불교사상의 기본인 '사성제'와 '십이연기'에 대해서 살펴보았습니다. 앞서 사성제의 항목에서도 다루었듯이, 네 가지

---

* *SN* II, p.110. 「남전」 제13권, 161쪽.
** *MN* II, p.260.
*** *Pj* II, p.590.
**** *Sn*, 제546게송. *Thī*, 제840게송.

고귀한 진리는 알고, 끊고, 증득하고, 실천하는 것이 중요합니다. 특히, 사성제 중에서 고통을 소멸하는 방법으로 '팔정도'를 제시하고 있는데, 여기서 다시 한 번 그 실천도에 대해 말씀드리지요.

붓다는 이 팔정도를 중간에 의해서(majjhena) 설한다, 즉 '중도'라고 부르는데, 그 배경에 붓다 시대의 수행방법이 밀접히 관련되어 있음에 주의하고자 합니다.

원시불전 중에 "여래는 중[도]에 의해서 법을 설하신다"고 하는 문장*이 있습니다. 주석서**를 보면, "팔정도에 의해서"라고 설명하고 있는데, 그 경우에 중도라 함은 두 가지 극단을 떠났다는 의미입니다. 그래서 이 두 극단의 내용으로서 "모든 것은 존재한다는 한 극단, 존재하지 않는다는 한 극단",*** "고통은 스스로 짓는 것이라는 한 극단, 고통은 다른 사람이 짓는 것이라는 한 극단",**** "쾌락에 전념한다는 한 극단, 고행에 전념한다는 한 극단"***** 등을 들 수 있지요. 한편, 이들 두 극단은 탐욕을 벗어나서 열반으로 이끌지 않기 때문에 버려야 한다는 것이 경전의 공통된 패턴입니다.

그런데 탐욕을 벗어나 열반으로 이끈다는 팔정도는 '정견(正見)'으로 시작해서 '정정(正定)'으로 끝나는데, 고통의 소멸에 이르는 실천 방법이라서 이 여덟 가지가 유기적으로 기능하는 것이 중요합니다. 즉, 일상생활 속에서 바른 견해[正見]가 활용된 바른 생

---

* *SN* II, p.17.
** *Sp* II, p.36
*** *SN* II, 17경, pp.76-77.
**** *Ibid*, pp.75-76.
***** *SN* V, p.421.

활[正命]이 강조되는 것이지요. 우리가 일상생활 속에서 붓다의 가르침에 보다 가까이 다가가기 위해서는, 그만큼 바른 판단과 선택이 필요합니다. 출발점이 잘못되었거나 뒤틀리면 그 사람의 일상생활에도 그대로 반영되어 불안정한 생활을 하게 됩니다. 불교란 가르침을 듣는 것으로 그치지 않고 실천을 통해 그 가르침을 내실화하는 종교라고 볼 때, '사성제' 와 '십이연기' 의 가르침은 '팔정도' 로 구체화될 수밖에 없는 것입니다.

다른 생명을 대하는 사무량심

원시불전에는 이른바 이타행을 강조한 가르침으로서 '네 가지 한량없는 마음[四無量心]' 이 있습니다. 이것은 자·비·희·사라는 한량없는 마음으로 다른 생명을 대하는 태도와 실천방도로서 제시된 것이지요. 이 네 가지 중에서 ①자심(慈心: 자비의 마음)과 ②비심(悲心: 연민의 마음)에 대해서는 제7장에서 이미 언급했는데, 다른 사람에게 이익과 안락을 주는 것이 자심, 다른 생명의 불이익과 고통을 제거하는 것이 비심입니다. 그리고 ③희심(喜心)이란 다른 생명의 행복을 기뻐하는 마음이고, ④사심(捨心: 마음의 평정)은 평등심으로 차별하지 않는 마음이지요.

그런데 이 네 가지 한량없는 마음을 『숫타니파타』 제1장 제3경 「무소경」은 다음과 같이 표현하고 있습니다.

자비(= 慈)와 평정(= 捨)과 연민(= 悲)과 해탈과 기쁨(= 喜)을(= 기뿜의 해탈을) 때에 맞추어 닦으며, 모든 세상으로부터 방해받지 않으면서 무소의 뿔처럼 혼자서 가라. (『숫타니파타』 제73게송)

이 게송에 대한 주석을 보면,

'모든 유정(사람들)은 행복하소서' 라는 의미로, [사람들에게] 이익과 즐거움을 주고자 하는 것이 자[심]이다.
'아아! 참으로 [사람들이] 이 고통에서 해탈하기를' 이란 의미로, 불이익과 고통을 없애 주고자 하는 것이 비[심]이다.
'아아! 존자들은 기뻐하고, 유정(사람들)은 기뻐하고 있다. 좋구나, 좋구나!' 라는 의미로, 이익과 즐거움에서 벗어나지 않기를 바라는 것이 희[심]이다.
'[이 세상에서] 자신이 행한 업(행위)에 의해서 [그 사람의 미래의 모습이] 알려지기 때문에' 라고 즐거움과 고통에 무관심한 것이 사[심]이다.
해탈이란, 이들 [자・비・희・사] 네 가지가 모두, [그들] 자체의 반대(대치)의 법(paccanīkadhamma)에서 벗어나 있기에 해탈이다. (『빠라맛타죠띠까』 II, 128쪽)

라고 해석하고 있습니다. 본래 후대의 주석이긴 하지만, 네 가지 한량없는 마음의 의미를 충분히 엿볼 수 있는 자료입니다. 이 사상이 수행자들의 네 가지 덕목으로서 전승된 것인데, 『장부』 제26경 「전륜성왕사자후경」에 보면,

수행자(비구)들이여! 수행자에게 재산과 보배가 풍부하다는 것은 어떤 것인가? 여기에 수행자가 있어 자비와 함께하는 마음, 연민과 함께하는 마음, 기쁨과 함께하는 마음, 평정과 함께하는 마음을 갖고 편만(遍滿)하고 있다. 수행자들이여! 이것이 바로 수행자가 재산과 보배로 풍부하다고 하는 뜻이다.*

라고 전하고 있습니다. 후대에 이 네 가지는 '자비'와 '희사' 두 가지로 나뉘어 전하는데, 그 경우의 '희사'는 기뻐서 재물을 보시하는 것, 또는 보상을 구하지 않고 보시를 행한다는 의미로 쓰이고 있음을 밝혀둡니다.

사람을 끌어들여 구하는 네 가지 덕

네 가지 한량없는 마음을 수행자들의 재산과 보배로 든 배경에는 수행하는 것이 자기를 위해서만이 아니라, 다른 생명을 대하는 방식에도 통용되기 때문입니다. 그런 의미에서 자리행에서 이타행으로의 발상전환을 엿볼 수 있는데, 바로 타자(他者)와 사회를 향해 실천해야 할 길로서 '사섭사(四攝事)'의 가르침이 원시불전에 설해지고 있습니다.

비구들이여! 이것들은 사섭사이다. 보시(布施), 애어(愛語), 이행(利

---

* *DN* III, p.78. 「남전」 제8권, 96쪽.

行), 동사(同事)이다.*

'보시'는 베풀어 주는 것, '애어'는 자애로운 말로 상대방을 대하는 것, '이행'은 다른 사람을 위한 행위를 하는 것, '동사'는 다른 사람과 고락을 함께하는 것입니다. 본래는 대승불교에서 성숙된 사상(특히 『승만경』)으로, 인간이 사회생활을 하는 데 필요한 행위라 하겠습니다. 그것은 보살의 행위라고 말해지는 것인데, 오늘날 요구되는 사회봉사, 사회복지의 원점으로서 '사섭법(四攝法)'의 이념과 실천이 원시불전에서 설해지고 있다는 점을 기억해 두시기 바랍니다.

---

* AN II, p.32. 「남전」 제18권, 60쪽.

제11장 인생을 살다

행복한 인생이란 무엇인가

우리는 이 세상에 태어나서 지금 여기에 한 인간으로 살아가고 있습니다. 그리고 각자 자신만의 역사를 써가며 하루하루를 살아가지요.

그러나 인생을 산다는 것에 대해서 새삼 물어볼 것이 있을까요? '인생은 결코 평탄하지 않습니다. 등성이가 있으면 골짜기도 있고, 비 오는 날이 있으면 바람 부는 날도 있습니다. 힘을 모아 두 사람이 인생을 걸어가십시오'.

이것은 흔히 들을 수 있는 주례사의 한 대목인데, 마음이 들뜬 젊은 두 사람에게는 아마도 마이동풍일 것입니다. 독자 여러분 중에도 비슷한 체험을 한 분이 많으실 테죠.

사람의 일생은 저마다 다르지만, 길고 긴 인생을 놓고 보면 희로애락의 연속이고 희비가 교차하는 것은 누구나 마찬가지일 듯합니다. 순풍에 돛단 듯한 때가 있으면, 역경을 딛고 고통을 감내해야만 하는 날도 있겠지요. 모든 일이 순조롭게 이루어지는 것은 드물고,

대개는 고단한 일생을 보내는 게 아닐까요? 가령 다른 사람 눈에는 순탄한 인생으로 보여도, 실제는 남들이 알지 못하는 일로 괴로워하는 경우도 있습니다. 반면에, 역경에 처했다고 해도 그것이 새로운 인생을 만들 수 있는 귀중한 계기가 되는 경우도 많지요. 그렇다면 과연 무엇이 순조로운 인생이고, 무엇이 역경의 인생일까요?

지금 우리 주변에서 크게 변하고 있는 것은 바로 가치관에 대한 이해입니다. 좀 더 엄밀하게 말씀드리면, 산다는 목적을 깊이 있게 묻지 않고, 그래서 산다는 것의 가치를 상실하고 있는 것은 아닐까요? 사람은 살면서 자신의 인생관을 확립하고, 바른 가치관을 지니는 것이 필요합니다. 이런 질문을 바탕으로 이 장에서는 인생을 살아간다고 하는 테마를 중심으로 생각해 보겠습니다.

생명의 존엄

시시각각 눈부시게 변하는 생명과학의 진보는 인간의 '생(生)'을 둘러싼 관념을 점차 무너뜨리는 듯한 인상을 줍니다. 생명의 탄생을 인위적으로 조작하고 복제인간의 구체화가 그럴듯하게 들려오는가 하면, 다른 한편에서는 생명의 존엄을 부르짖는 이 모순된 현상을 어떻게 이해하면 좋을까요? 또 DNA의 해독은 파킨슨병이나 알츠하이머와 같은 불치병을 치료할 수 있다는 기대를 증폭시키는 한편, 임신을 자유롭게 조절하고 불임치료나 임신중절이 손쉽게 행해지는 등, 점차 인간을 '대상'으로 경시하는 풍조가 조장되고 있습니다. 도대체 생명의 존엄성은 어디에 있는 걸까요? 설령 생명과학이 그 정상의 목표를 향해 진보했다고 해도, 희로애락은 늘 존재하는 것이고 죽음은 피할 수가 없겠지요. 그렇다면 우리는 인간으로서 이 세상에 태어난 이상, 스스로 납득할 수 있는 자기 역사를 만들어 가는 일이 중요하지 않을까요? 살아간다는 것은 험한 장벽을 넘는 일입니다. 우리는 인생의 여로를 걸어가면서 무엇을 목적으로 삼고, 어디에서 가치를 찾아야 좋을지 자기 자신에게 끊임없이 물어보려는 노력이 필요할 것 같습니다.

> 이 세상에서 사람의 목숨은 정해져 있지 않아, 얼마나 살 수 있는지 알 수 없다. 가련하고 짧아서 고통을 동반하고 있다. (『숫타니파타』 제574게송)

라고 말하듯이, 사람의 일생은 짧으며 고통과 번민을 동반하는 것입니다. 짧기 때문에 일생을 무의미하게 보내서는 안 되지요. 붓다는 이 세상은 모든 것이 무상하고, 고통이며, 무아라는 것을 있는 그대로 받아들인 예지, 즉 여실지견을 가르친 것입니다. 그 가르침을 자신의 인생 체험으로서 내실화하고, 일상생활에 근거한 인간의 자세를 설파한 것입니다. 그것이 나중에 '공관(空觀)' 사상을 낳고, 무(無)에 철저한 삶의 방식이 되었다고 하겠습니다.

물론 그렇다고 해서 결코 수동적인 입장은 아닙니다. 어떤 일에도 동요함이 없이 자기를 잃어버리지 말 것을 강조하고 있는 점도 놓쳐서는 안 되겠지요. 종교를 어떤 절대자와의 동일화를 목표로 하는 것이라고 이해한다면, 원시불교의 의의는 붓다가 보이신 가르침, 법과의 동일화를 목표로 하는 데 있다고 해도 좋겠습니다.

또한 자기 인생을 스스로 사는 것이라 해도, 사람은 혼자서는 살아갈 수 없는 존재입니다. 다른 사람, 자연환경과 함께 살아가는 존재입니다. 그렇게 생각하면 진정한 삶의 방식도 보일 겁니다. 앞 장에서 말씀드린 '네 가지 한량없는 마음 즉 사무량심'과 '사섭사'의 가르침은 바로 우리가 사회의 한 구성원으로서 어떻게 살아가야 할지를 잘 보여주는 것 같습니다.

독자 여러분도 아직 생생하게 기억하고 계시겠지만, 1995년 1월 17일 일어난 고베 일대의 대지진으로 수많은 고귀한 생명이 한순간에 묻혀버렸습니다. 지진이 발생한 지 7년이 지난 현재, 사람들의 마음을 울린 2002년 1월 17일 선언은 '함께 살아가는 것의 소중함'이고, '사람과 사람의 연결고리'이며, '힘을 하나로', '서로 말 걸기'라는 체험에서 생겨난 것이었습니다. 저는 이 말들이 천재지변이라는 역경의 체험을 딛고 솟아난 외침이라서 마음속 깊이 큰 감동을 받았지요.

사람으로 태어나기 어렵다

인간의 몸을 받는 것은 희유하다. 죽을 수밖에 없는 사람들에게 수명(= 인간의 생명)이 있는 것도 어렵다. 바른 가르침을 듣는 것도 어렵다. 부처님들의 출현도 희유하다.*(『담마빠다』제182게송)

---

* '어렵다'는 것의 원어는 kiccha인데, 이 말은 한역에서 '희유(稀有)'라고 번역되

우리는 이 세상에 태어나 살고 있는데, 태어남에 대해서 심각하게 생각해 보신 적이 있습니까? 설령 그런 적이 있다 해도, 그것은 아마 삶이 난관에 부딪혔을 때가 아닐까요? '태어나지 않았더라면 이런 꼴은 안 당할 텐데……' 라든가, '내 의지와는 무관하게 부모님이 낳은 것 아닙니까?' 따위의 소리를 들은 적이 있습니다. 특히 역경에 처하게 되면 자칫 절망감에 빠져서 자포자기의 심정으로 아무 생각 없이 이런 말을 내뱉기 쉽지요. 거기에서는 인생에 대한 적극적인 태도를 볼 수 없습니다. 하지만 그 역경을 이겨내려는 강인한 의지를 갖는 것이 중요합니다. 그래야 새로운 삶을 만들려는 의지가 생기니까요. 만약 우리가 사람이 아닌 다른 생명으로 태어났다면 어떨까요? 이렇게 생각하면 우리는 사람으로 태어난 것을 더욱 감사히 여기게 될 것입니다.

물론 사람 사는 세상에는 고통과 번민이 있지만, 그 고뇌의 원인을 찾아낼 수 있는 예지와 결단의 의지도 갖추고 있습니다. 이 예지와 결단을 발휘하는 곳인 인간계에 태어나기까지는 많은 인연이 성숙하지 않으면 안 됩니다. 그 중 하나라도 빠지게 되면, 이 세상에 태어날 수 없겠지요. 사람으로 태어나기 어렵다는 『담마빠다』의 말씀은 바로 이것을 가르치고 있는 겁니다. 불교에서 이 점과 관련하여 원시불교 이래로 '맹구부목(盲龜浮木)의 비유'라는 것이 전하는

기도 한다. 그래서 '인간의 몸을 받는 것은 희유한 일이다'라고 번역해도 무방할 듯하다. 그리고 '죽을 수밖에 없는 사람들'은 maccāna의 번역인데, 이 말은 mara-ti(죽다)라는 동사에서 파생된 것으로, 결국은 죽을 수밖에 없는 유한한 인간을 가리키는 말이다. ─ 옮긴이

데, 여기서 그걸 소개하겠습니다.

맹구부목의 비유

수명이 백만 살인 눈먼 거북이 한 마리 있었다. 이 눈먼 거북은 바다를 떠돌며 바다에 떠다니는 나무를 찾고 있었다. 그것은 한 장의 작은 나무판자로, 거기에는 마침 거북의 머리가 들어갈 정도로 작은 구멍이 뚫려 있었다. 바람이 불어 파도에 흔들거리는 나무판자는 한곳에 머물지 않고, 늘 바다 위를 이리 흔들 저리 흔들 떠다니고 있었다.

거기에 한 마리의 눈먼 거북이 백년에 한 번 동쪽에서 와서 단 한 번 바다 위로 머리를 들어올린다고 한다. 이 눈먼 거북이 마침 머리를 들어올리려고 했을 때, 그 작은 구멍이 있는 판자가 동풍에 떠밀려 남쪽으로 움직이기 시작했다. 눈먼 거북이 동쪽으로 헤엄쳐 가도 그 판자는 남쪽으로 흘러가기 때문에 만날 수가 없었다. 하물며, 작은 구멍 속에 머리를 집어넣는 것은 더욱 불가능한 일이었다.

그리고 백년이 지난 어느 날, 눈먼 거북이 남쪽에서 와서 머리를 한 번 들었다. 그러자 공교롭게도 남풍이 불어 이 작은 판자는 서쪽으로 흘러갔다. 이렇게 눈먼 거북이 서쪽에서 오면 판자는 서풍에 떠밀려 북쪽으로, 북쪽에서 오면 북풍에 흔들려 다른 곳으로 움직였다. 이렇게 해서 백년에 한 번 머리를 들어, 정확히 그 나무판자의 작은 구멍에 눈먼 거북이 머리를 집어넣는 것은 지극히 어려운 일이다.*

---

* MN III, p.169 이하. 「남전」 제11권 하, 216-217쪽. 한역 『중아함』 권53. 「대정장」 제1권, 761쪽 중~하.

이 비유는 이 세상에 사람으로서 태어나기가 얼마나 어려운지를 말한 것입니다. 생명의 탄생에 얽힌 신비의 베일이 조금씩 벗겨지고, 체외수정이나 유전자 조작 등이 실제로 일어나는가 하면, 남녀의 자유의지로 생명의 탄생을 조절하는 오늘날, '맹구부목의 비유'를 독자들께서는 어떻게 느끼셨는지요? 아이를 갖고 싶어하는 부모와 그렇지 않은 부모, 부모의 사랑으로 태어난 아이와 그렇지 않은 아이, 임신중절로 세상에 모습을 드러내기도 전에 사라진 생명들을 떠올리면, 문득 가슴이 저려오는 것은 비단 저 혼자만일까요? 과연 이대로 방치해도 괜찮을까요?

붓다의 말씀을 빌려 말씀드리면, 불교에서는 지금 여기에 실재하는 존재, 눈에 보이는 것, 실제로 볼 수 있는 것, 모든 사람이 납득할 수 있는 것을 문제로 삼지, 눈에 보이지 않는 세계나 경험할 수 없는 세계를 문제로 삼지는 않았습니다. 왜냐하면 그런 것을 캐묻는다 해도, 이런저런 의견만 분분할 뿐 설득력 있는 답변이 나올 수 없으니까요. 그래서 인간은 어디에서 태어난 것인가 하는 인간 탄생의 메커니즘이라는 질문을 준비하지 않고, 지금 실제로 여기에 존재하고 있는 것, 온갖 인과 연으로 생겨난 것, 고통에 괴로워하고 있는 현실을 문제로 삼아서 그것을 통찰하는 예지와 지혜가 요구되었던 것입니다.

이렇듯, 최초기 불교는 주어진 존재로서의 자기 자신, 바로 인간 자체를 문제로 삼고 있습니다. 하지만 후대로 내려오면서 대상을 분석적으로 생각하게 되었고, 인간 존재를 탄생·입태의 '생유(生有)', 태어나서 삶을 영위하는 '본유(本有)', 그리고 죽음이라는

'사유(死有)'에 이어서 다음 생유가 되기 전의 '중유(中有)'라고 하는 '사유(四有)'를 고안해 낸 것입니다(제9장 참조).

부처의 출현과 가르침을 듣다

모든 부처님들의 출현은 즐거운 일이다. 바른 가르침을 듣는 것은 즐거운 일이다. 상가가 화합해 있는 것은 즐거운 일이다. 화합하고 있는 사람들이 힘써 노력하는 것은 즐거운 일이다. (『담마빠다』제194게송)

우리는 살면서 인생을 좌우할 만한 전기를 누구나 두세 번은 경험했으리라 생각합니다. 인생의 갈림길에서 왼쪽으로 갈까, 오른쪽으로 갈까 하는 결단의 순간에, 그 결단은 자신만이 할 수밖에 없지요. 선택의 순간에 좋은 스승이나 좋은 선배 같은 선지식과의 만남은 진정 큰 의미를 지니겠지요. 다시 되돌릴 수 없는 인생이라서, 선지식과의 만남은 소중하고, 그러한 선지식을 만날 수 있는 사람은 참으로 행복한 사람입니다.

『담마빠다』에서, "바른 가르침을 듣는 것도 어렵다. 부처님들의 출현도 어렵다"(제182게송)고 하고, 한역『법구경』에서는 이것을 "世間有˜佛難 佛法難˜得˜聞"(「대정장」제4권, 567쪽 상)라고 표현하는데, 인생에서 부처님의 가르침을 듣는 것도 또한 무척 어려운 일이라고 가르치고 있습니다. 원래 일본 같은 문화토양에서는 예부터 신이나 부처를 신봉하는 곳이 있어서, 불교를 접하는 일이 자연스러웠습니다. 그런데 왜 '불법(佛法)은 듣기 어렵다'고 한 것일까요?

> 귀 있는 자들에게 감로의 문은 열렸다. 각자 믿음을 일으켜라.*

라는 붓다의 말씀을 앞에서 말씀드렸습니다(제8장 참조). 소리를 듣는 것은 귀입니다. 귀는 우리의 여섯 감각기관[六根]인 안근(眼根), 이근(耳根), 비근(鼻根), 설근(舌根), 신근(身根), 의근(意根) 가운데 하나인데, 이들 기관은 각각 색(형체), 소리, 향기, 맛, 감촉, 법이라는 여섯 대상[六境]을 느끼지요. 현대와 같은 정보화시대에는 온갖 정보를 접하지만, 대개는 한쪽 귀로 듣고 한쪽 귀로 흘려버립니다. 그럼, 붓다의 가르침[佛法]을 듣는다는 것은 어떤 의미일까요?

불법은 스스로 구하지 않고는 들을 수 없습니다. 그것은 이른바 정보의 종류가 아니기 때문이죠. TV나 라디오를 통해 불교의 가르침을 듣는 경우도 있습니다. 하지만 그 가르침에 다가서며 자발적으로 듣고자 하는 귀를 갖는 자세가 무엇보다 중요합니다. 불교의 문을 두드리고 나서 그 안으로 들어가 보지 않으면 불교의 내부 모습은 보이지 않습니다.

인생을 바꿀 기회는 누구에게나 찾아옵니다. 불법을 듣는다는 것도 '기회'와 '인연'이라는 이른바 '기연(機緣)'이 성숙되면 마침내 그 문을 두드리고 열 수 있을 것입니다.

---

* SN I, p.138. 「남전」 제12권, 237쪽.

참고 견뎌야 하는 사바세계

우리는 이 세상에서 인생이라는 여로를 걷고 있습니다. 그 길은 결코 평탄하지 않습니다. 괴로웠다 고민스러웠다, 기뻤다 슬펐다, 때로는 화가 났다가도 즐거운 것이 인생이지요. 이런 인간세계를 불교에서는 '사바세계(娑婆世界)'라고 부릅니다.

'사바'라는 말은 'sahā'라는 산스끄리뜨어의 음사로, 원래는 '대지'라는 뜻입니다. 이 'sahā'라는 명사는 원래 '√sah'라는 동사, 즉 ①억제하다, 극복하다, ②견디다, 인내하다의 어근에서 파생된 것이지요. 그래서 한역불전에서는 사바세계를 '인계(忍界)'나 '인토(忍土)'라고 번역한 것입니다.

이처럼 우리는 원래 인내하는 곳, '인계', '인토'에 태어난 것이므로, 참는다는 것은 일종의 숙명입니다. 그 경우에 인간에게는 두 가지 처방이 있습니다. 첫째는 참는 곳이므로 모든 것을 참는다는 자세입니다. 둘째는 그 인토를 억제하고 극복한다는 방향설정입니다. 전자는 수동적인 자세고, 후자는 적극적인 자세입니다. 그러나 '사바란 참는 세계이다'라고 철저히 인식하면, 어떤 일에도 흔들리지 않고 대응할 수 있겠지요. 한역의 '능인(能忍)'은 바로 이 의미에 적합한 번역어라 하겠습니다. 그래서 전자는 일면 수동적으로 보여도 실제는 적극성도 지닌 것입니다. 결국은 모든 사람이 저마다 어떻게 사바세계에 대처하면서 살아갈 것인가 하는 처방과 관련이 있겠지요.

사람이면 누구나 행복을 구하고 마음의 평안을 원합니다. 그런 소망을 품으며 사회공동체 속에서 살아가는 것이기 때문에, 당연히 다른 사람과의 관계를 무시할 수 없습니다. 여기에서 저는 아래의 두 게송을 소개하고자 합니다.

건강은 최고의 이득이고, 만족은 최상의 보배이고, 신뢰는 최고의 친구이고, 니르바나(열반)는 최고의 즐거움이다. (『담마빠다』 제204게송)

세속의 여러 일에 부딪쳐도, 그 사람의 마음이 흔들리지 않고, 근심이 없고, 더러움을 떠나 안온한 것 ― 이것이 더없는 행복이다. (『숫타니파타』 제268게송)

저는 위의 게송들이 개인으로서의 인생 대처법과 공동체의 일원으로서의 인생 대처법을 말하고 있다고 생각합니다. 그 중에서 공동체 본연의 자세는 상호신뢰가 기본이고, 개인 본연의 자세는 건강을 유지하며 '소욕지족(少欲知足)' 하고 마음이 평안한 것이 최상의 행복이라고 가르치고 있는 것이지요.

지금까지 말씀드린 것이지만, 불교의 가르침은 개인으로서의 자기개발, 자기확립[自利]으로 시작해서, 다른 생명에 대한 봉사와 환원[利他]으로 가는 것입니다. 그것은 '나와 너가 함께'를 목표로 한 고따마 붓다의 출발점으로 돌아가는 것이지요. 지금, 공생과 공존을 외치며 함께 사는 것의 소중함, 사람과 사람 사이의 연결을 소중히 하는 운동이 점점 확대되고 있습니다. 그리고 생태학과 연관해서 자연환경과의 공존의식도 높아지고 있지요.

인간의 행위는 사회와 관계된다

사람은 하루라도 행위하지 않고 살 수 없습니다. 그 행위는 몸으로 하는 행위, 말로 하는 행위, 마음으로 하는 행위인데, 불교술어로는 신구의 삼업(身業·口業·意業)이라고 말합니다. 그리고 우리 개개인의 행위의 과보는 자기 자신이 받는 것으로, 예로부터 '자업자득'이라고 하지요. 그 점에서 인간이 사회의 일원으로서 하는 행위는 사회규범을 지키고, 사회정화를 목표로 하는 것임을 최초기 불교 이래 지금껏 말해오고 있습니다.

모든 악한 것을 행하지 말고, 선한 것을 행하여, 자기 마음을 깨끗이 하는 것 – 이것이 모든 부처님의 가르침이다. (『담마빠다』 제183게송)

이것을 한역 『법구경』에서는 "諸惡莫作 諸善奉行 自淨其意 是諸佛教"*라고 하는데, 일반적으로 사찰에서 칠불통게(七佛通偈)라고 해서 전하는 유명한 구절입니다.

이렇듯 선을 행하고 악을 행하지 말라는 '업(행위)' 사상은 불교 흥기 이전 인도에서 이미 싹튼 사상입니다. 즉,

참으로 선업에 의해서 복덕이 있고, 악은 악업에 의해서 생겨난다.**

---

* 「대정장」 제4권, 567쪽.
** Bṛh-Up III.1.13.

라고 하는 '선인선과(善因善果) · 악인악과(惡因惡果)'의 사고가 인과응보 사상으로 정착되었던 것입니다. 그러나 이 업사상은 어디까지나 개인의 행위이므로, 그 과보는 당연히 행위자 자신이 받는 것이지요. 사람에게는 각자의 삶의 모습이 있고, 그 행위와 과보는 그 사람만의 것이지 다른 사람과 함께하는 것이 아닙니다. 그래서 이것을 남들과 공유하지 않는 업, 즉 '불공업(不共業)'이라고 일컫는 겁니다.

그런데 후대의 아비달마 불교로 접어들면서 업의 관념에도 새로운 관점이 등장하게 됩니다. 바로 모든 사람에게 공통되는 '공업(共業)'이라는 사상이죠. 이 사상의 배경에는 인간을 둘러싼 자연환경, 산하대지의 모든 것 즉 '기세간(器世間)'과, 인간세계 즉 '유정세간(有情世間)', '중생세간(衆生世間)'이라는 이해방식이 깔려 있어요. 그리고 인간(유정, 중생)이 존재하는 환경세계 = 기세간을 생각하는 의식이 배양되어 있었던 것입니다. 더욱이 이 환경세계는 모든 사람이 공유하는 세계라서, 개개인의 행위는 기세간인 환경세간과 관련되어 있음은 당연하다 하겠습니다. 여기에 '공업(共業)'을 문제시하는 배경이 있는 것이고요.

하나의 예를 말씀드리지요. 일찍이 사회문제가 된 미나마타병(水俣病) 사건을 독자 여러분도 기억하고 계실 겁니다. 이 사건은 한 기업에서 바다에 몰래 버린 수은이 물고기를 중독시키고, 그것을 먹은 사람들이 병에 걸려 죽은 사건입니다. 한 기업이 오직 자기네 이익만을 추구하고자 환경을 오염시키려 했다고는 생각되지 않지만, 결과적으로 많은 미나마타병 환자를 발생시켜 그들에게 고통을 주고 말았습니다. 한 개인의 행위가 자기 혼자 그 과보를 받는 것으로 그치는 게 아니라, 공해를 일으켜서 기세간을 오염시킨 '공업'이 된 것입니다.

이처럼 우리는 공동체의 일원으로서 이 사바세계에 살고 있는 한, 개개인의 행위는 개인이 행한 행위임과 동시에 책임이 따르는 사회적 행위임을 자각해야 합니다. 불교는 본래부터 번뇌로부터의 해탈에 역점을 두고 있다는 점에서 개인적인 성향이 좀 강하다 하겠습니다. 그래서 개개의 업, 즉 '불공업'을 우선시하고 있다는 점은 부정할 수 없다고 생각합니다. 그러나 글로벌 시대를 사는 우리는 보다 넓은 시야가 요구되고 있고, 또 자연환경과의 공존을 생각해야 하기 때문에, '공업'에 대해서 목소리를 높일 필요가 있지 않나 생각해 봅니다.

마음이 인연을 따라 '은혜'를 알고 느낀다

존경과 겸손과 만족과 감사(= 知恩)와 (적당한) 때에 가르침을 듣는 것 — 이것이 더없는 행복이다. (『숫타니파타』 제265게송)

사회에서 우리가 다른 사람과 관계를 맺으며 살고 있는 것은 서로간의 신뢰관계가 바탕이 되기 때문입니다. 상호신뢰가 없이는 공존의 근거가 무너지고 말지요. 가정에서도 단체생활에서도 혹은 국가간의 외교정책에서도 상호신뢰가 전제되어야 함은 너무도 당연합니다. 그리고 그 신뢰관계는 쌍방간의 이해와 상호 인격존중을 바탕으로 형성된다는 것은 두말할 나위도 없습니다.

불교는 인간생활을 성립시키는 기본적 자세로서 '지은(知恩)'과 '보은(報恩)'을 들고 있지요. 앞에서 든 게송은 『숫타니파타』 제2장 제4경 「대길상경」의 한 구절인데, 사람이 사회생활을 하는 데 꼭 필요한 자세, 즉 존경, 겸손, 만족, 그리고 은혜를 아는 것[知恩]을 말한 것입니다. 주석서*의 해설을 참조해서 말씀드리면 다음과 같습니다.

불교를 믿는 사람은 무엇보다도 부처님을 존경하고, 부처님의 제자(승가)와 스승과 부모, 형제 등에게 각각 어울리는 존경을 표하고 존중하는 것을 출발점으로 삼아야 합니다. 그리고 자기 자신을 낮추어 겸손하게 행동해야겠지요. 자만심을 없애고 거만함을 버리며, 서로 만나면 부드럽고 친절하게 말할 수 있는 사람이 되어야 합니다. '소욕지족'의 생활을 함으로써 의식주 등에 너무 욕심부리지 말아야 합니다. 또한 누구로부터일지라도 많든 적든 베풀어진 '도움(upakāra)'에 대해서는 항상 잊지 않고 아는 것[知恩]이 중요합니다.

원시불전에

실로 여래·응공·정등각자(=부처의 호칭)의 출현은 얻기 어렵다. 세상에 여래께서 설하신 법과 율을 설하는 사람은 얻기 어렵다. 여래께서 설하신 법과 율을 이해하고 있는 사람은 얻기 어렵다. 여래께서

---

* *Pj* I, p.144 이하.

설하신 법과 율을 이해해서 법에 맞게 행동하는 사람은 얻기 어렵다. 세상에 은혜를 아는(kataññu), 은혜를 갚을 줄 아는(katavedin) 사람은 얻기 어렵다.*

라는 말씀이 있습니다. 또

비구들이여! 이 두 사람은 세상에서 얻기 어렵다. 두 사람이란 누구인가? 앞에서 행하는 사람(= 은혜를 베푸는 사람)과 베풀어진 것(= 은혜)을 알고, 은혜에 감사하는 사람이다.**

은혜를 아는 것은 빠알리어로 '까딴뉴(kataññu)'이고, 은혜에 감사하는 것은 '까따베딘(katavedin)'입니다. 한역의 '恩'은 바로 이 '까따(kata, 산스끄리뜨어로 kṛta)'의 번역어입니다. '까따'는 '행해졌다', '만들어졌다', '충분히 행해졌다'라는 의미인데, 그럼 이 까다가 '恩'이라고 한역된 배경에는 무엇이 있을까요?

앞에 나온 『숫타니파타』 제265게송에 대한 주석을 보면,

은혜를 안다는 것은 보통 누구로부터라고, 적든 혹은 많든 베풀어진 도움(kata · upakāra)을 재삼재사 생각해서 아는 것이다.***

---

* AN III, p.240. 「남전」 제19권, 333쪽.
** AN I, p.87. 「남전」 제17권, 138쪽.
*** Pj I, p.147.

라고 하듯이 '행해졌다'는 것은 어떤 사람, 즉 '다른 사람'에 의해 행해졌음을 의미하는 것입니다. 결국 우리가 지금 여기에 살고 있는 것은 다른 사람이 베푼 도움 때문이라는 말이지요. 그 다른 사람이란 아버지, 어머니이고, 스승이고, 부처님이고, 혹은 그 밖의 다른 많은 사람들입니다. 더 나아가서는 자연환경 일반을 포함해서 해석하는 것도 가능하겠지요.

이처럼 '은혜를 안다'는 말의 내용을 짚어 보면, 사람이 인생을 산다는 것은 다른 사람이 베푼 은혜로 살아간다는, 즉 살 수 있게끔 해주어서 살아간다는 뜻이 됩니다. 결국 사람이 산다는 것은 종적·횡적 관계에서 살아가는 것이죠. 종적 관계는 부모님이나 가족의 관계이고, 횡적 관계는 친구나 다른 모든 사람이 포함됩니다. 횡적 관계를 다시 불교적으로 말씀드리면, 인간세계(유정세간)만이 아니라 환경세계(기세간)까지도 포함되는 것입니다.

이렇게 생각하면, 한 사람이 살아간다는 것은 여러 인연 속에서 살아감을 의미합니다. 그렇다면, 사람과 사람의 만남에서는 무엇보다도 상호이해와 신뢰가 중요하다는 것은 두말할 필요도 없겠지요. 그 경우, 다른 사람이 베푼 은혜를 마음속에 간직하고 늘 감사하게 느끼며 보답하는 것은 당연한 윤리라고 하겠습니다.

본래 '恩'이라는 글자는 '因'과 '心'이 합쳐진 글자입니다. 즉, 마음이 인연을 따른다는 것이 애초의 뜻임을 알 수 있어요. 그것은 우리 개개인의 존재는 자신을 둘러싼 여러 환경, 그리고 수많은 사람들과의 무한한 인연으로 살아간다는 걸 항상 마음에 새겨야 함을 의미합니다.

결국 지금 여기에 살고 있다는 것에는 수많은 인연이 겹쳐 있다는 사실을 기억해야겠지요. 이처럼 은(恩)에 대한 한자문화권의 이해는 다른 사람과 자연에 대한 감사 및 보은이라는 사상과도 연결되어 있습니다. 또한 그것은 한자문화권에만 한정된 것이 아니라, 불교가 인도에서 탄생하여 최초기 경전에서부터 대승경전에 이르기까지 항상 말해 왔던 것이기도 하고요.

네 가지 은혜

잘 아시는 바와 같이, 불교경전은 은혜를 네 가지로 나누어 설명하고 있습니다. 『대승본생심지관경(大乘本生心地觀經)』*을 보면, 첫째는 부모님의 은혜이고, 둘째는 중생의 은혜, 셋째는 국왕의 은혜, 넷째는 삼보의 은혜를 들고 있는데, 이는 모든 중생이 누리는 은혜입니다. 본래 네 가지 은혜에 대해서 "하나는 어머니요, 둘은 아버지, 셋은 부처님이며, 넷은 법을 설하는 법사이다"라고 『정법염처경(正法念處經)』**에서는 말하고 있는데, 앞의 내용과는 다소 차이가 있지요. 그런데 이 사은(四恩) 사상이 초기불교 이래 불교만의 독자적인 것이었을까 하고 묻는다면 반드시 그렇다고 답할 수는 없습니다. 그 이유는 한역이 유교문화의 토양에서 이루어지다 보니 자연스럽게 유교적 윤리요소가 가미되었기 때문입니다. 다만 원시불교에서 강조된 은혜사상은 부모에 대한 은혜가 두드러진 요소입

---

* 『대승본생심지관경』 「보은품」 제2 상. 「대정장」 제3권, 297쪽.
** 『정법염처경』 제61권. 「대정장」 제17권, 359쪽.

니다.

그러므로 바르고 훌륭한 사람은 은혜를 느끼고, 은혜를 알며, 어릴 적의 은혜를 생각해서 어머니와 아버지를 봉양한다.
어릴 적 은혜를 받은 대로, 그들(부모님)에 대해서 의무를 다한다. 가르침을 지키고 부양해서 대가 끊기지 않게 하고, 신앙심 있고, 계를 지닌 자식은 칭찬받을 만한 사람이다.***

부모에 대한 자식의 의무는 『숫타니파타』 제2장 제4경 「대길상경」에 다음과 같이 기술되어 있습니다.

부모님을 섬기는 것, 처자를 사랑하고 보호하는 것, 일에는 질서가 있어 혼란스럽지 않은 것 – 이것이 더없는 행복이다. (『숫타니파타』 제262게송)

그것은 "자신을 길러 주신 아버지[慈恩]와 어머니[悲恩]에 대한 감은(感恩)과 보은(報恩)"****을 표현한 것입니다. 그렇기에 "세상에서 어머니를 공경하는 것은 즐겁네. 또 아버지를 공경하는 것은 즐겁네"(『담마빠다』 제332게송)라고 전하는 것이지요.
이상, 네 가지 은혜에 대해서 알아보았는데, 그러면 정리 차원에서 다시 한 번 확인해 두겠습니다.

*** AN III, pp.43-44. 「남전」 제19권, 58-59쪽.
**** Itivuttaka, p.110. 「남전」 제23권, 361쪽.

『정법염처경』의 ①어머니의 은혜, ②아버지의 은혜, ③부처님의 은혜, ④법을 설하는 법사의 은혜라는 구성은 정말 인도적이고 불교적이라 할 수 있겠습니다. 그리고 『심지관경』에서는 ①과 ②를 묶어 '부모님의 은혜'로, ③과 ④를 '삼보의 은혜'로 보면서, 여기에 '중생의 은혜'를 따로 세우고, 마지막에 불교와는 조금 이질적인 '국왕의 은혜'를 더했다고 볼 수 있겠지요. 일찍이 일본에서 국왕의 은혜가 유별나게 강조된 것은 『심지관경』에 나오는 국왕의 은혜라는 사상 때문이라고 생각합니다.

애초에 '은(恩)'이라는 글자에는 ①은혜, ②자애, ③배려, ④슬퍼하다, ⑤감사하다 등의 의미가 있습니다. 사람이 인생을 산다는 것은 모든 것의 은혜에 감사하는 데서 시작된다고 할 수 있겠지요. '감사합니다'라는 말이 일상생활에서 점차 사라지고 있는 듯한데, 이 감사의 말을 잊어서는 안 되겠습니다.

한국어의 '감사합니다'의 '감사'가 한문으로 적으면 '感謝'입니다. 흔히 '옷깃만 스쳐도 전생의 인연'이라는 말을 하듯이, 눈에 보이지 않는 인연을 생각해야겠지요. 산천초목, 대지, 물, 태양, 그 밖의 모든 자연환경에 대한 경외심과 무한한 은혜를 잊어서는 안 되겠습니다.

제12장 모두에게 말을 거는 붓다의 말씀

파멸을 향한 문

지금까지 저는 『숫타니파타』를 중심으로 여러 원시불전을 참고해 가며 열 가지 테마에 관해서 말씀드렸습니다. 독자 여러분은 각각의 장에서 붓다가 그리고 원시불전이 무엇을 호소하고 있었는가에 대해 이해하셨으리라 생각합니다. 이 장에서는 『숫타니파타』와 원시불전 중에서 특히 『담마빠다』를 중심으로 오늘날과 관련 있는 테마에 대한 붓다의 육성을 들어보고, 아울러 제 나름의 견해도 말씀드리고자 합니다.

현대의 모습을 특징짓는 것 가운데 하나로, 부모와 자식 간의 절연을 들 수 있습니다. 부모의 권위가 땅에 떨어진 것일까요, 아니면 자식이 부모를 공경하고 사랑하는 관습이 사라진 것일까요? 연일 신문의 사회면을 장식하는 기사를 보면 정말이지 말세라는 느낌을 금할 수 없더군요. 과연 이것이 현대사회만의 특수한 현상일까요? 『숫타니파타』에 다음과 같은 게송이 있습니다.

자신은 풍족하고 즐겁게 살고 있으면서도, 나이 먹어 늙고 쇠약한 부모를 모시지 않는 사람이 있다. — 이것은 파멸에 이르는 문이다.
(『숫타니파타』 제98게송)

그러면서 이와 같은 "그를 천한 사람이라고 알아야 한다"(『숫타니파타』 제124게송)고 말하고 있습니다.

앞 장에서 은혜를 알고 감사할 줄 아는 것이 얼마나 중요한지를 말씀드렸는데, 대체로 산업화로 인한 핵가족화 때문에 부모와 자식 간의 관계가 소원해졌음은 부정할 수 없는 현실입니다. 하지만 그것이 근본 원인이라고는 말하고 싶지 않아요. 가장 큰 문제는 역시 자기 본위의 사고방식, 즉 자기만 좋으면 된다고 하는 자기중심적 의식구조가 현대사회의 저변에 깔려 있기 때문이 아닐까요?

지금 사람들은 자신의 이익을 위해서 관계를 맺고, 또 다른 사람에게 봉사한다. 오늘날, 이익을 바라지 않는 친구는 얻기 어렵다. 자신의 이익만을 아는 사람은 추악하게 보이니 무소의 뿔처럼 혼자서 가라.
(『숫타니파타』 제75게송)

라고 경고하고 있음을 명심해야겠습니다.

한편으로는 빈발하는 절도, 강도, 폭력 등의 세기말적 현상이 가슴을 아프게 합니다.

참으로 사소한 물건이 탐나서 길 가는 사람을 죽이고, 얼마 안 되는

물건을 빼앗는 사람 - 그를 천한 사람이라고 알아야 한다. (『숫타니파타』제121게송)

바로 우리 주변에서 흔히 일어나는 일이라고 생각지 않습니까? 불교 신자가 되는 경우, 재가자는 삼귀의와 오계를 받아 준수해야 한다는 것을 이미 말씀드렸는데, 어느 시대를 막론하고 준수해야만 하는 것이 바로 오계입니다. 이 규칙이 지켜지면, 이 세상은 보다 평화롭고 질서 있는 사회가 될 수 있으련만…….

사람은 무엇보다 만족할 줄[少欲知足] 알아야 합니다. "무엇이든 얻은 것으로 만족하고, 모든 고통과 어려움을 견디어"(『숫타니파타』제42게송) 가는 것이 지금 절실히 요구되는 덕목이지요. 『숫타니파타』제5장 「피안에 이르는 길」 제2절에 학생 아지따의 질문과 붓다의 응답이 전하는데, 그 가운데

세상은 무엇으로 덮여 있습니까? 세상은 무엇 때문에 빛나지 않습니까? 세상을 더럽히는 것은 무엇입니까? 세상의 커다란 두려움이란 무엇입니까? 그것을 말씀해 주십시오. (이상, 아지따의 질문. 『숫타니파타』제1032게송)

아지따여! 세상은 무명으로 덮여 있다. 세상은 욕심과 게으름 때문에 빛나지 않는다. 탐욕이 세상을 더럽히는 것이다. 고통이 세상의 커다란 두려움이다, 라고 나는 말한다. (이상, 붓다의 답변. 『숫타니파타』제1033게송)

이 질의응답에서 저는 현대를 사는 우리의 모습을 엿봅니다. 요컨대, 이 세상의 모습은 사회를 구성하는 한 사람 한 사람의 행위에 달려 있음을 가르치고 있는 것이죠. 탐욕이라는 눈에 보이지 않는 화살에 맞은 이상, 더러움으로 가득 찬 세상의 모습은 변하지 않습니다. 세상이 밝고 깨끗해지는 것은 개개인이 말세에 진리의 등불을 높이 드는, 결코 물러서지 않는 불퇴전의 각오와 노력 없이는 불가능하겠지요.

[게으른 자들이여!] 일어나라! [= 정신집중을 위해서] 앉아라. 잠자고 [있는] 그대들에게 무슨 이익이 있겠는가! 화살에 맞아 고통스러워하는 자들이 어찌 잠들 수 있겠는가! (『숫타니파타』 제331게송)

이것은 『숫타니파타』 제2장 제10경 「정진경(Uṭṭhānasutta)」에 나오는 게송인데, 이 경의 유래는 오백 명의 새내기 수행승들이 음식에 관한 이야기에 정신이 팔려 있는 것을 보고 세존께서 훈계하신 내용이라고 전하고 있습니다.* 출가자이건 재가자이건, '화살에 맞아 괴로워하고 있는 자들에게 수면은 없다'는 이 현실을 직시하고, 자신을 잘 관찰하는 것이 중요합니다.

---

* *Pj* II, p.336.

잘 설해진 것을 실천하라

아름답고 우아하게 핀 꽃도 향기 없는 것이 있듯이, 잘 설해진 말이라도 그것을 실천하지 않는 사람에게는 아무런 이익이 없네. (『담마빠다』 제51게송)

아름답고 우아하게 핀 꽃에 더욱이 향기마저 좋은 것이 있듯이, 잘 설해진 말은 그것을 실천하는 사람에게 이익이 있네. (『담마빠다』 제52게송)

세상에서 흔히 볼 수 있는 것 가운데 하나가 훌륭한 말을 하면서도 그것을 실천하지 않는 태도입니다. 거기에는 아무런 이익도 보람도 없지요. '집착해서는 안 된다, 집착하지 말라'고 제아무리 목소리를 높여도 정작 그 자신이 집착하는 모습에서는 말의 전달자에 불과한 '문자법사'가 될 뿐입니다.

여러 벗들을 상대로 실천하지 않으면서, 말만 그럴듯하게 하는 사람은, '말만 있고 실천하지 않는 사람'이라고 현명한 자들은 잘 알고 있다. (『숫타니파타』 제254게송)

사람이 물은 것이 아닌데도 다른 사람들에게 자신이 계율과 도덕을 잘 지키고 있다고 떠들고 다니는 사람은, 자신이 자신의 말을 떠들고 다니는 사람이므로 그는 '천한 사람'이라고 진리에 통달한 사람들은

말한다. (『숫타니파타』 제782게송)

불교의 말 중에 '좋은 벗'(산스끄리뜨어로 kalyāṇamitra)이라는 것이 있습니다. 인생에서 좋은 스승을 만나는 일이 참으로 중요한데, 좋은 벗을 만나는 일도 그에 못지않게 중요하지요. 좋은 벗이란 말과 행동이 일치하는 사람이고, 서로 감추는 것 없이 신뢰할 수 있는 사람입니다. 그러나 인생에서 좋은 벗을 만나기란 좋은 스승을 만나기만큼 어려운 일이 아닐까요? 벗이라는 산스끄리뜨어 '미뜨라(mitra, 빠알리어로는 mitta)'는 친밀한 사람이라는 뜻인데, 이 미뜨라에서 파생된 '마이뜨리(maitrī, 빠알리어로는 mettā)'는 진실한 우정, 순수한 친애를 뜻합니다. '마이뜨레야(Maitreya, 미륵·자씨보살)'라는 말은 이 마이뜨리에서 파생된 것이지요. 그래서 벗은 자비의 '자(慈, metta)'와 같은 의미를 갖는 말임을 덧붙여 둡니다.

진리는 하나

온갖 의견이 분분하여 사상계가 혼란스러웠던 것을 불교흥기 시대의 특색 가운데 하나로 들었습니다(제1장 참조). 그리고 오늘날의 모습에 견주어 보면 사람들의 사고방식도 참으로 다양하다는 것을 알게 됩니다. 다양한 가치관이 공존하는 지금, 붓다 재세시대의 혼란스러웠던 사상계를 향해 붓다가 무엇을 말했는지 귀를 기울여야 하지 않을까요?

어떤 사람이 '진리이다, 진실이다'라고 하는데, 그 [견해]를 다른 사람들이 '공허하다, 허망하다'고 말한다. 이처럼 그들은 다른 집착된 견해를 갖고 논쟁한다. 어찌 모든 수행자들은 동일한 것을 말하지 않는 것인가? (『숫타니파타』 제883게송)

진리는 하나이고, 제2의 것은 존재하지 않는다. 그 [진리]를 아는 사람은 다투지 않는다. 그들은 제각기 다른 진리를 훌륭하다고 한다. 그렇기에 모든 수행자들은 동일한 것을 말하지 않는 것이다. (『숫타니파타』 제884게송)

『숫타니파타』 제4장 12경 「작은 전열의 경」에 나오는 게송인데, 이것을 보면 오늘날 우리가 사는 모습과 닮아 있음을 알게 됩니다. 세상이 다양해지면 가치관도 다양해집니다. 그 경우에 중요한 것은 자기 말에 얽매이거나 다른 사람의 말에 짓눌리지 않는 것입니다. 상대의 사고방식을 존중하는 유연한 자세가 필요하지요.

지금 세계의 종교 사이에는 상호 이해와 대화의 중요성이 대두되고 있습니다. 위 인용문에서는 서로 다른 종교를 인정하면서, 서로의 입장을 존중하고 이해하는 여지를 만들려고 한 것입니다. 이러한 현실을 근거로 아래의 말씀에 귀 기울여 봅시다.

『숫타니파타』 제4장 13경 「큰 전열의 경」은 논쟁을 즐기는 자는 칭찬받는 자가 드물고 대개는 비난받는다고 말하고 있습니다.

이들 편견을 고집해서 '이것만이 진리이다'라고 주장하는 사람들,

그들은 모두 다른 사람에게서 비난받는다. 또는 그것에 대해서 [일부의 사람들에게] 칭찬받을 뿐이다. (『숫타니파타』 제895게송)

[비록 칭찬을 듣는다고 해도] 그것은 보잘것없는 것이고 평안을 얻을 수 없다. 논쟁의 결과는 [칭찬과 비난] 두 가지뿐이라고 나는 말한다. 이 이치를 보더라도, 그대들은 논쟁이 없는 경지를 안온이라고 알아서 논쟁을 해서는 안 된다. (『숫타니파타』 제896게송)

바로 그렇습니다. 논쟁은 자신의 가르침을 '완전하다'고 우쭐대고, 다른 사람의 가르침을 '천박하다' (『숫타니파타』 제904게송)고 평가해서 자신의 주장을 고집하는 것입니다. 그러나 고집하지 않는 사람은 그러한 '견해에 흐르지 않고 지식에도 얽매이지 않는'(『숫타니파타』 제911게송) 것으로, 이는 마음에 집착됨이 없다고 밝히고 있는 겁니다. 설득력 있는 말이지 않습니까?

집착과 무집착

저는 지금까지 각 장을 통해 붓다의 가르침으로서 대상에 집착해서는 안 된다는 점을 강조해 왔습니다. 확실히 『숫타니파타』를 비롯한 원시불전은 대상에 집착하지 말 것, 특히 내가 있다는 집착[我執]을 버리라고 강조하고 있지요. 그리고 그 근거로서 모든 대상에는 고정된 실체가 없고, 어디까지나 '인연생기' 일 뿐이라고 가르치고 있습니다. 이렇듯 '집착하지 않음'을 말하고 있는데, 만약 그 집착하지 않음이란 것에 집착한다면, 도리어 그것도 집착의 범주에 들어가는 게 아니겠습니까? 이 점에 대해서 『숫타니파타』는 어떻게 말하고 있을까요?

> [참된] 바라문은 [번뇌의] 경계를 넘어서 있다. 그에게는 어떤 것을 알거나 보아도 집착함이 없다. 그는 욕망을 탐하지 않고, 또 욕망의 떠남[離食]을 탐하지 않는다. 그에게는 '이 세상에서는 이것이 최상의 것이다' 라고 고집하는 것도 없다. (『숫타니파타』 제795게송)

여기에서 참된 바라문이라 일컫는 것은 수행을 완성한 이상적인 수행자입니다. 이 경지는 욕망에서 멀어져 있는 것만이 아니라, 욕망을 버렸다는 것(무집착)에도 집착하지 않는 경지를 가리키지요. 그러면서 또

> 청정한 사람은 보거나 배우거나 사색한 어떤 것도 특히 집착해서 생각하지 않는다. 그는 다른 것에 의해서 청정해질 것이라고 바라지 않는다. 그는 탐하지 않고, 또 싫어하는 것도 없다. (= 욕망에 물들지 않고, 욕망을 버리지도 않는다.) (『숫타니파타』 제813게송)

라고 말하고 있습니다.

우리는 위의 게송에서 사람이 사는 법과 현실을 보는 눈을 배울 수 있습니다. 사람은 어떡하든 마음의 구속으로부터 벗어나기 어려운 존재입니다. 대상이나 자기 주장을 고집하기 쉽지요. 그리고 일

단 어떤 것에 집착하면 다른 것에는 눈길이 가지 않고, 주변의 것이 눈에 들어오지 않는 상황에 빠져버립니다. 아래에 그 일례를 들어 보겠습니다.

　어떤 사람이 유명한 도예가의 다기(茶器)가 너무도 갖고 싶은 나머지, 무리를 해서 겨우 장만했다고 합시다. 그러고는 매일같이 그것을 가지고 즐겼습니다. 하지만 이 사람은 도자기가 점토로 만들어져 쉽게 깨질 것이라고는 미처 생각지 못할 겁니다.

　어느 날, 사소한 실수로 그만 다기를 떨어뜨려 산산조각 내고 말았습니다. '아! 아까워라. 비싼 것인데!' 라고 후회합니다. 만약에 자기가 실수해서 그렇게 된 게 아니라 다른 제삼자가 그랬다면 그 사람의 부주의함을 몹시 나무라지 않았을까요? 물론 '만들어진 것은 부서진다' 고 하는 생각은 도저히 할 수 없었겠죠.

　집착을 떠난다고 하면서 그 집착을 떠난다는 것에 집착하면, 그 사람은 집착에서 영원히 벗어날 수 없을 것입니다.

죽기 전에

　사람이 피할 수 없는 죽음에 대해 설한 붓다의 말씀은 당연히 원시불전의 중심이 됩니다.

　　예를 들면, 도공이 만든 그릇이 결국은 모두 부서져버리듯이 사람의 목숨도 또한 그러하다. (『숫타니파타』 제577게송)

이 몸은 거품과 같음을 알고 아지랑이 같이 덧없는 것이라고 깨달으면, 악마의 꽃으로 장식된 화살(=三界의 생존)을 끊어버리고 염라대왕이 볼 수 없는 곳(=열반)으로 갈 것이다. (『담마빠다』 제46, 170게송 참조)

이 두 게송은 "사람이 '이것은 내 것이다'라고 생각하는 것 — 그것은 [그 사람의] 죽음으로 잃게 된다"(『숫타니파타』 제806게송)와, 불제자의 고백인 "죽음, 병, 늙음의 셋은 마치 불꽃과 같이 쫓아온다"(『테라가타』 제450게송)의 내용과 같은 것으로, 죽음에 대한 설문이야말로 불교의 근본명제라 하겠습니다. 『숫타니파타』 제4장 제10경 「죽기 전의 경(Purābhedasutta)」에 다음과 같은 말씀이 있어요.

스승은 답하셨다. '죽기 전에 허망한 집착에 벗어나 과거에 얽매임이 없고, 현재에도 사소한 일에 얽매여 생각함이 없으면 그는 [미래에 관해서도] 특별히 기대하지 않는다. (『숫타니파타』 제849게송)

사람은 살아 있는 동안 허망한 집착에서 벗어나는 데 마음을 쏟아야 합니다. 물론 벗어난다고 함은 벗어남 자체에도 집착하지 않는 것이며, 주어진 것을 있는 그대로 보는 '지견[如實智見]'을 기르는 자세입니다. 그러면 장차 어떻게 될까와 같은 문제는 논외가 될 것입니다.

여기에서 바바리의 제자인 16명의 바라문 학생 중에서 깟빠(Kappa)와 뼁기야(Piṅgiya) 두 학생과 붓다 사이에 오간 대화를 살펴보겠습니다.

대단히 두려운 거센 물살이 닥쳤을 때, 그 한가운데에 있는 사람들, 늙음과 죽음에 짓눌려 있는 사람들을 위해서 섬(피난처, 의지처)을 말씀해 주십시오. 당신은 이 [고통]이 다시는 일어나지 않도록 저에게 섬을 보여 주십시오. 존경하는 이여! (이상, 깟빠의 질문.『숫타니파타』제1092게송)

어떤 소유도 없이, 집착해서 취함이 없는 것 ― 이것이 섬일 뿐입니다. 그것을 열반이라고 일컫습니다. 그것은 늙음과 죽음의 소멸입니다. (『숫타니파타』제1094게송)

이것을 잘 알고 바르게 지각해서 현세에서 모든 근심을 버린 사람들은 악마에게 굴복하지 않습니다. 그들은 악마의 노예가 되지 않습니다. (이상, 붓다의 답변.『숫타니파타』제1095게송)

여기에서 '악마의 노예가 되지 않는다' 라든가, 앞에서 든 '죽음의 왕[死王]', '악마의 꽃으로 장식된 화살'(『담마빠다』제46게송) 등의 표현은 예로부터 인간의 죽음을 죽음의 악마가 덮친 것이라고 말하듯이, 죽음은 곧 죽음의 악마[死魔]의 노예가 됨을 의미하는 것입니다. 이에 대해서 붓다가 "나는 지금부터 석 달 뒤에 열반에 들 것이다"(『대반열반경』)라고 제자들에게 말씀하신 것은 붓다의 죽음은 악마의 말에 의한 것이 아니라 그 자신의 결단이었음을 저는 덧붙여 둡니다.

그럼, 16명의 바라문 학생 가운데 뼹기야 학생과 붓다 사이에 오간 대화도 소개하겠습니다.

저는 나이를 먹었고, 힘도 없고, 용모도 초췌합니다. 눈도 잘 보이지 않고, 귀도 잘 들리지 않습니다. 제가 헤매다가 도중에 죽지 않도록 해 주십시오. — 어떻게 하면 이 세상에서 태어남과 늙음을 버릴 수 있습니까? 그 이치를 말씀해 주십시오. 그것을 저는 알고 싶습니다. (이상, 뼹기야의 질문. 『숫타니파타』 제1120게송)

이 뼹기야 학생의 물음을 음미해 보면, 늙음과 죽음을 눈앞에 두고 기다리면서 헤매다가 죽지 않도록 해 주십사는 대목에서 그의 절실한 심정이 느껴지는 듯합니다. 이 뼹기야의 질문에 붓다는 다음과 같이 답변하지요.

뼹기야여! 사람들은 심한 욕망(갈망)에 빠져서 괴로움을 낳고, 늙음이 닥쳐오는 것을 그대는 보고 있기에, 그러므로 뼹기야여! 그대는 게으름 피우지 말고 노력해서 갈망을 버리고 다시는 헤맴의 생존으로 돌아오지 않도록 하십시오. (『숫타니파타』 제1123게송)

이 붓다의 말씀이야말로 학생 깟빠에게 준 답변과 마찬가지로, 마치 우리에게도 말하는 듯합니다.

항상 바르게 지각하고, 자아에 고집하는 견해를 타파하고, 세계를 공(＝suñña)하다고 관찰하십시오. 그러면 죽음을 넘어설 수 있을 것입니다. 이와 같이 세계를 관찰하는 사람을 '죽음의 왕'은 보지 못합니다. (『숫타니파타』 제1119게송)

라고 붓다는 학생 모가라자(Mogharāja)에게 답변하고 있는데, 바로 무집착의 경지를 보여주고 있습니다.

남은 생을 살다

잠 못 드는 사람에게 밤은 길고, 피곤한 사람에게 1리(＝yojana. 약 7킬로미터)는 멀다. 바른 진리를 알지 못하는 어리석은 사람들에게 생사의 길은 멀다. (『담마빠다』 제60게송)

이미 [인생의] 여로를 마치고 근심을 떠나 모든 것으로부터 심신이 편해져서, 모든 속박의 인연을 풀어버린 사람에게 번민은 없다. (『담마빠다』 제90게송)

참으로 멋지고, 한편으로는 부럽기까지 한 심경이 아닙니까? 우리는 좋든 싫든 이 인간세계에 살고 있습니다. 붓다는

그러므로 사람은 이 세상에서 여생(jīvitasesa)이 남은 동안 해야 할 것을 하고 게으름을 피워서는 안 된다. (『숫타니파타』 제676게송 후반)

라는 멋진 말씀을 남겼지요. 사람은 살아 있는 한, 제각기 할 일이 있는 것입니다. 젊고 건강할 때 취생몽사에 빠져 살아서는 안 되겠습니다. "머리가 백발이라고 해서 '장로'(= thera)인 것은 아니다. 다만 나이만 먹은 것이라면 덧없이 늙어버린 노인네"(『담마빠다』 제260게송)에 지나지 않고, "감관을 잘 제어하고, 스스로 단속하고, 조심해서 더러움을 없앤 사람이야말로 '장로'"(『담마빠다』 제261게송)라고 일컫는 것이죠. 그러니까 "게으르고 무기력하게 백년을 사느니, 열심히 노력해서 하루를 사는 편이 낫다"(『담마빠다』 제112게송)고 경계하고 있는 것입니다.

붓다가 꾸씨나라(Kusinārā, 꾸씨나가라)에서 입멸하실 때

자, 수행자들이여! 그대들에게 말한다. '모든 것은 소멸하는 것이라. 게으름 피우지 말고 수행을 완성하라'고.*

이것이 붓다께서 남기신 최후의 말씀입니다. 이 "게으름 피우지 말고(불방일) 완성하라"에 대해서 후대의 주석자는

'게으름 피우지 말고 완성하라'는 것은 전념해서 모든 해야 할 일을 실현하라는 것이다. 이상과 같이, 세존·붓다는 완전한 열반에 드실 때, 45년간 말씀하신 모든 가르침을, [붓다 최후의 말씀인] '게으름 피우지 말고'라는 단 한 마디로 응축해서 [제자들에게] 전하신 것이다.

---

* *DN* II, p.156. 「남전」 제7권, 144쪽.

(『장부주』 II, 593쪽)

라고 말하고 있습니다. 끊임없는 정진이야말로 인생에서 가장 중요한 요소가 아닐까요? 일찍이 바바리의 제자인 학생 삥기야가

> 저는 진흙탕 속에 누워 허우적거리면서, 이 섬에서 저 섬으로 떠돌았습니다. 그렇게 해서 마침내, 거센 물살을 건너신, 더러움 없는 '완전히 깨달으신 분'(정각자)을 만났습니다. (『숫타니파타』 제1145게송)

라고 붓다에게 만남의 기쁨을 말하고 있습니다. 진흙탕과 같은 이 세상을 떠돌면서, 온몸으로 자신의 존재를 추구했던 한 인간의 삶의 모습에서 가슴이 뜨거워집니다. 『법구경』에 다음과 같은 말씀이 있지요.

> 지붕을 잘 만든 집에는 비가 새지 않듯이, 마음을 잘 수양하면 정욕이 침입하지 않는다. (『담마빠다』 제14게송)

부처님을 만나다

불교는 삼보에 귀의하는 것으로 시작합니다. 삼보에 귀의하는 것은 부처님과 부처님의 가르침인 법, 그리고 그 가르침을 믿고 실천하는 출가자의 모임인 승가에 귀의하는 것입니다.

모든 부처님이 출현하심은 즐거운 일이네. 바른 가르침을 말씀하시는 것은 즐거운 일이네. 승가가 화합해 있는 것은 즐거운 일이네. 화합한 사람들이 힘써 수행함은 즐거운 일이네. (『담마빠다』 제194게송)

오늘 우리는 아름다운 [태양을] 보고 아름답고 화창한 아침을 맞이하며 기분 좋게 일어났네. 거센 물살을 넘어 번뇌에 물들지 않은 '깨달으신 분'을 우리는 보았기 때문이네. (『숫타니파타』 제178게송)

이런 기쁨에 찬 노래를 듣고 있노라면, 그 옛날 불제자들의 발자취를 직접 느끼는 듯합니다.

제2장에서 이미 말씀드렸듯이, 후대의 『법화경』에 "일심으로 부처님을 뵙고자 한다면, 자신의 목숨을 아까워하지 말라"는 구절이 있습니다. 도대체 부처님을 만난다, 본다[見佛·觀佛]란 어떤 뜻일까요? 저는 하나의 체험이지 않을까 생각합니다. 부처님 재세시대의 불제자들이 붓다를 대면해서 자기 고민을 말하고, 마음속을 토로해서 붓다의 가르침을 듣고 납득하는 것은 직접체험입니다. 그러나 현대를 사는 우리는 직접 부처님[現身佛]을 만날 수 없습니다. 지금은 부처님의 가르침을 전하는 경전과 그 이야기를 통해 석존＝붓다와 만나거나, 아니면 불상을 마주하고 조용히 마음속으로 말을 거는 방법 외에는 없어요. 어쨌거나 중요한 것은 붓다가 남기신 말씀을 지금, 시공을 초월해서 마치 우리에게 하시는 말씀으로 받아들이는 것이라고 생각합니다. 경전의 말씀은 인쇄된 문자로, 그 문자는 소리를 내지 않습니다. 하지만 경전의 말씀을 읽어 그 말씀의

의미, 말로 표현하지 못하는[言外] 의미를 느꼈을 때, 그 문자는 부처님의 육성이 되어 여러분의 귓전에 울려 퍼질 것입니다.

앞에서도 살펴본 것이지만, 원시불전에 "연기를 보는 사람은 법을 본다", "법을 보는 사람은 나를 본다"고 하신 말씀이 있습니다. 더욱이 이 연기의 가르침은 일찍이 부처님들이 직접 깨달으신 진리이고, 미래에 나타나실 부처님이 깨달으실 진리라고 하는 보편적인 것이지요(제10장 참조).

이렇게 원시불전은 말하고 있기에, 부처님을 만난다는 것[見佛·觀佛]은 붓다가 말씀하신 가르침과 만나는 것이며, 그 가르침을 자신에 대한 가르침으로 받아들이는 것입니다. 그 경우, 가르침을 본다는 것은 가르침을 단순한 하나의 대상으로 여기는 것이 아닙니다. 어디까지나 자신의 경험을 통해 내면화하는 것이지요. 고민이나 괴로움, 슬픔 등을 경험한 사람이야말로 붓다의 가르침에 귀를 기울일 기연(機緣)이 성숙한 것은 아닐까요?

저는 젊은 학창시절에 나라(奈良)의 한 사찰에 자주 갔었습니다. 그곳에는 약사여래의 협시인 일광보살과 월광보살상이 모셔져 있었는데, 저는 이따금 그 월광보살과 긴 시간을 마주하곤 했어요. 그 먼 옛 기억이 지금 새삼 떠오릅니다. 마주하고 있으면 소리 없는 소리가 전해 오는 듯한 느낌이 들었습니다.

그런데 나이를 먹음에 따라 불상을 접해도 제작년대가 언제인지, 그 특징은 무엇인지와 같은 개념화된 것에 이끌려, 젊은 감성으로 받아들였던 그때의 감동을 느끼기 어려운 것 같습니다. 클래식 음악도 젊은 시절에는 감성으로 그 울림을 느꼈는데, 지금은 평론가적인 생각이 앞서는 바람에 어쩐지 제 자신이 삭막하게 느껴지는군요.

인도의 '정중동'·'동중정'

저는 전공분야가 인도학, 불교학이라서 인도나 스리랑카, 실크로드 등을 몇 번인가 다녀왔습니다. 특히 인도 방문이 잦았는데, 거기서 느낀 것이 '고요함 속의 움직임', '움직임 속의 고요함' 이라는 삶의 방식입니다.

사람은 때로 고요함을 찾는다고 합니다. 고요함은 원래 소란스러움에 반대되는 것인데, 이 이질적인 두 극단이 서로 부딪히지 않은 채 공존하고 있다고 말하면 조금 이상하다고 여겨질지도 모르겠군요. 그러나 이 두 극단이 대립하지 않고 등을 맞대고 숨쉬고 있는 듯한 느낌을 주는 곳이 인도라고 생각합니다. 캘커타 박물관에 전시된 인도문화의 원천으로 상징되는 불상과 마주하고 있으면, 독특한 냄새를 풍기는 인도 특유의 시끌벅적한 시장바닥과는 판이하게 다른 어떤 문화의 향기가 제 마음을 사로잡았던 기억이 아직도 생생합니다. 인도 동북부에 위치한 가야(붓다가야)나 라지기르(라자가하 = 왕사성)와 같은 지방도시만이 아니라 대도시의 한복판에도 정적이 감돕니다. 이렇게 말씀드리면 박물관이라는 특수한 장소였기 때문이라고 반박할지도 모르겠는데, 과연 그럴까요?

1960년대 초반에 제가 빈에 체류하던 때의 일인데, 저는 마리아 테레지아 광장에 있는 미술사박술관을 자주 들렀습니다. 합스부르크가의 엄청난 컬렉션 중에서도 바로크 미술을 대표하는 플랑드르의 화가 루벤스(1577~1640)의 그림이 몇 개의 방을 장식하고 있었어요. 그곳도 꽤나 조용했던 것으로 기억됩니다. 그림들 대부분은 호화로운 궁정귀족 생활이나 그리스도를 소재로 한 것이었지요. 말하자면 서구문화를 저에게 알려준 셈입니다. 그 경험이 저에게는 동양과 서양의 대비를 늘 생각하게 되는 계기가 되었습니다.

한 마디로 말씀드리면, 동양의 사상문화는 인간과 자연의 공존에 중점을 둔 반면, 서구의 사상문화의 배경에는 그리스도가 자란 중근동, 즉 사막으로 덮여서 하늘과 땅 사이 사이에 푸르름이 보이지 않는 풍경이 있고, 그래서 인간은 신에게 종속되고, 그 인간에게 자연이 종속된다고 하는 창세기적 발상(구약성서)이 있었던 것이라고 느낀 겁니다.

인도를 여행하고 스리랑카의 콜롬보에서 조금 떨어진 지방에 발을 디뎠을 때 저는 어쩐지 마음이 편안해지는 것을 느꼈는데, 그건 왜였을까요? 그리고 저 서역의 돈황 막고굴에서 본 불상이나 벽화, '관경변(觀經變)' 이나 '법화경변(法華經變)' (제231굴) 등과 마주하거나, 명사산(鳴砂山)으로 통하는 사막의 길을 오르면서 삼위산(三危山)의 전경을 본 그날의 감격이라니……. 바로 동양문화를 몸으로 배워 체험했던 것입니다.

정(靜)과 동(動)이란 언뜻 대조적인 것 같지만, '정중의 동' 의 '동중의 정' 이라는 말은 예로부터 동양적 토양에 어울리는 것입니다. 다양한 현대의 메커니즘 속에서 사람은 정숙함을 각별히 그리워하고 찾고 있지만, 이 정숙으로의 회귀를 저는 인도나 스리랑카, 그리고 중국 서북부에서 발견했다고 하면 독자 여러분은 어떻게 받아들이시겠습니까?

    캘커타

    봄베이(뭄바이)의

    역으로 미끄러져 들어오는 열차에

    뛰어 타서 매달려 가는 사람, 사람, 사람.

    물건 파는 사람의, 장사꾼의

    저 부르짖는 듯한

    무서운 판매술.

    기세등등하게

    뛰는 듯이 길을 가는 사람, 사람, 사람.

    그리고,

    오늘도 또

    힌두 사원에

    빨려 들어가는 사람, 사람, 사람.

    그리고……

    산치 대탑을

    조용하고 따뜻하게 감싸 안은 저녁 햇살

    그 햇살을 등에 지고

    이상하게 빛나는 야크신의 자태.

    저 눈매가 지금도 나를 쳐다보고 있네.

    정과 동, 동과 정

    이 멋진 조화가

지금, 인도에 숨쉬고 있네.
(1986년 12월 22일 메모에서)

『이솝 이야기』에 토끼와 거북이 경주하는 대목이 있습니다. 토끼의 깡충깡충 뛰는 모습과 거북의 느릿느릿한 걸음걸이 중에서 어느 쪽이 자신에게 적당한지는 사람에 따라 다르겠지요. '바쁘다, 바빠!' 만이 아니라, 가끔은 거북의 걸음걸이 같은 마음의 여유, 그리고 고요한 세계에 몸을 맡겨 보는 것은 어떨까요?

여백의 미 — 인생을 살아가자면

일본문화의 특색 가운데 하나로 여백의 미가 있습니다. 특히 일본의 수묵화는 많은 여백을 남겨 소재를 더욱 돋보이게 합니다. 그것은 불교의 '무용(無用)의 용(用)'이라는 말과 관련이 있지 않나 생각합니다. 이는 마치 후지산 꼭대기를 구름이 감추어 살짝만 엿볼 수 있도록 함으로써 그 높이를 더욱 두드러지게 하는 '부정의 긍정'이라는 동양철학과 통한다고도 말할 수 있겠지요. 그것은 일본문화를 상징하는 '틈의 문화', '놀이의 문화'이기도 합니다.

이렇듯, 동양문화는 정(靜)과 동(動)의 대비와 융합에서 '여백의 놀이', '공간의 움직임'으로 상징되는 것 같습니다. '무용의 용'이라는 말은 바로 그것을 가리키는 게 아닐까요? 인생을 살면서도 이따금 여유로운 틈이 필요하지 않을까 생각하면서 저의 말씀을 마치고자 합니다.

글을 마치며

이 책은 제가 2002년 봄부터 1년간 담당했던 NHK(일본방송협회) 라디오 제2방송의 프로그램인 〈종교의 시간 ― 원시불전『숫타니파타』를 읽다〉의 가이드북을 다시 선보인 것입니다. 각 장에서 든 테마는『숫타니파타』라는 최고(最古)의 성전에 대해 그 자료적 위치와 전편의 내용을 소개하는 데서부터 시작하여 다른 원시불전을 인용하며 풀어본 것입니다.

이 책을 엮으면서는 무엇보다도 불교의 개조 석존 = 고따마 붓다가 스스로 '생'을 어떻게 보았고, 누구도 피할 수 없는 '죽음'을 어떻게 바라보았는지, 그 생사관을 뚜렷이 드러내 보이고자 했습니다. 다음으로는 붓다가 설했다고 하는 '붓다의 말씀'(『숫타니파타』)이 불제자들이나 당시 사람들의 마음에 어떤 영향을 미쳤고, 인생을 살아가는 마음을 받쳐 주었는지를 더듬어 가면서, 한편으로는 그 말씀이 현대를 살아가는 우리에게도 이런저런 물음을 던지며 지금도 살아 숨쉬고 있음을 지적하고자 했습니다.

그리고 또 하나의 테마로, 불교라는 종교가 현대에 어떤 기능을 하고 있는지를 다루었습니다. 현대사회는 평화를 위협하는 전쟁,

기아와 빈곤, 환경오염, 그리고 인간심성의 황폐화 등으로 얼룩지고 있습니다. 불교는 오늘날의 이같은 현실과제에 어떻게 응답하고 있는지, 또 응답하려 하는지의 물음은 현대를 살아가는 우리에게 무척 절실한 테마입니다.

저는 이 책의 각 장에서 이들 테마에 대해 석존이 어떤 메시지를 던졌는지를 짚어 보았습니다. 따라서 이 책에는 저의 불교관이나 인생관이 담겨 있습니다. 제가 대학에서 원시불교라는 학문에 발을 내디뎌 『숫타니파타』와 만난 이래로 60여 년이 지났습니다. 이 성전의 내용은 여러 갈래에 걸쳐 중층적이면서도 응축된 사상으로 종횡무진 장식되어 있음을 해를 거듭할수록 강하게 느껴 왔는데, 그런 제가 방송출연 제의를 받은 것이 2001년 봄이었습니다. 그 인연으로 『숫타니파타』를 다시 정독할 수 있는 기회가 주어진 것은 인생의 종착역에 가까이 선 저에게는 연구의욕을 불태울 커다란 버팀목이 되었습니다. 이 점, 마음 깊이 감사드립니다.

2003년 초가을에
구모이 쇼젠

옮긴이의 말

이 책을 쓴 구모이 선생은 일본 불교학계의 제2세대를 대표하는 한 사람으로 평가받는 학자입니다. 이 책은 원로 학자의 원숙한 불교 이해를 바탕으로 일반인을 위해 불교의 가장 초기 가르침인 『숫타니파타』를 알기 쉽게 풀어 쓴 것입니다.

『숫타니파타』는 지은이도 지적했듯이, 제4장을 제외하고는 한역되지 않아 한국불교사에서도 그리 친숙한 경전은 아닙니다. 하지만 이 경전은 1800년 말부터 영어로 번역되기 시작한 이후로 라틴어, 불어, 독어, 일어 등으로 수없이 번역되어, 세계의 많은 사람들에게 깊은 감명을 준 경전 가운데 하나입니다. 특히 초기불교의 사상사나 성립사를 연구하는 데 있어서 이 『숫타니파타』는 결코 빼놓을 수 없는 경전입니다.

『숫타니파타』는 전5장으로 구성되어 있는데, 그 중에서 제4, 5장이 가장 주목받는 부분입니다. 지은이도 본문에서 언급하고 있듯이, 이 두 장이 최초기 불교의 모습을 가장 선명하게 보여주고 있고, 또한 다른 경전들에 인용되는 불교의 가장 심층부에 위치한 것으로 평가되고 있습니다.

초기불교 문헌의 성립사적인 면에서는 학자들간에 다소간 차이를 보이기는 하지만, 대개는 가장 고층의 문헌으로 『숫타니파타』의 제4, 5장을 들고, 그 다음으로 『숫타니파타』의 제1장에서 3장까지와 『담마빠다』, 『테라가타』, 『테리가타』와 같은 게송(시)의 형태를 지닌 문헌군 등을 들고 있습니다. 마지막으로 주로 산문체로 이루어진 그 밖의 니까야들을 가장 후기에 성립된 문헌군으로 분류하는 것이 일반적이라 하겠습니다.

지은이는 이 책의 1, 2장에 걸쳐 경전사에서 차지하는 『숫타니파타』뿐만 아니라 초기경전에 관한 정보, 그리고 당시 사상계의 흐름 등을 상당한 분량으로 설명하고 있습니다. 다소 전문적이고 딱딱할 수 있지만, 초기불교의 경전이 갖는 특색과 그 주변환경을 일별할 수 있는 기회가 될 수 있으리라 생각합니다.

3장부터는 『숫타니파타』를 중심으로 『담마빠다』와 같은 비교적 초기경전뿐만 아니라 후기 대승경전과 인도철학 문헌들을 아울러 소개하면서, 『숫타니파타』를 여러 각도에서 조명하고 있습니다. 거기에는 지은이의 개인적 경험과, 지은이가 불교를 어떻게 이해하고 있는지가 잘 드러나 있습니다.

이 책의 원문 해석은 본문에서도 언급되는 나카무라 선생의 『붓다의 말씀』을 그대로 인용하고 있어, 구모이 선생 특유의 번역을 접할 수 없는 것이 한 가지 아쉬운 점이라 하겠습니다.

우리나라에서도 최근 전재성 선생이 『숫타니파타』를 직접 주석을 참조하여 번역한 책이 출간되었는데, 원전번역이 처음 이루어졌다는 점에서 반가운 일이라 하겠습니다. 또한 해제를 통해 『숫타니파타』를 상세히 설명하고 있어 연구에도 많은 도움이 되리라 생각됩니다.

이 책에 나오는 원문은 일역의 의미를 되도록 충실히 따르고자 했습니다. 다만 몇몇 군데, 우리말에 어울리지 않는 표현과 경전명의 표기 등은 이해의 편의를 돕고자 전재성 선생의 번역을 참고하면서 옮긴이 나름의 해설을 덧붙였습니다. 하지만 그에 따른 오류가 있다면 그것은 전적으로 옮긴이의 책임임을 밝혀둡니다. 또한 본문에 기록되어 있던 문헌 정보는 가능한 한 각주로 처리하여 읽기에 편하도록 하였습니다.

이 책은 또 일본의 옛 스님들의 글을 인용하고 있어, 일본어에 능숙하지 못한 옮긴이로서는 힘든 작업이었는데, 다행히 일본인 친구 마사로 오카와치와 일본 중세문학에 밝은 원익선 교무님의 도움을 받아 번역할 수 있었습니다. 감사의 마음을 전합니다.

아울러 거친 문장을 인내심을 갖고 다듬어 준 안혜선에게도 감사의 마음을 전하고, 심산출판사의 관계자 여러분께도 감사드립니다.

2005년 2월
이필원

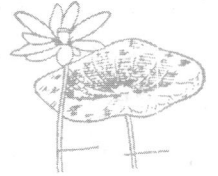